뇌과학에서 찾은 아들 소통법

내 아들의 사춘기

엄마가 절대 알 수 없는 사춘기 아들의 뇌 이야기

뇌과학에서 찾은 아들 소통법
내 아들의 사춘기

이슬기 지음

녹색지팡이

| 차례 |

프롤로그_엄마는 할머니가 되어도 엄마 008

1장 아들의 뇌가 탄생하는 순간 017

1. 죽었다 깨어나도 엄마가 모르는 아들의 심리

이리저리 날뛰는 아이의 거친 행동, 왜 그럴까 020
감정의 파도에 휩쓸린 아들, 어떻게 말해 줘야 할까 024
심리학이 알려 주는 아이 키우는 법 031
아들은 엄마와 다르게 듣는다 035
자기감정을 제대로 알기 힘든 남자들 040
타인의 마음 읽기가 아들에게 그토록 어려운 이유 045

2. 아들이 남자로 성장하는 과정

왜 잠시도 가만히 앉아 있지 못하는 걸까 053
슈팅 게임에 집착하는 아이들, 사냥꾼으로 커 가는 아들의 뇌 059
아들의 뇌에서 도파민이 뿜어져 나오는 순간 066
아이 속에 숨어 있던 지킬 앤 하이드 073

3. 아빠가 필요한 순간들

아들이 엄마의 두 팔을 잡고 반항하던 그날 080
아들의 욕망을 읽어 내는 아빠의 시선 085
아들에게 훈육을 멈춰야 할 시간 091
창의적으로 아들을 혼내는 법 100

2장 아들의 언어 속 숨은그림찾기 107

1. 아들의 언어와 또래들의 심리
사춘기 아들의 말에 담긴 코드를 찾아라 110
10대 아들의 말 속엔 친구들을 향한 욕구가 숨어 있다 114
강해 보이고 싶은 남자들의 언어 습관 120

2. 엄마 마음에 상처가 되는 아들의 말
망치처럼 아픈 아들의 언어 126
아들의 머릿속에 숨어 있는 마키아벨리 131
미래를 사는 아들과 과거에 집착하는 엄마 136

3. 언어에 담긴 아들의 기억법
아들의 기억은 다르게 적힌다 142
딸과 전혀 다른 아들의 기억법 144
아들의 세계엔 스토리가 없다 146
감정 표현에 어색한 아들의 슬픔 이해하기 148
성인의 우울과 다른 10대의 '가면성 우울' 150
모른다는 말 속에 숨겨진 아들의 진심 155
엄마를 서럽게 만드는 아들과 대화하는 법 158

3장 아들의 뇌가 또래와 연결될 때 163

1. 딸과는 다른 아들의 사회성
타인의 마음을 읽기 위해 필요한 뇌 안의 거울 168
사춘기 아들과 엄마의 정서적 독립 171

2. 친구와 교감하는 아들 방식 이해하기
아들이 민감하게 반응하는 것들, '그까짓 게임이 뭐라고' 177
Born Smart, 스마트폰이 당연한 시대에 사는 아이들 181
사소한 반응이 학폭으로 이어지는 순간들 185

3. 자존감이 높아야 사회성이 좋아진다
운동 능력에 따라 오르내리는 아들의 자존감 191
기질 대신 성격이 보이기 시작하는 사춘기 195
아이 성격에 영향을 주는 것들 198
아들의 감정에 '질서'를 부여해 주세요 201
붙임성 좋은 아이 vs 매끄럽게 화해하는 아이 204

4장 아들의 사생활 209

1. 사춘기 아들의 성(性)
성적 충동과 아들의 속마음, 프로이트 심리학 너머의 이야기 212
엄마가 몰랐던 인터넷 속 영상들 216

2. 게임 중독은 정말 중독일까?
잠까지 줄여 가며 게임에 집착하는 아들, 게임 중독일까? 224
정말로 중독이 문제가 되는 경우들 232
아들이 게임에 빠지는 이유를 알아야 한다 235
중요한 것은 결국 가족 239
전두엽 기능 저하와 ADHD 242

에필로그_한 걸음 뒤에서 248

[부록] 발달심리학이 그려 낸 마음의 풍경 252
미주 262

| 프롤로그 |

엄마는 할머니가 되어도 엄마

"행복한 가정은 모두 비슷한 이유로 행복하지만 불행한 가정은 저마다의 이유로 불행하다."

겉으로 보기엔 모두가 행복하고 무탈한 듯 보이지만 조금 더 들어가 들여다보면 나름의 고민을 안고 있다는 통찰이 담긴 《안나 카레리나》의 첫 문장처럼, 사춘기에 접어든 아이들 역시 저마다의 이유로 각기 다른 성장통을 겪게 됩니다. 그 과정에서 엄마 역시 성장통을 겪는 것은 마찬가지입니다. 훌쩍 자란 키로 엄마를 내려다보며 이겨 먹으려고 하는 아들의 낯선 모습에 익숙해지기란 여간 어려운 것이 아니기 때문이지요. 사춘기에 접어든 아들을 바라보는 엄마의 마음 역시 행복과 불행 사이 어딘가에 자리 잡게 되고, 그동안 내가 알던 아이가 아닌 것 같은 낯섦이 더해지며 고민이 깊어집니다.

친숙함과 낯섦의 경계는 어디에서 시작되는 걸까요? 옹알이를 달고 살던 아이 입에서 나온 "엄마."라는 음성이 공기를 울리며 처음 귓가에 닿는 마법 같은 순간을 지나, 초등학교 입학식에서 초조하게 지켜보는 엄마를 뒤돌아보며 씩긋 웃어 보이는 아들의 표정에서 묻어난 따듯한 행복감을 마주하는 순간까지, 아이는 엄마와 함께하는 존재였습니다. 아들이 자라나는 매 순간마다 엄마의 삶이 녹아들어 있고, 그렇게 아들은 어느덧 유치원과 초등학교를 거쳐 중학생이 되어, 더 이상 엄마가 이해하기 힘든 남자아이의 세상으로 한 걸음 한 걸음 들어갑니다. 아들을 키운다는 건 매일 반복되는 연속적인 삶인 동시에, 딸로만 살아왔던 엄마가 선뜻 이해하기 힘든 심연(深淵)을 건너기도 해야 하는 불연속적인 삶을 안겨 주는 것이기도 하지요.

제가 초등학교 4학년 때 있었던 일입니다. 여느 집의 아침 풍경이 그렇듯, 아버지의 출근과 아들의 등교를 앞둔 분주함이 느껴지던 아침이었습니다. 급하게 밥을 먹고 현관을 나서기 위해 신발을 신고 있던 제게 어머니가 갑작스런 이야기를 꺼냈습니다.

"아들, 오늘 어버이날인데 아빠 한 번 안아 드리고 가."

그 순간, 11년 인생에서 처음 겪는 당혹감이 밀려왔습니다. 제게 아버지와 아들의 관계란 덤덤한 분위기 속에서 꼭 해야 할 말만 주고받는 사이가 전부였기 때문이지요.

20리터가 넘는 물통을 지고 주말마다 아버지와 1시간 넘도록 산등성이에 있는 약수터를 향해 올라가면서도 별다른 대화 없이 산을 오르기만 했던 제게 주어진 이 갑작스러운 미션은 선뜻 받아들이기엔 너무나 낯선 것이었습니다. 이제 4학년이 된 초등학생 남자아이에게 던져진 어머니의 제안은 남자들의 세계를 이해하지 못하는 여자의 표현 방법으로 느껴질 뿐이었습니다.

'도대체 오늘 〈아침 마당〉에서 무슨 내용이 나왔길래 엄마는 이런 걸 시키는 거야!'라는 빈정거림이 머릿속에 떠올랐지만, 그럭저럭 부모님 말씀은 잘 듣는 아들이었기에 쭈뼛거리며 아버지에게 다가갔습니다. 그러곤 귀찮은 숙제를 처리하듯 아버지와 어색한 포옹을 마무리하고 학교로 가 버렸지요.

30여 년이 지난 지금까지도 떠오르는, 이토록 소소한 에피소드가 여전히 제 기억 속에 남는 이유는, 아이에서 소년이 되어 버린 자의식의 경계선을 단적으로 보여 주는 일화이기 때문입니다. 초등학교 1학년 아이였다면 별다른 고민 없이 아버지를 꼬옥 안았을 것이고 제 기억에도 남지 않았겠지요. 하지만 저는 몸도 마음도 훌쩍 자라 버린 4학년 남자아이였고, 어느덧 아이에서 소년이 된 아들의 뚱한 표정을 본 엄마 입장에서는 뭔지 모를 위화감을 느꼈을지도 모를 일입니다. 이것이 제게 각인된 '엄마와 아들의 정서적 분리' 혹은 '친숙함과 낯섦의 경계'에 놓인 첫 기억입니다.

'Storm and stress.' 때로는 한글보다 영어가 단순하지만 직관적으로 뜻을 전달해 주는 경우가 있습니다. 우리는 사춘기를 가리켜 '질풍노도의 시기'라고 부릅니다. 질풍노도는 영어 Storm and stress를 번역한 말이지요. 말 그대로 폭풍처럼 몰아치는 스트레스에 놓인 시기라는 뜻입니다. 그래서일까요? 사춘기에 접어든 아들의 행동과 말을 바라보는 엄마의 일상엔 황당함으로 가득합니다. 슬금슬금 눈치를 보며 빤히 보이는 거짓말을 늘어놓는 아들의 눈빛과 뭘 물어도 "몰라, 내가 어떻게 알아."를 반복하는 아들의 입이 낯설어집니다. 바로 그 순간이 아이에서 소년으로 변하는 순간이고, 그동안 아들을 대하던 방식과 작별해야 할 시간이 다가왔음을, 그 시간에 적응해야 함을 엄마는 직감하게 되지요. 이제 기억 속에 남아 있던 착하고 어린 아들은 '리추얼(ritual)'로 남겨지게 됩니다.

엄마에게 자식은 리추얼입니다. 리추얼은 '일상에서 반복되는 일정한 행동 패턴'을 의미합니다. 겉모습만 놓고 보면 습관과 리추얼은 같은 현상입니다. 그러나 이 둘 사이에는 아주 중요한 심리적 차이가 존재합니다.

습관에는 '의미 부여 과정'이 생략되어 있습니다. 습관은 스스로 자각하지 못한 채 그저 반복되는 행동 패턴을 의미합니다. 반면 리추얼에는 반복되는 행동 패턴과 더불어 일정한 정서적 반응과 의미 부여의 과정이 동반됩니다. '사랑한다는 느낌' '아이의 행복을 위해서 헌신한다는 느낌' 등등. 엄마를 부르며 물끄러미 미소 지어 보이는 아이의 얼굴을 보면서 "왜 그래 아들~." 하며 가슴 뿌듯한 든든함이 동반되는 행동은 리추얼입니다. 하지만 사춘기에 접어든 아들에게 더 이상 리추얼이 통하지 않는다는 것을 깨닫는 건 엄마에겐 너무나 아픈 일이 되곤 하지요.

문제는 엄마와 아들이 갖는 비대칭적인 리추얼로부터 시작됩니다. 엄마의 리추얼 대부분이 아들로 가득 차 있는 반면, 아들의 리추얼은 이제 엄마가 없어도 가능한 것이 된다는 가혹한 현실 때문이지요. 엄마와 보내는 시간보다는 친구들과 보내는 시간이 길어지고 점점 이성에 관심을 가지며 비밀이 늘어나거나 게임에 몰입하는 시간으로 가득 차게 되는 것은 아들의 리추얼이 점점 확장되고 있다는 신호입니다.

  사춘기 이전 아들의 일상은 모든 답이 명확했습니다. 엄마나 선생님이 이야기한 것을 이해하고 받아들이는 것이 전부였지요. 그런데 아이의 일상이 소년의 리추얼로 변해 가면서, 아들은 의미 부여하는 대상에 집착하고 고민하고 혼란스러운 감정을 느끼게 됩니다. 이때 아이가 보내는 마음의 신호를 부모가 제때 읽지 못하면 문제의 싹을 크게 키울 수 있지요. 대부분 아이는 말로 자신의 고통을 호소하지만, 어떤 아이들은 말 대신 다른 방식으로 신호를 보내기도 합니다. 그리고 다른 방식으로 보내는 신호를 알아채기 힘들게 하는, 미처 자각하지 못했던 커다란 함정이 하나 더 존재합니다. 그것은 바로, 엄마와 아들이기 이전에 존재하는 남자와 여자라는 성차(性差)입니다.

  심리적 사실과 객관적 사실은 엄연히 다릅니다. 같은 상황에 처하더라도 사람에 따라 혹은 성별에 따라 받아들이고 해석하는 방식이 다른 이유는 심리적 사실의 차이 때문입니다. 그리고 뇌가 작동하는 방식에 따라 심리적 사실엔 차이가 발생하게 되지요.

  여자와 구별되는 남자만의 뇌 구조와 호르몬은 남자만의 독특한 현실을 창조하게 됩니다. 남자의 뇌는 찾고 쫓는 영아기의 뇌, 움직이지 않으면 큰일 날 것처럼 부산한 유아기의 뇌, 지루함을 쉽게 느끼며 위험을 감수하는 청소년의 뇌, 눈앞에 닥친 문제를 빨리 해결해 버리거나 외면해 버리는 성인의 뇌로 성장해 갑니다. 사실 남자의 뇌는 필사적인 문제 해결 장치라고 할 수 있지요. 그래서 대화보다는 행동이 앞서고, 경청보다는 고함에 더 반응하는 사춘기 아들의 모습이 나타나는 것입니다. 우리의 일상을 이끄는 생각과 행동의 이면엔 항상 뇌가 존재하기 때문에, 남자아이의 뇌 구조와 호르몬은 여자아이가 경험하고 느끼는 세상과 사뭇 다른 현실을 만들어 냅니다.

갤럭시와 아이폰은 모두 스마트폰입니다. 하지만 운영체제는 큰 차이가 있지요. 예를 들어, 카카오톡은 어느 스마트폰이건 상관없이 모두 작동하지만, 어떤 앱은 갤럭시에서만 작동하기도 합니다. 엄마와 아들이 그려 내는 내면의 풍경 역시 마찬가지입니다. 아들이 말로 보내는 신호는 카카오톡처럼 엄마에게 전달되기도 하지만, 비언어적인 방식으로 보내는 아들의 신호를 엄마가 읽어 내기란 좀처럼 쉽지 않습니다. 마치 갤럭시에서 작동하는 앱이 아이폰에서는 무용지물이 되는 것처럼 말이지요. 왜 이런 차이가 생겨나는 것일까요?

남자의 뇌와 여자의 뇌는 임신하는 순간부터 차이가 생겨납니다. 남자의 뇌와 몸에 존재하는 모든 세포는 분명한 '남자'의 세포입니다. 남자 세포에는 Y염색체가 있고, 여자 세포에는 없습니다. 이처럼 작지만 중요한 차이는 유전자가 처음 뇌 안에 무대를 마련하는 순간부터 펼쳐지기 시작해서 호르몬에 의해 더욱 큰 차이를 보이게 되지요.

임신 8주가 되면 남자아이의 작은 고환이 뇌를 흠뻑 적시고 뇌의 구조를 바꿔 놓기에 충분한 양의 테스토스테론을 생산하기 시작합니다. 일생 동안 남자의 뇌는 유전자와 남성 호르몬에 의해 형성되고 변형됩니다. 남자의 뇌가 갖는 독특한 발달 과정이 두드러지게 나타나는 시기가 사춘기인 것이지요. 그 결과 2차 성징이 나타나면서부터 아들은 엄마와 질적으로 다른 존재가 되어 버리고, 같은 상황에서도 엄마와 아들이 받아들이는 심리적 사실에 차이가 생겨나게 됩니다.

이 책은 아들의 표정이 왜 달라졌는지 아무리 고민을 해도 도저히 답을 찾을 수 없는 엄마들을 위한 책입니다. 도대체 밖에서 무슨 일이 있었길래 생전 쓰지도 않던 거친 말들을 내뱉게 되는지, 딸로만 살아왔던 엄마들에겐 이해가 되지 않는 아들의 내면 풍경을 그려 내는 '심리적'이고 '과학적'인 해석이라고 할 수 있지요.

각 분야의 전문가들이 건강하게 아이를 키우는 솔루션에 대해 이야기하고 있습니다. 스트레스를 받은 아이들이 수월하게 회복탄력성을 얻는 방법이라든지, 엄마의 대화 방법을 바꾸는 법 등 아이나 엄마가 갖는 문제를 해결하기 위한 다양한 솔루션을 제공하기도 합니다. 하지만 아쉽게도 가장 본질적인 부분을 이야기하는 사람은 많지 않아 보입니다. 똑같은 상황을 경험했건만 엄마와 아들의 추억은 왜 다르게 쓰여지는 걸까요? 이 차이를 이해하기 위해 중요한 것은 엄마와 아들, 아빠와 딸이기 이전에 생물학적인 존재로서 남자의 뇌와 여자의 뇌가 가진 차이를 들여다보고 건강한 관계를 만들어 가는 것입니다. 문제가 아닌 차이에 대해 깨닫는 순간, 아이와 함께하는 우리의 일상은 크게 달라질 것입니다.

엄마와 아들 사이에 놓인 심리적 차이는 결코 넘어설 수 없는 것이 아닙니다. 여전히 아들의 세상 대부분은 엄마로 가득 차 있고, 엄마의 존재만으로도 아들은 힘을 내며 살아갈 수 있습니다. 결정적인 순간, 아들이 의지할 수 있는 곳은 결국 엄마의 품입니다. 어두운 방 안에서도 어슴푸레 잠든 아들이 귀신같이 엄마 품으로 파고드는 것처럼 아들의 기억 깊은 곳에 자리 잡고 있는 엄마 냄새가 있기 때문에, 소년이 되고 자기만의 세상을 만들다 지친 아들이 다시 돌아올 곳은 따뜻한 엄마의 품입니다. 세상 다정하고 잘 놀아 주는 아빠와 지내다가도 결정적인 순간엔 결국 엄마 품으로 파고들어 안기며 뜬금없는 말로 가슴 찡한 얘기를 툭 던져 놓는 게 결국은 아들인 것처럼.

"엄마는 할머니가 되어도 엄마지? 엄마는 할머니 안 되면 좋겠어. 계속 우리 엄마였으면 좋겠어."

엄마는 할머니가 되어도 여전히 엄마입니다. 키노 크고 머리가 크면 엄마를 이겨 먹으려고 하는 날이 언젠간 오겠지만, 아들의 성장을 지켜보는 과정에서 엄마가 상처받지 않도록, 어느덧 소년이 된 아들의 마음을 이해할 수 있는 엄마가 될 수 있도록 아들의 마음속 내면의 풍경을 그려 내려고 합니다. 남자아이의 세계로 걸어 들어가는 아들을 바라보며 고민하는 많은 엄마들에게 이 책이 실질적이고도 즉각적인 도움이 되기를 바랍니다.

이슬기

❝ 편안하게 눈을 감고 발가벗은 채 잠에 든 아들을 바라보는 엄마의 미소가 보는 이의 마음을 따듯하게 만드는 그림입니다. 한편으론 아이와 엄마의 엇갈린 시선이 엄마의 리추얼과 아들의 리추얼이 앞으로 달라질 것이라는 예감을 하게 만드는 그림이기도 하지요. 엄마의 시선은 늘 아이를 향해 있지만, 아들은 자신만의 꿈을 꾸는, 엄마와 아들의 숙명이랄까요? 하지만 중요한 추억은 언제나 이 지점에서 생겨납니다. 엄마의 따듯한 시선으로 인해 아들 역시 자신이 의지하고 되돌아가야 할 곳이 어디인지 늘 알고 있을 테니까요. ❞

'아이를 바라보는 어머니(1871)' 윌리엄 부게로(프랑스, 1825-1905)

1장
아들의 뇌가 탄생하는 순간

화려하고 알록달록한 깃털을 자랑하는 새가 얌전하게 앉아 있습니다. 그런데 조금 더 살펴보면 여느 새와는 다른 모습이 금세 눈에 띕니다. 몸의 왼쪽과 오른쪽 깃털의 크기부터 색까지 모두 다릅니다. 이게 어찌 된 일일까요?

▲ 몸의 오른쪽과 왼쪽의 성별이 다른 제브라 핀치[1]

이 독특한 새는 몸의 오른쪽은 수컷, 왼쪽은 암컷인 '제브라 핀치(Zebra finch)'라고 합니다. 이 새는 '자웅 모자이크(Gynandromorph)'라는 현상을 보이는데, 이것은 한 몸에 수컷과 암컷의 특징이 동시에 나타나는 매우 드문 현상입니다. 우리가 알고 있는 '자웅동체'보다 더욱 극적인 사례라고 할 수 있지요. 당연히 핀치의 사례는 과학자들의 관심을 크게 받았는데 성별 차이에 따른 신체 변화를 한 번에 관찰할 수 있는 좋은 기회로 여겨졌기 때문이지요.

이런 신기한 사례에서 볼 수 있듯이 동물의 신체와 호르몬의 관계, 더 나아가 뇌의 발달과 기능의 변화에 대해서 지금까지 과학자들은 다양한 사실들을 연구해 왔습니다.

성별 차이에 대한 연구는 1964년에 처음 시작되었습니다. 미국 국립보건원(NIH)의 허버트 랜스델(Herbert Lansdell)[2]은 여자와 남자의 두뇌 조직에 해부학적인 성차가 있다고 보고했고, 연구 결과 남자는 좌뇌와 우뇌의 분업이 보다 명확하게 나뉘어 있는 반면, 여자의 경우 좌뇌와 우뇌를 통합적으로 사용하면서 남자와는 다른 활성도를 보인다는 것이 알려지게 되었지요. 그 후 20여 년 동안 이루어진 연구에서 남자의 경우는 좌뇌가 분명히 언어 기능을 전담하지만 여자의 경우는 그렇지 않다는 사실이 증명되었습니다.

당시 대부분의 과학자들은 남녀의 뇌에서 나타나는 이런 차이는 '호르몬'에서 비롯된다고 생각했습니다. 하버드 대학교의 신경과학자 노먼 게슈빈트(Norman Geschwind) 교수를 비롯한 몇몇 학자들은 남자의 뇌에서 나타나는 특화된 기능은 남성 호르몬 때문이라는 견해를 제시했습니다. 이들은 사춘기 이전에는 성호르몬의 분비가 많지 않으므로 아동들의 뇌에서는 성별 차이가 별로 나타나지 않을 것이라고 생각했습니다. 하지만 실험실 동물의 뇌를 조사한 결과 수컷의 뇌와 암컷의 뇌는 태어날 때부터 유전적으로 크게 다르다는 사실이 증명되었습니다.

1996년 미국 캘리포니아 대학교 뇌 연구소의 아서 P. 아널드(Arthur P. Arnold)의 연구[3] 결과를 보면, 인간의 뇌가 조직되는 방식에서 남녀 간에 내재적인 차이가 있다는 사실을 알 수 있습니다. 이 연구팀은 남자의 뇌와 여자의 뇌를 구성하는 단백질 합성 과정이 완전히 다른 데다가, 그 이유가 염색체의 차이 때문에 발생한다는 사실을 발견했습니다. 따라서 남자와 여자의 성차는 호르몬의 영향보다는 선천적으로 주어진 유전자에 의해 영향을 받는 부분이 크다고 볼 수 있습니다.

일생 동안 남자의 뇌는 유전자와 남성 호르몬에 의해 그려진 설계도에 따라 성숙하고 변화합니다. 유전자에 의해 주어진 설계도 위에 아들의 말과 행동의 기초가 되는 심리적 풍경이 그려지는 것이지요. 바로 이 남자의 뇌가 가진 생물학적인 조건이 엄마가 이해하기 힘든 독특한 행동을 유발하게 됩니다. 이제 본격적으로 아들의 마음을 그려 내는 풍경 너머로 걸어 들어가 보겠습니다.

1. 죽었다 깨어나도 엄마가 모르는 아들의 심리

이리저리 날뛰는 아이의 거친 행동, 왜 그럴까

"정말 내 자식이지만 뭐 이런 게 다 있지 싶고, 그만 포기하고 도망가고 싶어요. 조금만 싫거나 마음에 안 들면 짜증에 막말이 반복되니 너무나 지치네요. 예전엔 욕하고 막말하고 나서 나중에 미안하다고 했는데 이젠 사과도 잘 하지 않아요. 좋게 말해도 풉 하면서 비웃어요. 매번 카톡으로 막말을 쏟아 내서 차단한 지 오래고요."

"얼마 전 시아버지 생신이라 시댁에 갔어요. 귀찮다고 안 가겠다는 거 '밥 안 먹고 금방 올 거다.' '다른 날도 아니고 할아버지 생신이니 가는 게 기본적인 예의다.'라고 몇 번을 얘기했는데 시댁 가서 할아버지한테 인사도 제대로 안 하고, 식당에 가서도 뭐가 그렇게 불만인지 계속 짜증을 내서 식사 시간 내내 불편했어요. 집에 와서 싸우다가 넌 기본 예의도 없고 사회성도 없는 이상한 애라고 저도 아이에게 한참 동안 막말을 쏟아부었네요. 그러면서도 밤만 되면 슬그머니 제 옆에 누워 자는 모습을 보면 도대체 얘가 머리가 어떻게 된 건 아닌지 걱정도 되고, 어느 날은 정말 순한 양처럼 지내니 어느 장단에 맞추어야 할지 모르겠어요. 이 아이 정말 어쩌면 좋지요?"

인간은 문제를 통해 배우고 성장하는 존재입니다. 부모 역시 마찬가지로 아이의 문제를 통해 부모로서 한 단계 성장합니다. 또한 모든 문제는 그 안에 답을 갖고 있듯이, 오히려 아이의 문제 행동은 아들의 생각과 마음을 이해할 수 있는 지름길이라는 점을 기억하는 것이 매우 중요합니다.

사춘기 무렵의 남자아이, 떠올리기만 해도 머리가 지끈지끈하게 만드는 여러 문제 행동을 하고 다니는 존재로 느껴집니다. 한 어머니는 상담 중에 저에게 이런 속마음을 털어놓은 적이 있습니다.

"저한테 막말을 내뱉곤 태연하게 행동하는 아들 얼굴을 볼 때마다 너무 기가 막히고, '혹시 우리 아이가 사이코패스는 아닐까?' 하는 말도 안 되는 생각까지 들어요."

그런데 역설적으로 바로 이 지점이 엄마가 아들을 이해할 수 있는 실마리가 됩니다. 왜냐하면 아이의 행동에는 '반드시' 이유가 있기 때문이지요.

사춘기에 들어선 아들의 뇌는 커다란 두 가지 변화를 겪게 됩니다. 바로 '뇌 기능의 급격한 변화'와 '남성 호르몬의 폭발적인 증가'입니다.

먼저 뇌 기능의 급격한 변화는 바로 '전두엽(前頭葉)'에서 일어납니다. 전두엽은 외부에서 들어온 자극을 파악하고 어떻게 반응할지 조절하는 뇌의 한 영역입니다. 머리의 앞쪽에 위치해 있기 때문에 '이마엽'이라고도 불립니다. 그런데 바로 조절 능력을 담당하는 이 전두엽의 변화가 사춘기 아이들의 급격한 행동 변화를 불러오게 됩니다. 이러한 변화를 보다 자세하게 이해하기 위해서는 한 가지 사실을 기억해 두어야 합니다.

바로 우리의 뇌는 극단적으로 가성비를 추구하는 신체 기관이라는 점이지요. 뇌는 대략 1.4킬로그램밖에 되지 않지만, 우리가 하루 동안 먹은 음식에서 얻은 에너지의 25~30%나 사용해 버리는 가공할 만한 대식가이기도 합니다. 마치 람보르기니 같은 슈퍼카처럼 연료를 무지막지하게 먹는 존재가 바로 뇌라고 할 수 있습니다. 따라서 우리의 몸은 연료를 최대한 아끼기 위해서 뇌에서 발생하는 불필요한 활동을 막는 것에 집중합니다. 이를 위해 뇌세포 간의 연결을 극도의 효율성을 낼 수 있도록 배치하게 되지요. 그리고 뇌가 극강의 가성비를 내기 위해 구조 조정을 하는 시기가 공교롭게도 사춘기입니다.

생후 1개월부터 48개월까지는 말하고, 걷고, 환경에 적응해야 하기 때문에 배워야 할 게 많아 뇌세포 사이의 연결이 기하급수적으로 늘어나게 됩니다. 48개월쯤의 아이들은 성인보다 4~5배 정도나 많은 신경세포의 연결 통로를 갖게 되는 것이지요. 그 결과, 환경에 빠르게 적응하고, 능숙하게 걷거나 달리고, 능숙하게 모국어 발음을 하게 됩니다. 그리고 나면 이제 남은 일은 적응하는 일뿐이고 급격한 환경 변화를 겪을 일이 줄어들게 됩니다. 그래서 우리의 뇌는 에너지 효율을 높이기 위해 자주 사용하는 뇌 기능 사이의 연결만을 남겨 두고, 자주 사용하지 않는 뇌 기능의 연결망을 삭둑삭둑 끊어 버립니다. 이러한 일련의 과정을 신경과학자들은 '신경 가지치기 현상(Synaptic Pruning)'이라고 부르지요. 대략 여자아이의 경우는 초등학교 4학년부터 중학교 2학년까지, 남자아이는 초등학교 6학년부터 고등학교 1학년까지 신경 가시치기 현상을 겪게 되고, 그 결과 행동 제어가 마음대로 되지 않게 됩니다.

두 번째 변화는 편도체(Amygdala)라는 뇌의 감정 처리 기관이 남성 호르몬의 영향을 극심하게 받는 현상 때문에 일어납니다. 편도체는 우리 뇌의 가장 아랫부분에 위치한 기관으로, 사람뿐 아니라 개나 사자, 코끼리까지 모두 가지고 있으며, 불안이나 공포 등의 감정을 만들어 냅니다. 그런데 사춘기에 접어든 아이들은 남성 호르몬인 테스토스테론 분비가 왕성해지면서 편도체를 과도하게 자극받게 됩니다. 그래서 별 이유 없이 분노와 불안, 공포를 느끼거나 그냥 넘어갈 수 있는 사소한 일에도 지나치게 예민한 반응을 보이게 됩니다.

따라서 사춘기에 접어든 아이들의 뇌는 전두엽 조절 능력이 불안정해지는 동시에 감정적으로 과도한 예민성을 갖게 되는 것이지요. 거기에 이러한 변화를 함께 겪고 있는 또래 친구들에게 받는 자극이 사춘기 시기의 변화를 더욱 강화시키게 됩니다. 그 결과 부모의 통제보다는 친구들 이야기에 더 큰 영향을 받게 되는 것입니다. 그리고 도무지 이해할 수 없는 감정 기복을 보이게 됩니다.

그러므로 사춘기에 접어든 아들의 모습은 사이코패스로 변해 버린 것도, 예상할 수 없는 충동에 시달리는 지킬 박사와 하이드가 되어 버린 것도 아닙니다. 자연스러운 발달 과정에서 두드러지게 영향을 받는 아이들과 그렇지 않은 아이들이 있을 뿐이지요. 그래서 아들의 거친 말이나 짜증에 맞서 싸우려 하면 엄마도 아이도 상처받습니다. 아이를 부정적인 시선으로 바라보면 아이는 즉각적으로 엄마의 눈길에 반응하게 마련입니다. 아들의 뇌와 신체는 급격한 변화를 겪고 있지만, 여전히 아들의 마음은 엄마에게 기대고 있기 때문입니다.

감정의 파도에 휩쓸린 아들, 어떻게 말해 줘야 할까

영국의 정신분석학자 멜라니 클라인(Melanie Klein)은 '대상관계이론'을 통해, 감당할 수 없는 부정적인 감정을 만만한 부모 탓을 하며 감정을 쏟아 내는 아이의 모습에 대해 모든 아이들이 거치는 정상적인 발달 과정이라고 이야기합니다. 사춘기 시기가 되면 조금만 튀겨도 높게 솟구쳐 오르는 얌체공처럼, 이리저리 감정이 날뛰면서 아이도 혼란스러워집니다. 사소한 일에도 오랫동안 짜증 내는 일이 늘어나고, 별것 아닌 일로 동생과 몸싸움을 하기도 하지요. 작은 자극에도 민감해지고 속상한 마음과 미안한 마음이 마구 뒤섞여 자연스럽게 처리할 수 없는 상태가 됩니다. 그래서 우선은 그 감정을 다른 곳으로 밀어 버리려고, 당장 눈앞에 있는 대상에게 분출하게 됩니다. 내가 감당할 수 없는 감정을 밖으로 내다 버려야 내 마음속 긍정적인 감정들이 위협받지 않고 지켜질 테니까요. 아이 입장에서는 이 위험하고 나쁜 감정을 가장 빠르게 던져 버릴 수 있는 존재, 이것을 나 대신 처리해 줄 수 있는 안정적인 존재가 바로 '엄마'입니다. 그래서 불편한 마음, 싫은 마음, 짜증 나는 마음을 엄마에게 배설해 버립니다. 그러곤 스스로 만든 동굴로 들어가 버리고, 방문은 굳게 잠기게 되는 것이지요.

    물론 엄마 입장에서는 아이의 이런 방식이 무례하게 느껴지거나 황당하게 느껴지는 것이 당연합니다. '어느 정도 컸으면 스스로 마음을 다스릴 줄도 알아야지, 감정 배출하면 엄마가 그대로 받아 주는 사람이야?'라는 생각에 씁쓸해지는 것도 그럴 수 있는 일입니다. 그런데 아이들의 무례함은 사춘기 아이들의 성장 과정에서 나올 수 있는 모습이기도 합니다. 게다가 이 행동은 진짜로 엄마가 미워서 혹은 싫어서 하는 행동도 아닙니다. 물론 엄마 역시 아들의 진심이 그렇지 않다는 것을 알지만, 막상 거친 말이나 행동을 보면 마음 한편에 돌덩이를 얹어 놓은 것처럼 변하는 것도 사실이지요. 그렇다면 엄마로서 아이에게 어떤 이야기를 해 주어야 할까요?

　　아들에게 '혼자만의 시간'을 선물해 주세요. 아들이 내뱉는 말과 거친 행동에 즉각적으로 반응을 하면 할수록 깊은 수렁에 빨려 들어가는 느낌이 들 수밖에 없습니다. 왜냐하면 아들은 감정의 폭풍 한가운데 내몰려 있고, 이 시기 전두엽의 변화와 맞물려 편도체의 과민성으로 인해, 주변 사람에게 공격적인 반응을 자동적으로 하기 때문입니다. 아들의 급격한 변화에 감정적으로 바로 대응하는 것은 금물입니다. 아들이 스스로 감정을 정돈할 수 있도록 혼자만의 시간을 주세요. 그리고 가시 돋친 말에 지나치게 큰 의미 부여하는 것을 경계해야 합니다. 말은 쉽지만 마음이 따르지 않는다고 느껴질 땐 '아들도 정말 힘들겠구나.'라는 연민의 감정을 떠올려 보는 것도 좋습니다.

　　힘든 여행을 눈앞에 둔 아이를 바라보는 부모는 본능적으로 걱정과 연민이 앞서게 됩니다. 마찬가지로 하나뿐인 아들이 사춘기라는 보편적이고도 깊은 감정의 여정을 떠나는 길을 응원해 주세요. 격랑의 시기를 지나는 아이에게 엄마가 해 줄 수 있는 것 가운데 하나가 바로 '연민'입니다. "네가 감정의 파도 속에서 많이 힘들구나."라는 감정에서부터 아들을 이해해 가는 것이지요. 사랑스러웠던 아들이 불손한 말과 행동을 하게 된 맥락을 이해하면 연민이 느껴집니다. 그렇게 아들의 혼란스러운 마음을 들여다볼 수 있는 연민이 생기면 태도에 대한 불필요한 지적이 줄어들게 됩니다.

사춘기 아들의 기본적인 태도는 비스듬히 다리를 꼬고 앉아 엄마에게 눈길 한번 제대로 주지 않으면서 대화하는, 말 그대로, 상전입니다. 그 상황에서도 뭐 그렇게 요구하는 건 많은지, 엄마가 궁금해서 물어보면 "엄마, 왜?"라고 시크하게 반응하는 아들의 태도에 지적하기 시작하면 끝은 결국 싸움으로 마무리되는 패턴이지요. 태도에 대한 지적이 반복되면 감정 싸움이 잦아지고, 관계가 틀어지고, 대화는 단절되고, 아이는 더 고립됩니다. 그래서 엄마 스스로 마음의 여유를 갖고 아들을 연민의 감정으로 바라보는 연습이 필요합니다. 당연한 이야기지만, 연민을 느낀다고 해서 아들을 불쌍하게 여겨야 한다는 의미는 아닙니다. 아이가 겪는 감정의 소용돌이를 이해하고 격랑의 한가운데 휘말리지 않도록 아이를 보호해야 한다는 의미입니다.

아이가 멋모르고 뱉어 버린 감정을 잘 정돈해서 정화해 주는 것이 필요합니다. 감정을 정화한다고 해서 거창한 준비가 필요한 것은 아닙니다. 아이가 내뱉은 심성을 곧바로 받아쳐서 되돌려주지 않는 것부터 시작하면 됩니다. "그 정도로 마음이 안 좋았어? 엄마 탓을 하고 싶을 정도로 속상했나 보네." 정도의 표현으로 일단 아이의 마음 상태를 인정해 주고 추궁하지 않는 것이 좋습니다. 사춘기에 들어선 아이의 감정이 휘몰아치는 폭풍 한가운데로 엄마가 직접 들어가는 것은 엄마도 아이도 상처를 받는 일이 되어 버립니다. 일단 한 발짝 뒤로 물러서고, 마음으로 한번 수용해 주어야 아이 마음에도 느슨한 공간이 생기게 됩니다.

아이 역시 엄마가 미워서 그런 거친 말과 행동을 한 것이 아니기 때문에 아이의 감정을 수용해 주고 나면, 시간이 지나 본인 역시 어떤 지점에서 하지 않았어야 할 행동을 한 것인지 자각하게 됩니다. 아이의 사소한 짜증을 모두 받아 주거나 아이가 모두 옳다고 긍정해 주라는 의미가 아니라, '그 정도로 화났구나.'라고 있는 그대로 아이가 느끼는 감정을 인정해 주는 것이지요. 그 정도 수용을 해줘야 아이에게 그다음을 이야기할 수 있는 심리적 여유가 생겨나게 됩니다.

아이가 엄마에게 감정을 그대로 드러내고 짜증을 내는 것은 다른 한편으로는 스스로 감당하기 버거운 감정을 엄마가 어느 정도 씹어서 소화하기 좋게 만들어 넘겨 주기를 기대한다는 뜻이기도 합니다. 그런데 만약 "왜 자기가 잘못해 놓고 엉뚱한 엄마한테 화풀이를 하는 거야!"라고 비난하며 아이의 감정을 그대로 돌려주게 되면 아이의 무의식엔 상처가 새겨집니다. 아무도 내 감정을 받아 주지 않는다는 절망과 더불어 더욱 커져 버린 나쁜 감정을 어떻게 처리해야 할지 모르는 상태가 주는 불안감이 상처로 남게 되지요.

사소해 보이지만 크고 작은 언쟁이 반복되면서 누적되다 보면, 아이는 더 이상 엄마에게 감정을 표현하거나 공유하지 않고 마음의 문을 닫아 버릴 수도 있습니다. 아이들은 엄마가 소리 지르기 전에 어떤 표정을 하는지 너무나 잘 알고 있기 때문입니다. 남자아이의 특성상, 겉보기엔 의연하고 괜찮아 보일 수 있지만 아이의 마음에는 내재된 분노 혹은 해결되지 않은 감정으로 인한 불안이 남겨져 있게 됩니다. 게다가 한번 마음의 문을 닫아 버리면 다시 그 문을 열기란 정말 어려운 일이지요.

양육 태도 간단 체크리스트

(만 8세~13세 사이의 아이에게 해당)

- 같은 일에 대해서 화를 내기도 하고 내지 않기도 한다.
- 부모의 기대만큼 아이가 따라오지 못한다고 생각한 적이 많다.
- 아이를 꾸짖은 후, 혼낸 이유를 아이에게 설명해 주는 편이다.
- 칭찬이나 체벌을 할 때에는 반드시 아이도 이해할 수 있는 합리적인 이유가 있는 편이다.
- 유치원이나 학교에서의 일을 잘 알고 있는 편이다.
- 또래 아이들이 스스로 할 수 있는 일을 우리 아이는 잘하지 못한다고 느낀다.
- 방과 후 아이가 누구와 시간을 보내는지, 어떤 게임을 하는지 알고 있다.
- 아이의 미래에 대해서 자주 걱정하는 편이다.
- 아이가 문제 상황에 놓이면 도움을 요청하기 전까지는 지켜보는 편이다.
- 가끔 아이가 나를 무서워할 때가 있다.

체크 항목 3개 미만 : 아이에게 크게 개입하지 않는 방임형 부모일 가능성이 높습니다.

체크 항목 4~5개 : 적절한 개입을 통해 아이를 파악하고 있는 부모일 가능성이 높습니다.

체크 항목 6개 이상 : 아이에게 빈번하게 간섭하는 통제형 부모일 가능성이 높습니다.

    (체크리스트는 간이검사이며, 보다 정확하고 구체적인 검사는 전문기관에 의뢰해 주세요.)

    주양육자인 부모의 양육 태도는 아동의 발달, 특히 정서와 행동 발달에 매우 중요한 역할을 합니다. 아이들은 다양한 경험을 통해 성장하는데 부모, 교사, 또래와의 상호작용, 아울러 스마트폰이나 태블릿 피시 등을 통한 간접 경험도 많이 합니다. 그러나 여전히 아이에게 가장 중요한 환경은 일차적으로 가정이며, 정서 발달에 가장 많은 영향을 미치는 것 또한 주양육자인 부모와의 관계입니다. 아이는 부모와의 긍정적인 상호작용을 통해 안정감을 느끼고, 적절한 보살핌에 의해 정상적으로 성장하고 발달해 갑니다.

    부정적인 양육 태도를 가진 부모에게 자란 아동이 그렇지 않은 아동에 비해 우울 장애를 겪을 가능성이 높다는 연구 결과가 보고되는 것은, 그만큼 양육자의 양육 태도가 아이의 정신 건강에 많은 영향을 미친다는 것을 보여 준다고 할 수 있습니다.

    검사 결과에 따라 전문가의 객관적 조언이 가능하고, 상담과 피드백을 통해 부모 자신부터 변화를 이끌어 내어 앞으로의 자녀 양육에 도움을 받을 수 있습니다.

심리학이 알려 주는
아이 키우는 법

사춘기에 들어선다는 말은 무엇을 의미할까요? 여러 가지의 답이 가능하겠지만 심리학적인 답을 하자면, 그동안 아이의 세상에 가득했던 엄마, 아빠가 뉘엿뉘엿 희미해지고, 자아라는 새로운 내면의 풍경이 정교하게 형성되는 것이라고 할 수 있습니다. 마음이 자란다는 것은 아이 내면의 풍경을 이루는 것들이 달라진다는 것을 의미합니다. 어렸을 때는 엄마 말이라면 꿈벅 죽던 아이도 이 시기가 되면 부모에게 자기 생각을 강하게 밀어붙이는 모습을 자주 보이곤 하지요. 어느 날 갑자기 자기주장이 강해지고 말투가 거칠어지면 부모들은 '드디어 올 게 왔구나.'라는 생각에 덜컥 가슴이 내려앉게 됩니다. 무엇 때문에 이렇게 달라져 버린 걸까요?

제가 심리센터에서 근무를 시작하던 첫날, 지인이 커다란 화분을 선물해 준 적이 있습니다. 저는 식물에 큰 관심도 없었고 키우는 방법도 잘 몰랐지만, 잘 돌봐야겠다는 마음만은 가득해서 매일 물을 주며 노력했습니다. 그런데 두 달도 채 지나지 않아 싱싱하던 화분의 잎들이 시들거리며 떨어져 나가기 시작하더니, 물을 주어도 되살아날 기미가 보이지 않았습니다. 알고 보니 그 식물은 물을 자주 주면 안 되는 수종(樹種)이었습니다. 그런데 제가 과하게 물을 줘 버린 탓에 뿌리가 썩고 시들어 버리고 만 것이었지요. 선물 받은 화분을 잘 키우고 싶었다면 먼저 이 식물이 어떻게 해야 잘 자라는지 알아봐야 했습니다. 그렇지만 정확하게 알지 못한 채 머릿속에 있던 막연한 지식에 의존하다가 시간과 정성을 들였음에도 건강하게 식물을 키울 수 없었던 것이지요.

　육아는 아이를 기르는 일입니다. 아이라는 존재를, 특히 이 세상에서 단 하나뿐인 특별한 존재를 자라게 하는 일이기에 막연한 지식에 의존해서는 더더욱 안 됩니다. 그래서 아이를 잘 키우기 위해서는 가장 먼저 그 존재가 어떤 특징을 갖고 있는지, 성장 과정에서 유연하게 대처해야 할 지점은 없는지 그 방법을 정확하게 아는 것이 굉장히 중요합니다.

　그렇기 때문에 막연하게 '질풍노도의 시기'에 들어선 가상의 사춘기 아이를 대하는 것이 아니라, 눈앞에서 매일매일 변해 가는 아이의 마음을 알기 위해서 발달심리학의 도움을 얻는 것이 필요합니다. 사춘기에 들어선 아이의 내면 풍경이 달라지는 원인을 그려 보기 위해 심리학에서 힌트를 얻고, 아이의 현재 상황에 맞게 적용하기 위한 고민이 필요한 것이지요.

　부모들뿐 아니라 종종 전문가들 역시 '아이를 키우는 데 정해진 답은 없다.'고 말하곤 합니다. 부모들은 관련된 정보와 방법들이 현실에서는 적용되지 않는다고 느끼기 쉽지요. 당연히 아이의 기질과 성향, 부모의 성격과 환경에 따라 아이를 키우는 것은 다양한 상황으로 흐를 수 있습니다. 그 상황에서 아이 키우는 것에 답이 없다고 생각하면 마음이 조금 편해지기도 하지요.

　그렇다면 정말 아이를 키우는 데 정답이 없을까요? 물론 세부 상황에서는 개인차가 존재하지만, 아이가 커 나가는 발달 과정을 아우르는 기본적인 방향과 속도는 존재합니다. 아이를 키우면서 딱 맞는 틀에 넣을 수는 없지만 기본적으로 성장 단계마다 아이의 변화가 어떻게 이루어지는지 반드시 알아야 합니다. 그래야 아이의 성장을 기다릴지 혹은 적극적으로 아이를 지원할지 부모 스스로 판단하고 해결할 수 있습니다.

 상담실에서 다양한 부모들을 만나 고민을 듣다 보면 '아이가 지금도 계속 성장하고 발달하는 중이라는 것을 혹시 잊고 있는 것은 아닐까?'라는 생각을 종종 하게 됩니다. 그리고 부모의 머릿속에 있는 추상적이고 평균적인 가상의 아이를 염두에 두고, '이 나이 정도 되면 이렇게 행동하는 게 맞지.'라며 자녀의 행동을 평가하고 지적하는 데 몰두하는 케이스도 본 적이 있고요.

 아이는 당연히 미숙하고, 지금 이 순간에도 계속 발달하고 있다는 것을 반드시 기억해야 합니다. 부모 역시 마찬가지로, 개인으로서도 그렇고, 부모라는 역할을 맡게 되면서 지속적으로 발달하고 있는 존재입니다. 심리학에서 발달이란, '수정에서 죽을 때까지 전 생애를 통해 신체적 기능이나 심리적 기능에 있어 한 개인에게 일어나는 변화'로 정의되기 때문입니다. 그렇기 때문에 아이뿐만 아니라 부모라는 역할을 수행하는 것 또한 부족하고 미숙할 수 있는 것이지요. 그러므로 부모가 발달 과정을 잘 이해하고 있으면, 아이의 마음이 어느 정도 발달하고 있는지 살펴볼 수 있고 앞으로의 변화를 예측할 수도 있습니다. 바로 이 지점에서 심리학은 부모의 삶에 큰 지원군이 될 수 있지요.

 심리학은 상대의 마음을 꿰뚫어 보는 독심술이 아닙니다. 하지만 지금도 종종 저와 처음 만나게 된 사람들뿐 아니라 지인들조차도 머쓱하게 웃어 보이며 "지금 제 마음 읽고 있는 건 아니죠?"라고 농담을 던지곤 합니다. 물론 저는 대화를 통해서 마음을 읽을 수 있는 특별한 능력을 가진 사람이 아닙니다. 심리학과 뇌과학은 인간의 행동과 마음을 과학적으로 연구하는 학문이고, 저는 내면의 풍경을 그려 내는 다양한 도구들을 조금 더 구체적으로 알고 있을 뿐이지요.

쉽게 이야기하면 인간의 행동 이면에 놓인 생물학적인 원인을 파악하는 데 도움이 되는 것이 바로 심리학이고, 특히 발달심리학은 성장하며 변화해 가는 아이의 마음을 살피는 데 큰 도움을 줄 수 있는 것이지요. 부모가 아이를 기르며 아이의 행동에 대해 품게 되는 많은 고민은 사실 심리학과 맞닿아 있습니다.

아이가 어렸을 때는 전적으로 모든 상황을 부모에게 의존할 수밖에 없습니다. 부모의 말을 듣지 않는 것은 곧 생존에 대한 위협을 의미한다는 것을 아이 역시 본능적으로 알고 있는 것이지요. 그래서 갓 태어난 아이에게 부모는 존재 그 자체로 절대적인 세상이 됩니다. 스스로 걸음마를 떼기 전까지 아이의 세상에서 부모의 보살핌은 이 세상이 위협적인 곳인지 신뢰할 만한 곳인지를 판가름하는 결정적인 기준이 되고, 세상을 바라보는 기본적인 관점을 형성하는 데 큰 영향을 줍니다. 그렇기 때문에 사춘기 아이가 보이는 행동 특성 가운데 상당수가 유아기에 느꼈던 애착과 신뢰감, 경험에 따라서 달라지는 것이지요. (252쪽 부록 '발달심리학이 그려 낸 마음의 풍경'을 참조해 주세요.)

아들은 엄마와 다르게 듣는다

"이제 4학년 올라간 지 한 달 좀 넘은 아들 때문에 고민이에요. 저학년일 때랑은 다르게 지금은 챙겨야 할 것도 많고 공부해야 할 것도 많아서 저도 아이도 정신이 없는데, 우리 애는 자꾸 제가 한 말을 흘려듣고 뭘 하나씩 꼭 빼놓고 다녀서 아주 미치겠어요. 분명히 아침 먹을 때 준비물 잊지 말라고 신신당부를 해도, 준비물을 놓고 홀랑 학교로 가 버려서 제가 가져다준 적이 한두 번이 아닙니다. 남편은 이런 애의 행동을 크게 중요하게 생각하지 않는 타입이라 전혀 화도 안 내고, 저만 등교 준비하면서 미친 사람처럼 안절부절못하는 모습이 스스로 생각하기에도 너무 처량해 보일 때가 있네요. 아들의 기억력이 문제인지, 주의력이 문제인지 생각도 해 봤는데 공부도 곧잘 하고 기억력도 문제는 없는 것 같거든요. 우리 아들 도대체 왜 이럴까요?"

아들은 엄마와 다르게 듣습니다. 아들의 반응이 엄마의 조바심과 거리가 멀 수밖에 없는 것은 자극을 받아들이는 단계에서부터 차이가 나기 때문입니다. 말소리는 엄마 입에서 나온 소리가 공기를 타고 아들의 고막에 닿아 울리는 과정을 거쳐 만들어집니다. 고막은 말 그대로 귀 안에 있는 북(Drum)인데, 소리의 파동이 아들의 귀 안에 있는 북을 두들겨 말의 의미를 전달하게 되지요. 그런데 고막의 민감도 역시 딸과 아들이 다른 발달 과정을 보이게 됩니다.

1980년대 말 미국 플로리다 주립대 대학원생이던 저넬 케인

(Janel Caine)[4]은 음악 치료가 미숙아에게 미치는 영향을 연구했습니다. 케인은 유아에게 부드러운 음악을 들려주면 식욕이 향상되어 성장 속도가 더 빨라질 것이라는 가설을 증명하기 위해 미숙아 26명의 침대 옆에서 음악을 틀어 주었지요. 그리고 나이와 몸무게가 같은 26명의 다른 미숙아들에게는 음악을 전혀 들려주지 않았습니다. 역시나 부드러운 음악을 듣게 된 아기들은 성장 속도가 빨랐고 합병증도 적었으며, 음악 치료를 받지 않은 아기들보다 평균적으로 5일 먼저 퇴원했습니다. 그런데 이 실험이 남자와 여자의 뇌 기능 발달에 대한 뜻하지 않은 발견을 이끌게 됩니다.

연구 결과를 성별로 분류한 자료를 검토하던 케인은 예상치 못한 사실을 발견합니다. 음악 치료를 받은 여자아이들은 그렇지 않은 여자아이들보다 평균 9.5일 정도 빨리 퇴원했지만, 음악 치료를 받은 남자아이들의 퇴원 날짜는 조금도 빨라지지 않았기 때문이지요. 여자아이들에게는 음악 치료가 상당한 효과가 있었지만 남자아이들에게는 전혀 도움이 되지 않았던 것입니다. 왜 이런 일이 벌어진 걸까요?

가장 그럴듯한 설명은 남자아이들은 여자아이들만큼 음악 소리를 잘 듣지 못하거나 아니면 듣기는 해도 여자아이들과 같은 방식으로 듣지 못하기 때문이라는 가설이었습니다. 즉, 여자가 남자보다 청력이 훨씬 더 좋다는 것이지요. 이미 기존의 신생아 연구에서도 여자아이가 남자아이보다 청력이 더 좋다는 증거가 있었습니다. 소아 청력 학자인 바버라 콘 웨슨(Barbara Cone-Wesson)[5]은 사람이 소리를 들으면 즉시 뇌에서 음향 반응이 나타난다는 점에 착안해서, 60여 명의 남녀 신생아에게 나타나는 뇌의 반응을 측정해 보았습니다. 오른쪽 귀에 1,500Hz의 소리를 들려주자 여자아이의 뇌에서는 남자아이에 비해 대략 80% 정도 더 강력한 음향 반응이 나타났고, 이는 아들이 딸보다 청각에 더 둔감하다는 것을 의미했지요. 1,500Hz의 소리를 들려준 이유는 그 음역대가 사람의 말소리를 이해하는 데 결정적인 주파수이기 때문입니다.

특히 여자와 남자의 청력 차이는 나이가 많아질수록 더 커지는 것으로 나타납니다. 그리고 이런 차이는 사춘기에 접어들면 중대한 결과를 가져오게 됩니다.

"제 생각엔 늘 적당한 톤으로 말하는데 딸애는 저보고 목소리가 너무 크다고 투덜거려요."라며 하소연하는 아빠들이 존재합니다. 만일 40대 중반의 아빠가 10대 중반의 딸에게 자기가 느끼기에 '적당한 목소리'로 말을 한다면, 딸은 아빠가 듣는 것보다 약 10배는 더 크게 듣게 되기 때문이지요. 남자와 여자의 청지각 민감도는 이처럼 큰 차이를 갖고 있습니다. 결국 아빠는 사시도 모르게 딸에게 소리를 지르는 셈이 되는데, 이 사실은 아빠와 딸이 똑같은 소리를 다른 방식으로 경험하기 때문입니다.

그 반대 역시 마찬가지입니다. 아들을 키우는 엄마들이 딸을 키우는 엄마들보다 고함을 지르는 경우가 많은 이유는 아들의 극성맞은 행동 때문이기도 하지만, 실제로 남자아이들의 청력이 엄마가 생각하는 것보다 민감하지 않기 때문이지요. 그래서 "우리 아들은 제가 얘기해도 못 들었다고 하는데 저도 소리 좀 그만 지르고 싶어요."와 같은 호소를 하는 엄마들이 생겨나는 것입니다.

이렇듯 청각 능력에 성차가 있다는 것은 유치원이나 학교에서도 남녀 학생에게 다른 학습 전략을 활용해야 한다는 것을 의미합니다. 남자아이들은 자신을 둘러싼 자극들 중 자주 들어서 익숙해진 음역대만 극대화해서 받아들입니다. 그래서 시각 자료 없이 선생님의 말소리로만 이루어지는 수업을 따라가는 데 여자아이들에 비해 훨씬 더 어려움을 느끼게 되지요. 특히 현재 한국의 유치원이나 초등학교 선생님들의 성비를 고려했을 때, 남자 선생님보다 여자 선생님에게 지도받을 확률이 높다는 것을 감안하면, 남자아이들이 선생님의 말을 제대로 듣지 않고 혼날 가능성이 높은 이유도 여기에 있습니다.

그렇기 때문에 아들에게 이야기할 때에는 한 번에 하나의 정보만 반복해서 들려주고, 스스로 행동할 수 있도록 습관을 들이는 것이 매우 중요합니다.

청각 민감도가 낮은 아들, 어떻게 말해 줘야 할까?

- 답답해도 반복해서 이야기해 주세요

아들이 알아듣도록 어제 분명히 말했는데 오늘 또 문제가 반복되는 것들이 있습니다. 밥 먹기 전에 손 씻고 앉기, 등교 준비할 때는 스마트폰 게임 하지 않기 등등. 초등 저학년이라면 그러려니 하고 넘어갔던 일들이 고학년, 심지어 중학생이 되어도 반복되는 걸 지켜보는 엄마의 답답한 마음은 아들을 키우는 집이라면 한국뿐 아니라 전 세계 어디를 가도 동일합니다. 답답해도 한 번에 하나씩, 반복해서 이야기하는 것이 필요합니다.

- 단답을 하는 것이 당연해요

아들의 뇌는 스토리를 담기보다는 단편적인 사실이나 자기 관심사에 한정된 상황에 집중하고 해결하도록 프로그램되어 있어요. 엄마들이 가장 답답해하는 것 중 하나가 바로 학교에서 있었던 일을 아들이 얘기하지 않아서 도와주기 힘들다는 것인데, 결론적으로 남자 뇌의 특성상 스토리를 잘 풀어내는 것은 생각보다 힘든 일입니다. 그래서 성인이 되어서도 남자들은 상황이나 원인을 설명하기보다 결과에만 집중하지요. 따라서 짧은 답으로도 충분하다고 생각하고, 그 이상의 설명을 하는 것에 대해 크게 필요성을 느끼지 못하거나 귀찮다는 생각에 이야기를 반복해서 하고 싶어 하지 않습니다.

- 감정적인 반응보다는 사실 위주로 답해 주세요

아들의 행동에 대해 감정적인 반응을 하면 아들의 편도체가 반짝, 하고 켜지면서 공격성 스위치가 올라가게 될 가능성이 높습니다. 평소 이야기하던 것과 비교해도 다소 건조하다 싶을 정도로 사실에 대해서만 이야기하고, 혼낼 것만 분명히 사실에 근거해서 이야기해 주세요.

- 보디랭귀지만 활용해도 충분해요

아들은 듣는 것보다는 보는 것에 큰 느낌을 받습니다. 엄마가 화가 났다는 것을 표현하는 몸짓, 큰 액션만으로도 충분합니다. 팔짱을 끼고 말하는 것만으로도 아들은 이미 눈치챌 테니까요.

자기감정을 제대로
알기 힘든 남자들

"오빠가 뭘 잘못했는지 얘기해 봐."
"그냥 내가 다 미안해."
"난 그런 사과 받을 수 없어. 화만 더 날 뿐이야."

현실에서 심심치 않게 볼 수 있는 흔한 연인 사이의 대화입니다. 구체적으로 잘못한 게 뭔지 말하기 힘들어하는 남자와 회피하는 남자의 모습에 더욱 화가 난 여자 사이엔 어떤 심리적 차이가 있을까요?

선명하게 눈앞에 그려지는 시각적 대상과 달리 감정과 느낌은 안개처럼 뿌옇고 모호한 존재입니다. 그래서 언어를 통해 모호한 감정의 한 부분을 퍼 올려 분명하게 만드는 과정이 반드시 필요합니다. 여자들은 자신이 현재 느끼고 있는 감정을 정확하게 표현하는 데 익숙합니다. 즉 모호한 감정을 선명한 단어로 풀어낼 수 있는 능력이 탁월한 존재입니다.

반면 남자는 자기감정을 구체적으로 알기 힘들어하는 존재입니다. 현재 눈앞에 닥친 상황을 전체적으로 조망하는 게 힘들고, 그에 대해 무관심 혹은 즉각적인 감정 반응으로 대응하는 것이 남자, 보다 직접적으로 말하자면, 수컷으로서 본능적인 반응이라고 할 수 있습니다. 그래서 싸움의 이유에 대해 길게 말하는 것은 어른이 된 남자라고 해도 여전히 어려운 일로 남기 마련이지요.

성인 남자조차 자기감정을 말로 표현하는 데 어려움을 겪는데 하물며 사춘기 남자아이에게 무엇을 기대할 수 있을까요? 오늘 학교에서 무슨 일이 있었는지 물어봐도 열에 아홉은 모른다고 대꾸하는 아들의 무신경한 대답에 숨겨진 비밀을 이해하면, 아들의 심드렁한 표정을 봐도 상처받지 않고 대답할 수 있는 여유를 가질 수 있습니다. 도대체 왜 남자들은 여자와 다르게 자기감정을 말하는 것에 그토록 큰 어려움을 느끼는 것일까요? 한 가지 이유는 바로 호르몬의 차이 때문입니다.

　호르몬 변화는 사춘기 여자아이의 뇌를 감정적 연결과 관계에 알맞게 준비시키게 됩니다. 반면 남자아이의 호르몬은 뇌를 영역 보존과 공격적인 행동에 알맞게 준비시키게 됩니다. 성인이 되면 이런 변화는 남자가 사랑하는 사람들을 보호하고 지켜 내는 데 도움이 될 것이 틀림없습니다. 하지만 그 전에 우선 아이는 이 본능적인 충동을 제어하는 방법을 배워야 합니다.

　사춘기에 들어선 남자아이가 자신의 몸과 목소리가 변하면 얼굴 표징도 변하게 되고, 그에 따라 다른 사람의 얼굴 표징을 바라보는 방식도 달라지게 됩니다. 이건 모두 호르몬의 영향입니다.

　호르몬이 하는 가장 중요한 역할은 우리 뇌가 세상을 받아들이고 해석하는 방식을 수정함으로써 새로운 행동을 할 수 있게끔 준비하는 일입니다. 사춘기 남자아이들의 현실 감각을 바꿔 놓는 것은 '테스토스테론'과 '바소프레신'입니다. 비슷한 방식으로 '에스트로겐'과 '옥시토신'은 사춘기 여자아이들의 현실 인식 방법을 바꿔 놓습니다.

　사춘기에 들어선 남자아이는 특별한 이유 없이 짜증과 화를 훨씬 더 극적으로 표현하기 시작합니다. 적대적으로 자기를 대하는 사람이 많다고 느낄 가능성이 크기 때문이지요. 그렇다면 왜 이런 변화가 생겨나게 되었을까요? 자기도 모르는 새, 바소프레신이라는 호르몬이 남자아이의 뇌로 하여금 다른 사람의 표정을 읽는 데 영향을 주었기 때문입니다.

한 연구에서 사춘기 아이들의 코에 바소프레신 호르몬을 비강 스프레이로 뿌린 후 중립적인 얼굴 표정을 보는 인식의 차이를 알아보는 실험[6]을 한 적이 있습니다. 실험 결과, 여자아이들은 무표정한 얼굴을 친근하게 분류한 데 비해, 남자아이들은 무표정한 얼굴을 화난 표정이나 심지어 적대적인 표정이라고 답했습니다. 바소프레신이 남자아이들에게는 공격적이고 위협적인 상황으로 편향되게 작용한 반면, 여자아이에게는 영향을 주지 않았던 것입니다.

그래서 남중, 남고에 다니는 아이들이 친구의 작은 표정 하나에도 기분이 나쁘다며 시비를 걸거나 상황과 맞지 않게 엉뚱한 반응을 하는 일이 자주 발생하게 되는 것이지요. 사실은 단순히 지루해 죽겠다는 표정일 뿐이었을지도 모르는데 말입니다. 남자아이들의 뇌는 호르몬에 의해 이미 문제에 휘말릴 준비가 되어 있기 때문입니다.

사춘기 동물을 연구한 과학자들은 수컷의 뇌에 테스토스테론과 바소프레신이 주입되면 행동 패턴이 바뀐다는 것을 발견했습니다. 뇌의 두 가지 중요한 감정 센서인 편도체와 시상하부(Hypothalamus)는 호르몬이 주입되면 잠재된 위험에 극도로 민감해집니다. 들쥐를 대상으로 한 동물 실험[7]에서는 바소프레신을 주입한 수컷 들

쥐가 영역과 짝을 지키기 위해 더욱 공격적으로 행동하는 결과를 얻어 냈습니다. 인간 역시 다른 동물처럼 편도체와 시상하부를 가지고 있고, 동물적이며 본능적인 적대적 행동의 흔적이 남자의 뇌에 여전히 아로새겨져 있습니다.

인간에게는 잠재적 위협이 얼굴 표정으로 자주 표현됩니다. 사춘기 전에는 무표정한 얼굴이 남자아이에게 적대적으로 해석되지 않았지만, 이제는 모든 것이 달라졌습니다. 진화생물학자들은 상대의 얼굴을 실제보다 화가 난 표정으로 읽어 내는 목적이 남자의 적응을 쉽게 하기 위해서라고 생각합니다. 싸울 것인지 도망갈 것인지 재빠르게 평가할 수 있게 도움을 주는 단서이기 때문입니다. 남자들의 위계질서 속에서 표정을 읽는 능력의 차이는 무리 속에 섞여 들어가는 적응도에 핵심적인 역할을 하게 됩니다.

사춘기 아들에게 미묘한 감정 변화는 사소한 것으로 여겨지고, 강렬하고 극단적인 감정만 인식하는 데 익숙해지게 되지요. 그 결과 사춘기에 들어선 아들의 입에서 극단적 감정을 담아내는 도구로 '욕설'이 자주 나오게 됩니다. 하루에도 수십 번씩 친구들과 거친 행동을 하며 '이 새끼, 저 새끼'라는 호칭이 기본으로 사용되는 남자아이들의 또래 문화는, 생물학적인 맥락에서는 유구한 전통을 가진 것이라고도 할 수 있지요. 또래 집단에서 보다 강한 남자로 보이기 위해, 서열에서 밀리는 것처럼 보이지 않기 위해 거친 욕설을 배우고, 감정을 읽어 내는 것도 지나치게 극단으로 쏠리는 경향이 발생하기도 합니다.

그렇기 때문에 이 시기에 필요한 엄마의 개입은, 거칠고 크게 감정을 듬성듬성 읽어 내는 데 익숙한 아들에게 상황을 되새겨 볼 수 있도록 유도하면서, 다양하고 미묘한 감정의 변화를 읽어 낼 수 있도록 표현을 다듬어 주는 것입니다. 엄마가 다듬어 주기 전까지 아들의 '모른다'는 말은 '실망스러움', '귀찮음', '불안함', '민망함' 등의 감정이 숨겨진 외투와 같다고 할 수 있습니다.

감정을 담아내고 표현하는 그릇은 언어입니다. 특히 아들이 명사나 동사가 아닌, 형용사 표현을 다양하게 활용할 수 있도록 엄마의 말하기가 변화되면 더욱 효과적입니다. 게다가 형용사 표현은 자칫 모호한 상황을 담기 때문에, 그것을 좀 더 풀어서 엄마가 느끼는 감정을 이야기하는 것도 좋은 방법입니다.

예를 들어 아이들이 '오글거린다'라는 표현을 자주 사용하는데, 이 표현이 사용되는 맥락을 함께 살피는 것도 좋습니다. 어색해서 사용하는 것인지, 겸연쩍은 자리여서 그런 것인지, 부끄러워서 사용하는 것인지 등등 오글거린다는 말을 사용했을 때 그 표현을 대체할 수 있거나 상황을 더욱 정확하게 담아낼 수 있는 표현으로 교정해 주는 것이 중요합니다. 자랄 만큼 자란 아들에게 이렇게 사소해 보이는 표현 지도가 불필요하게 느껴질 수도 있지만, 사실 정서와 감정은 어른과 아이 할 것 없이 평생에 걸쳐 발달하므로 반드시 짚어 주는 것이 좋습니다.

정서와 감정은 태어나면서부터 자연스럽게 알게 되는 것이 아닙니다. '변연계(Limbic System)'라는 뇌의 감정 중추가 있기는 하지만, 변연계는 원초적이고 근본적인 감정-정서로 볼 수 있는 두려움, 놀라움, 기쁨, 슬픔, 분노와 같은 1차 정서만을 담당합니다. 아이는 자라면서 자신이 선호하는 것과 불편한 것, 자신감이나 자존감의 발달에 따라 사회적 관계에서 만들어지는 부러움, 수치심 등의 2차 정서를 배우고 적절한 언어로 표현하는 법을 익혀야 합니다. 그런데 남자아이들의 경우 2차 정서를 표현하는 데 여자아이들에 비해 더 많은 곤란을 겪을 수 있기 때문에 미묘한 정서적 표현을 가르쳐주는 것이 중요합니다.

타인의 마음 읽기가 아들에게 그토록 어려운 이유

아들 하나, 딸 하나 이란성 쌍둥이를 둔 지인과 이런저런 이야기를 나누던 중 '웃픈' 에피소드가 하나 있었습니다. 장난감들로 정신없이 어질러진 거실을 지나다 자동차 장난감을 밟아서 아파하는데, 아들은 장난감으로 날려가고 딸은 아파하는 엄마 곁으로 위로하러 왔더라며 쓴웃음을 지었습니다. 평소에도 아들은 워낙 순수하고 해맑아서 유치원 선생님에게도 엄마 아빠가 싸운 이야기를 어찌나 디테일하게 전달하던지 민망함에 숨어 버리고 싶었던 기억부터, 비슷한 맥락으로 실수하는 아들을 슬쩍 꼬집거나 입 막음을 하면 "아, 왜 꼬집어! 왜 입 막아!"라고 고래고래 소리 지르는 행동까지 어디서부터 어디까지 가르쳐야 하나 싶은 생각에, 아들 키우기 힘들다는 푸념으로 시간 가는 줄 모르고 대화를 나눈 적이 있습니다.

아무래도 배운 게 도둑질이다 보니, 지인과 이야기를 나누면서도 성차에 따라 나뉘는 행동에 영향을 주는 뇌의 다양한 기능에 대해 곱씹어 보게 되더군요. 특히나 아파하는 엄마를 제쳐 두고 장난감으로 달려간 아들의 행동 이면엔 시상하부의 영향이 크지 않을까 싶은 생각이 들었습니다.

간단히 말하자면 시상하부는 식욕이나 수면욕 등 기본적인 욕구를 담당하는 신경세포들이 모여 있는 다발입니다. 그런데 남자의 시상하부 부피가 여자에 비해 무려 2배 큰데, 이 크기는 남성 호르몬의 영향을 받기 때문에 그렇습니다. 특히 시상하부의 시각 전엽(Preoptic area)이라는 영역은 4세 이후가 되면서부터 본격적으로 성별 차이를 보이게 되지요. 또한 시신경 교차상핵(Suprachiasmic nucleus)의 모양이 남자는 동그란 구형으로 나타나는 반면, 여자는 럭비공과 같이 길쭉한 모양을 하고 있고, 신경세포의 연결 패턴에서도 차이를 보이게 됩니다.

그 결과 남자아이는 여자아이에 비해 욕구에 더 민감한 모습을 보이게 되고, 한번 충동에 사로잡히면 욕구가 채워지기까지 떨쳐 버리는 것을 어려워하기도 합니다. 그래서 전체적인 상황을 파악하기보다는 자기가 몰두하고 있는 대상에 더 집중하는 모습을 보이게 되고, 상호작용이나 정서적 교감에서도 성별 차이를 나타낼 수 있습니다.

이처럼 사회적 상호작용의 발달 과정이 성차에 따라 다르게 나타나기에 같은 상황에서 아들과 딸의 반응이 달라지게 됩니다. 여자와 남자의 유전자 코드는 99% 이상 동일합니다. 3만여 개에 달하는 사람의 유전자 가운데 남녀의 발달적 차이를 만들어 내는 것은 단 1%에 불과하지요. 그런데 바로 그 1%가 뇌의 신경계 세포 하나하나에 영향을 미쳐 남자와 여자의 결정적인 차이를 만들어 냅니다.

유아를 대상으로 한 발달심리학 연구[8]에 따르면 여자아이는 태어날 때부터 감정적인 표현에 관심이 많고, 사람들이 표현하는 정서적 반응에 따라 자신의 의미를 정하기도 합니다. 자신에 대한 사람들의 반응을 토대로, 내가 사랑받는 존재인지 아니면 환영받지 못하는 존재인지를 빠르게 깨닫는 것이지요.

유아는 아직 말을 할 수 없기 때문에 안경처럼 생긴 안구운동 추적기를 머리에 씌운 뒤 눈동자의 움직임을 통해 아이가 무엇에 집중하고 있는지 알아내게 됩니다. 관심을 보이거나 집중하는 대상은 응시하는 시간이 길고, 아이가 어디를 바라보는지도 중요한 단서가 되지요. 그런데 연구 결과, 남자아이들은 감정을 읽어 낼 수 있는 표정을 읽는 데에 상대적으로 취약한 모습을 보인 반면, 여자아이들은 매우 어린 시기부터 빈삼하게 감정을 읽어 내는 모습을 보였습니다.

여자아이의 경우 생후 100일 정도가 되면 남자아이에 비해 눈맞춤과 같은 상호 응시 능력이 400배 이상 증가합니다. 여자아이의 뇌는 유아기부터 얼굴 표정이 바뀌는 것을 신호등이 바뀌는 것처럼 받아들이고, 눈썹의 높낮이부터 입꼬리의 변화, 눈매가 올라가는 것 등 다양한 단서를 통해 감정을 읽어 내는 연습을 반복합니다. 반면 남자아이의 경우 테스토스테론의 영향으로 인해 대인 관계와 커뮤니케이션, 정서에 관련된 중추신경계가 위축된 상태에 머무르게 되고, 상호 응시에 대한 욕구 역시 제대로 발달하지 않습니다.

미국 텍사스 대학교에서 12개월 된 아이들을 대상으로 상황 파악, 관찰 능력과 욕구에 대한 연구[9]를 진행한 적이 있는데, 이 연구 결과는 여자아이와 남자아이의 차이를 여실히 보여 주고 있습니다. 아이와 엄마를 한 방에 들여보낸 후 아이에게 어떤 물건에도 손을 대지 말라고 이야기했습니다. 그러자 여자아이들 대부분은 물건에 손을 대지 않았고, 엄마 얼굴을 바라보면서 눈치를 살피는 횟수가 남자아이에 비해 10~20배 많았습니다. 반면 남자아이들은 끊임없이 방을 돌아다니면서 물건에 손을 댔고, 이름을 부르지 않는 한 엄마 얼굴도 거의 쳐다보지 않았지요. 남자아이들은 엄마 얼굴을 살피는 것보다는 주변 환경을 탐색하는 데 더 관심이 쏠려 있는 것처럼 보였고, 때로는 금지된 사물에 대해서도 강한 호기심을 보였습니다.

이러한 차이는 남자아이와 달리 여자아이의 뇌에는 상호작용과 정서 중추가 테스토스테론의 영향을 받지 않은 채 온전하게 남아 있기 때문에 발생합니다. 이러한 감정-정서 중추의 발달 덕분에 여자아이들은 얼굴 표정과 목소리에서 상대방의 마음을 읽어 내는 데 일찌감치 눈을 뜨게 되는 것이지요.

실제로 자폐 스펙트럼 장애(Autism Spectrum Disorder)나 아스퍼거 증후군(Asperger's Syndrome)처럼 사회적 관계를 맺고 감정을 읽어 내는 데 어려움을 겪는 질환의 경우, 남자가 여자보다 3~4배 이상 발생 빈도가 높은 이유도 여기에 있습니다. 과도한 테스토스테론의 분비가 사회적 관계를 맺기 위한 감수성과 관련된 뇌 회로의 일부를 제거해 버리기도 하거니와, 남자만 갖고 있는 Y염색체와 관련된 발달적 차이(여자는 X염색체 2개가 유전적 결합을 하면서 안정적으로 발달하는 반면, 남자는 X염색체 1개와 이질적인 Y염색체 1개가 유전적 결합을 하는 과정에서 유전자 암호 해독의 오류 확률이 높습니다.)에서 비롯된다는 사실 때문이지요. 그래서 남자아이는 다른 사람의 기분이나 감정을 읽어 내기보다는 자기 관심사에 집중하고, 사회적 관계는 '아차' 싶을 정도로 소홀하게 여겨서 사소한 갈등이 늘어나기도 하는 것이지요.

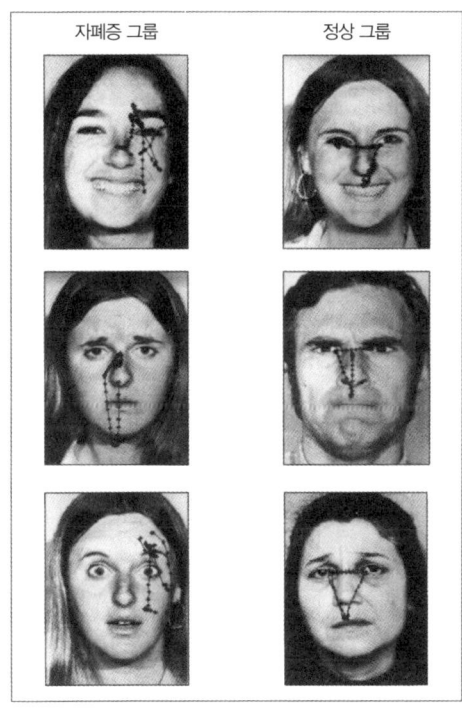

◀ 자폐증 그룹과 정상 그룹의 시선이 머무는 곳을 나타낸 사진[10]

흔히 '눈은 마음의 창'이라고 하는 표현이 이야기해 주듯이 안구운동 추적기를 활용하여 자폐증 그룹과 정상 그룹의 시선이 머무는 곳을 나타낸 사진입니다. 다른 사람의 감정을 읽어 내기 위해서는 그 사람의 눈에 먼저 초점을 두어야 합니다. 그 후 입꼬리로 서서히 시선을 움직여 보면서 그 사람이 기분이 좋은지 슬픈지 등을 탐색하게 되지요. 특히 시선을 따라가면 상대방이 어디에 관심을 두고 있는지 알아챌 수 있고, 상대의 의도를 파악하는 데 가장 좋은 단서가 되기 때문입니다. 그런데 자폐 아이들은 턱이나 볼을 바라보는 시간이 너무 길고, 다른 사람의 의도나 마음 상태를 읽는 데 실패하게 되지요.

또한 고양이와 강아지가 듣지 못하는 소리를 박쥐는 들을 수 있는 것처럼, 여자아이들은 남자아이들에 비해 보다 광범위한 목소리의 주파수와 톤에 반응을 보입니다. 엄마 목소리가 약간만 톤이 올라가도 테이블 위에 올려진 음식을 바닥으로 끌어 내리는 걸 멈춰야 한다는 것을 알게 되지요.

하지만 남자아이들은 다릅니다. 물론 기질에 따라 정도의 차이는 있겠지만 남자아이에게 전기 콘센트에 손가락을 집어넣지 말라고 하거나, 크리스마스트리 장식을 함부로 만지지 말라고 제지시키는 일은 거의 불가능에 가깝습니다. 이는 남자아이들이 엄마의 말을 무시하기 때문이 아니라, 물리적으로 똑같은 톤으로 이야기를 하더라도 남자아이들은 엄마의 의도를 알아채기까지 시간이 좀 더 필요하거나 그렇게 움직여도 괜찮다고 여기기 때문이지요.

반면 엄마의 뇌는 고도로 정밀한 정서 탐지기입니다. 그리고 바로 이러한 감정 읽기 능력의 차이 때문에 엄마와 아들 사이에도 불필요한 오해가 자주 불거지게 됩니다. 더군다나 아이를 낳고 가족을 이룬 엄마의 뇌는 이전과 질적으로 다른 존재가 되지요. 엄마의 뇌에는 정서적 유대감을 깊게 만들어 주는 호르몬인 옥시토신이 폭발적으로 뿜어져 나오면서 가족과 아이에 대한 애착뿐 아니라, 아이의 말과 행동 하나하나에 굉장히 깊은 정서적 교감을 하게 됩니다.

엄마는 종종 아들이 스스로도 의식하지 못하고 있는 것을 먼저 읽어 내기도 합니다. 입을 꽉 다무는 모습을 보고 아들의 긴장을 느낄 수 있고, 목소리 톤과 내용이 일치하지 않으면 엄마의 대뇌피질은 바쁘게 움직이면서 이런 불일치의 이유가 무엇인지 필사적으로 찾기 위해 노력합니다. 그래서 아들의 무심한 말과 행동에 엄마들이 크게 상처받는 이유가 되기도 하지요.

그러므로 엄마는 사춘기에 들어선 아들의 말과 행동으로부터 일정한 거리를 두는 연습이 필요합니다. 아들을 바라보며 형성해 왔던 리추얼과 작별해야 할 시간이 된 것이지요. 이러한 정서적 분리는 자연스러운 것입니다. 엄마 역시 아들의 성장과 변화에 적응해야 하는 역동적인 존재입니다. 아들의 변화에 지적이나 훈계로 접근하는 순간, 역설적으로 아들의 마음은 훌쩍 엄마를 떠나 버릴 수 있습니다.

정서적 분리를 위한 준비

– 객관화시키기

중학생 아들이라고 하더라도 엄마 눈에는 5살 꼬마처럼 느껴지듯이, 엄마와 아들의 관계에는 강렬한 유년기 기억이 현재에도 영향을 미치고 있기 마련입니다. 하지만 나이와 학년에 맞게 아들을 대하는 것이 아들의 올바른 성장을 도울 수 있다는 것은 아무리 강조해도 지나치지 않습니다. 이것을 실천하기 위해 적어도 2~3주 정도는 기존에 챙겨 주던 모든 돌봄을 중단하고 일부러 아들의 행동을 관망하는 시간을 갖는 것도 좋습니다. 방학을 활용해도 좋습니다. 무엇을 할 수 있고, 무엇을 할 수 없는지, 어느 정도까지 아들이 스스로 생활에서 챙겨야 할 것들을 챙길 수 있는지 확인하는 과정이 반드시 필요합니다. 또한 아들이 지나치게 엄마에게 의존하도록 만드는 표현은 없었는지 의식적으로 확인하고 노력하는 것도 도움이 됩니다.

- **아빠의 도움 받기**

사춘기 시기의 아들을 가장 빠르게 이해할 수 있는 존재는 바로 아빠입니다. 아들의 기질과 성향을 엄마만큼 잘 알고 있고, 직관적으로 그 나이 또래 남자아이가 떠올릴 수 있는 생각을 알아챌 수 있는 존재가 아빠입니다. 아들이 점점 자랄수록 엄마와 아들 사이에는 성차에 따라 갈라지게 되는 사고방식의 차이가 늘어날 일만 남은 반면, 아빠 입장에서는 아들이 하고 있을 생각을 어렴풋하지만 큰 흐름에 맞추어 따라갈 수 있기 때문입니다.

2. 아들이 남자로 성장하는 과정

왜 잠시도 가만히 앉아 있지 못하는 걸까

남자아이는 자라면서 자신의 힘에 대한 과도한 망상에 사로잡히기도 합니다. 저 역시 예외는 아니었지요. 초등학교 입학할 때만 해도 130센티미터 남짓의 꼬마였지만, 한바탕 소나기가 휩쓸고 지나간 대나무 숲처럼 매해 6~10센티미터씩 쑥쑥 자라 제법 근육이 붙고 달리기에도 자신 있는 5학년 소년이 되던 무렵이었습니다. 제게는 3살 터울의 남동생이 있는데, 많은 형제가 그렇듯 한번 싸웠다 하면 격투기 선수들처럼 거친 몸싸움이 반복되었고, 결국 동생이 울음을 터뜨리고 나서야 싸움이 끝나는 패턴이 이어지곤 했지요.

그날도 학교를 마치고 신나게 운동장의 정글짐을 뛰어다니고, 신발주머니를 누가 멀리 던지는지 친구들과 겨루며 집에 돌아오던 평범한 하루였습니다. 동생 몰래 먹으려고 책상 서랍에 숨겨 둔 초코파이가 하나도 남아 있지 않다는 것을 알기 전까지는 말이지요. 미친 듯이 짜증을 내며 붉으락푸르락한 얼굴로 동생을 찾아다니던 그때, 문득 이런 생각이 들었습니다.

'화가 난 상태에서 동생을 발로 걷어찼다가 갈비뼈가 부러져서 동생이 죽으면 어떡하지?'

물론 지금 생각하면 5학년 아이의 과도한 망상이라고 할 수 있습니다. 아무리 훌쩍 키가 자랐다고 한들 고작 5학년 아이의 힘으로 사람 뼈가 부러질 정도의 완력을 사용하는 것은 불가능한 일입니다. 그런데 왜 당시의 저는 그런 터무니없는 생각을 했던 걸까요? 이유는 그 시기 남자아이들에게 뿜어져 나오던 테스토스테론의 쓰나미에 저 역시 휩쓸려 있었기 때문입니다.

사춘기는 테스토스테론의 쓰나미가 몰려오는 시기입니다. 이 시기에 분출되는 테스토스테론은 아들의 뇌에서 나오는 모든 생각과 행동을 생물학적인 남자로 변화시키게 됩니다. 남성 호르몬은 출생 전부터 이미 형성되어 있던 남자의 뇌 회로를 자극해서 급속하게 성장시키게 됩니다. 고환을 커지게 하고, 근육과 뼈의 성장을 촉진하며, 수염을 자라게 하고 굵은 목소리로 말을 하게 만들지요. 특히 대근육과 골격이 급격하게 발달하면서 운동 능력 역시 이전과는 확연히 달라지게 됩니다. 거친 몸싸움이 필요한 운동에 달려들기도 하고 거리낌 없이 무모한 행동을 시도하기도 하지요.

저 역시 그 무렵에는 하루가 멀다 하고 위험천만한 행동을 하는 것에 푸욱 빠져 지냈습니다. 쉬는 시간마다 한 번의 점프로 학교 계단을 얼마나 올라갈 수 있는지 친구들과 경쟁적으로 멀리뛰기를 하고, 덩크 슛을 하겠다고 농구대 앞에 의자를 높이 쌓아 올리고는 겁 없이 올라가는 일이 비일비재하던 시기였습니다. 한 번에 4개의 계단을 점프하려다가 걸려 넘어져 앞니가 깨진 친구부터, 2미터가 훌쩍 넘는 농구대에 매달려 있다가 잘못 내려오는 바람에 발목 인대가 늘어난 친구들을 본 다음 날에도 아랑곳하지 않고 놀이는 계속되었지요. 저도 호기롭게 친구들 앞에서 학교 앞 연못을 뛰어넘어 보이려다가 바위에 부딪혀 한 달이 넘도록 오른쪽 팔꿈치에 깁스를 한 적이 있었습니다.

도대체 무엇이 남자아이들을 이토록 무모하게 몰아세우는 걸까요? 테스토스테론 샤워를 듬뿍 받은 남자아이들은 너 나 할 것 없이 자신의 신체 능력에 대해 알 수 없는 자신감에 휩싸이기 때문입니다. 한번 점프를 하면 3~4미터는 훌쩍 뛰어넘을 수 있을 것 같고, 높은 곳에서 떨어져도 영화에서 본 것처럼 안전하게 착지할 수 있을 것 같은 생각에 사로잡히게 됩니다. 이처럼 남성 호르몬은 세상을 해석하고 움직이는 데 지배적인 역할을 담당하기 때문에 엄마의 눈에 비친 아들의 행동은 도무지 이해할 수 없는 미스터리로 남겨지게 되는 것이지요. 또한 테스토스테론은 바소프레신 호르몬의 분비를 자극하게 됩니다. 이 두 호르몬의 합주를 통해서 남자아이들은 자기만의 영역을 만드는 것에 열중하게 됩니다.

예를 들어 자기 방을 배타적 영토로 생각하면서 동생은 물론 부모가 들어오는 것도 막아서게 만들 뿐 아니라, 친구들이 자기 영역을 침범하고 있다고 느끼면 예고 없이 몸싸움을 벌이기도 하지요. 그래서 타인의 비판에 민감하게 반응하고, 엄마가 좋게 좋게 말로 지적을 해도 공격받는다고 해석하기 쉽습니다. 그렇기 때문에 이 시기의 남자아이들은 일종의 영역 싸움에 몰두합니다. 자기 공간에 누군가 들어오거나 자기 물건에 손을 대는 것에 자비란 없습니다. 그리 대단하지도 않은 일에 격하게 화를 내고 몸싸움은 물론 거친 욕설도 서슴지 않습니다.

특히 호르몬 '코르티솔'의 분비가 늘어나면서 아들의 몸과 뇌를 과도하게 전투적인 태세로 만들어 내는데, 자기의 가족 내 지위 혹은 또래 무리 내 지위에 관심을 갖게 하고, 자기 영역을 침범하는 말과 행동에 방어를 하기 위해서 공격적인 말과 행동을 반복하게 됩니다. 그 결과 사사건건 말꼬리를 잡고 싸움을 하거나 자기방어를 하기에 급급해서 말도 안 되는 변명으로 일관하고 사과도 하지 않는 모습을 보이기 쉽지요.

여기에는 진화적 사실이 숨어 있는데, 지난 수십만 년 동안 우리의 뇌는 생존을 위한 사회적 위계질서에 민감하도록 형성되어 왔습니다. 특히 남자의 뇌는 위계질서의 꼭대기에, 가능하면 최대한 유리한 위치를 선점하고자 하는 본능을 타고나게 되었지요. 그래서 엄마가 보기에는 이유를 알기 힘든 경쟁심이 아들을 자극하게 됩니다. 그 목적을 이루기 위해서라면 크게 다칠 위험이 있는 행동도 마다하지 않습니다.

뇌가 사춘기에 들어서며 시작된 리모델링을 완성하기까지는 대략 8년 정도의 시간이 필요합니다. 쉴 새 없이 뿜어 대는 남성 호르몬으로 충전된 남자아이의 뇌 회로는 10대 후반 정도가 되어야 안정을 찾게 되지요.

그렇다면 이 시기 격렬한 테스토스테론 샤워에 흠뻑 취한 아이는 어떻게 다뤄야 하는 걸까요?

아들의 넘치는 에너지에 질서를 부여해 주어야 합니다. 남성호르몬이 증가하면서 신체 발달이 폭발적으로 일어나는 과정은 자연스러운 것입니다. 따라서 아들이 위험한 행동을 하고 싶은 욕구에 시달리는 것을 부모가 지연시킬 방법도 없고 억누르게끔 하는 것도 어렵습니다. 유일한 출구는 넘치는 에너지에 질서를 부여해서 건강하게 분출하고 신체적으로 잘 자랄 수 있도록 돕는 것입니다. 이를 위해 가장 손쉬운 방법은 격렬한 운동을 배우면서 자기가 가진 신체 능력의 한계가 어디까지인지 스스로 체감하도록 하는 것입니다.

상담 중에 만난 케이스에서, 고학년이 되어 훌쩍 자라 버린 아이가 축구를 하다가 한 번 다쳤다는 이유로 운동을 모두 금지시킨 어머니가 있었습니다. 아이는 엄마의 눈을 피해 학교에서 문제 행동을 하다가 혼나기를 반복했고, 도대체 뭐가 문제인지 모르겠다는 어머니의 물음에, 저는 다시 축구를 할 수 있도록 해 주는 게 좋겠다는 답변을 했습니다. '반드시 아이가 안전하게 축구를 할 수 있도록 전문 코치가 있는 축구 교실에 보낼 것'이라는 단서를 덧붙여서 말이지요.

흥미로운 사실은 이 어머니의 경우, 아이가 축구를 하는 것은 크게 걱정했던 반면, 공원이나 아파트 단지 안에서 아이 혼자 킥보드를 타는 것은 안전하다고 생각하고 있었다는 점입니다. 이 무렵의 남자아이가 자기가 가진 힘의 범위나 한계를 제대로 알지 못하는 한, 단지 안이 되었든 공원이 되었든 적절하게 감독하는 사람 없이 혼자 킥보드를 타거나 다른 놀이를 하는 것은, 코치의 지도 아래에서 축구를 하는 것보다 오히려 위험할 수 있습니다. 중요한 것은 아이가 신체 능력의 한계를 느끼고, 조심성을 배우는 것이지요. 그래서 겉으로 보기에 격해 보이지만, 전문적인 코치의 지도를 따르는 축구, 아이스하키와 같은 운동을 하는 것이 훨씬 안전할 뿐 아니라, 아이 스스로 신체 능력의 범위를 자각하는 데에도 도움이 됩니다.

테스토스테론 샤워를 방금 마친 아이는 절대 스스로 신체의 한계를 확인할 수 없습니다. 한계는 항상 나와는 다른, 또 다른 신체와의 부딪힘에 의해서 확인되는 것이고, 적절한 제어를 통해 신체 능력을 발휘하는 법을 차근차근 밟아 가며 익혀야 합니다.

또한 자기만의 영역을 만들고 감정적으로 격한 반응을 일삼는 아들이 온전히 마음을 내려놓고 쉴 수 있도록, 자기만의 공간을 만들어 주는 것이 좋습니다. 그 공간이 반드시 방이 아니어도 괜찮습니다. 형제와 함께 사용하는 방이라고 하더라도 이층 침대를 두어서 위층을 쓰라고 이야기해 주는 것만으로도 아이는 만족할 수 있습니다. 높은 공간에서 내려다보는 시선의 위치는 그 자체로 힘을 가졌다는 심리적 효과를 수반하기 때문이지요.

그렇다고 해서 이 시기의 아이들이 보이는 거친 언행을 모두 이해해야 한다는 의미는 전혀 아닙니다. 지나치게 거친 욕설이나 물건을 던지는 것, 타인을 다치게 하는 행동이 발생한다면 그 부분은 더욱 엄격하게 혼을 내야 합니다. 부득이한 경우 아빠의 완력을 사용해서라도 물건을 던지거나 타인에게 위해를 가하는 행동은 분명히 안 된다는 것을 각인시켜 주어야 할 필요가 있습니다.

이렇게 도와주세요

사춘기에 접어든 아들은 급격하게 근육이 커 나가는 몸을 어떻게 사용해야 할지 몰라서 거친 행동을 마음껏 하게 됩니다. 가장 중요한 것은 몸을 쓰고 다치지 않게 힘의 범위와 한계를 스스로 깨달을 수 있도록 돕는 것입니다. 전문적인 코치의 지도 아래 농구, 축구, 아이스하키, 테니스 등 대근육과 소근육의 모든 에너지가 폭발적으로 나오는 활동을 할 수 있도록 지도해 주세요. 특히 남자아이들이 운동을 하며 느끼는 심리적 효과는 자존감이 올라가는 형태로 드러나기도 하기 때문에 시기에 맞추어 개입하는 것이 매우 중요합니다.

슈팅 게임에 집착하는 아이들, 사냥꾼으로 커 가는 아들의 뇌

"말로만 듣던 중2병이었는데 막상 아들이 그런 모습을 보이니 속상한 건 둘째치고 도대체 어떻게 아이를 다뤄야 할지 모르겠습니다. 초등학교 내내 학원에서도 늘 모범적이고 차분한 아이였고 중학교 들어가서도 별 탈 없이 지내서 안심하고 있었는데, 문제는 지난 여름방학이었던 것 같습니다. 자율 학기니까 시험도 보지 않은 채 허송세월하는 것 같아서 학원을 보냈는데 거기서 사귄 친구들이랑 스트레스 푼다고 게임을 시작한 게 발단이었어요. 그다음부터는 매일 잠도 못 잔 아이처럼 비몽사몽 하길래 아들 스마트폰에 깔린 앱을 확인했더니, 모바일 '배틀그라운드'라는 게임을 새벽마다 하고 있었더라고요. 처음으로 아들을 크게 혼냈습니다. 매일 2시간 이상 게임하면서 시간을 버리는 것도 속상한데 아들은 당당하게 친구들보다 자기는 적게 하는 거라며 오히려 저보고 유난을 떤다고 되받아치는 상황입니다. 그것도 모자라 유튜브로 배틀그라운드 관련 영상을 매일 보고, 심지어 샤워하면서도 방송을 틀어 놓고 있는 걸 보고 있으면 혼을 내는 것도 한계가 있고, 왜 갑자기 이렇게 아이가 변했는지, 게임 중독이 이렇게 갑자기 되기도 하는 건지 궁금합니다."

사춘기 아이들이 쓰는 줄임말을 알아듣기란 원체 쉬운 일도 아니지만, 아들 키우는 부모라면 한 번쯤 아들 입에서 나오는 '배그', '옵치'라는 표현을 들어 보았을 것입니다. 옵치는 '오버워치'라는 게임의 이름을, 배그는 '배틀그라운드'라는 게임의 이름을 줄여서 부르는 명칭이지요. 모두 남자아이들이 즐겨 하는 일인칭 슈팅 게임(FPS: First Person Shooter)입니다. 저 역시 이름만 달라졌을 뿐 '레인보우 식스', '카운터 스트라이크'라는 일인칭 슈팅 게임에 한창 빠져 있던 시기가 있었습니다.

게임 중독에 대한 이야기는 뒤로 하고, 도대체 왜 이 시기의 남자아이들은 그토록 슈팅 게임에 열광하는 걸까요? 진화심리학에 따르면 남자는 특정한 대상에 고도의 집중을 요하는 사냥꾼의 뇌를 가진 존재이기 때문에, 그에 대한 흔적으로 슈팅 게임에 본능적으로 강하게 끌리게 된다고 합니다.

과거 수십만 년 동안 원시 인류는 초원의 사바나 지역에서 동물을 사냥하거나 과일을 채집하며 많은 진화 과정을 거쳐 왔습니다. 지금도 중앙아프리카 열대 우림에서 살아가는 아카 피그미족은 일상생활을 유지하기 위해서 하루 일과의 56%를 사냥에, 27%를 과일이나 씨앗 채집, 17%를 음식물 처리하는 데 사용하는 것[11]으로 알려져 있지요. 게다가 인간의 몸은 사냥을 통해 얻은 고기를 먹고 소화시키는 데 특화되어 있습니다.

임팔라나 소와 같은 초식동물의 창자는 주로 길고 구불구불한 대장으로 이루어져 있는데, 섬유질을 함유한 식물을 효과적으로 소화하기 위해서입니다. 반면 사람의 창자는 초식동물에 비해 짧은 대신, 고기에 포함된 단백질을 빠르게 분해하고 영양분을 흡수하는 데 특화되어 있지요. 이것은 사람이 고기처럼 단백질이 풍부한 음식물을 먹어 왔던 역사가 매우 길다는 것을 반영하는 것이라고 할 수 있습니다. 사냥을 위해 인간의 신체가 점진적으로 적응해 왔다는 것을 알 수 있지요. 그 과정에서 남자와 여자의 성차가 다시 한 번 갈라지며 심리적인 구조의 차이를 만들어 냅니다.

일반적으로 남자는 큰 몸집과 강한 상체 근육을 사용하는 힘, 물체를 멀리 그리고 정확하게 던질 수 있는 신체 능력을 지녔기 때문에, 여자에 비해 사냥에 훨씬 적합합니다. 여자는 평균적으로 남자보다 몸집이 작고, 임신과 아이에게 젖을 물리는 시간이 필수적으로 필요하기에, 상대적으로 사냥에 덜 적합한 신체 구조를 가지고 있습니다. 대신 원시 인류 사회에서 여자는 채집을 맡아 왔고,

그에 따라 알록달록한 열매에 시각적으로 민감하게 반응하는 것이 유전자에 각인되어, 남자보다 색채 감각이 발달되어 있다거나 쇼핑을 통해 심리적 만족감을 크게 느낀다는 진화적 설명이 덧붙여지기도 하지요.

반면 남자의 경우 전 세계적으로 낚시나 사냥을 즐기는 비율에서 여자와 현저한 차이를 보이고 있습니다. 이러한 사실을 감안하면 남자의 뇌는 뚜렷한 대상을 탐색하고 조준하고 사냥하는 과정에서 본능적인 쾌감을 강하게 느낀다는 점을 알 수 있습니다. 즉, 남자의 뇌는 목표 지향적인 사냥꾼의 뇌로 적응해 왔다는 것이지요.

한 걸음 더 들어가 보면 사냥에 특화된 남자의 뇌가 갖는 독특함이 또 하나 있습니다. 사냥이라는 활동은 신체적 건강함이 필요한 동시에 대담함, 무모함과 같은 심리적 요인도 강하게 반영하는 활동입니다. 그렇기 때문에 앞이 잘 보이지 않는 덤불을 헤치고, 맹수의 위협에 아랑곳하지 않고 덤벼드는 과정에서 테스토스테론에 흠뻑 젖은 채 끊임없이 코르티솔을 뿜어내며 사냥에 성공했던 원시 인류 사회의 남자들이 상대적으로 더 많은 번식 기회를 가지게 되었습니다. 사냥에 능숙한 남자들이 경쟁자들에 비해 더 많은 자식을 낳을 기회를 얻고 막강한 사회적 지위를 누리는 이득을 얻게 된 것이지요.

뿐만 아니라 사냥에 성공해 잡는 고기의 양이, 사냥꾼과 직계 가족이 먹는 것보다 훨씬 많은 경우가 많았기 때문에 썩어 버리기 전에 공동체에 나눠 줌으로써 주변의 인심도 후하게 얻으며 사회적 평판을 높이게 되었지요. 그 결과 미국 유타 대학교의 인류학자

크리스틴 호크스(Kristen Hawkes)는, 소위 말하는 '알파 메일(Alpha Male)'의 지위를 획득함으로써 성적 매력이 올라가고 번식의 기회도 많이 얻도록 남자들이 테스토스테론이나 대담함을 과시하는 성향을 갖게 되었을 것으로 이야기합니다.

실제로 현재까지도 수렵 채집 사회를 유지하는 파라과이의 아체족, 동아프리카 사바나의 하드자족에게 얻은 자료를 분석한 결과에 따르면, 훌륭한 사냥꾼은 대개 배우자를 얻을 확률이 더 높았고 자녀의 생존 비율도 더 높았던 것[12]으로 보고되었습니다. 그 결과 성공적인 사냥꾼은 위험한 일을 하도록 환경적인 압력에 노출되어도 이를 이겨 낼 수 있도록 위험을 과소평가하는 심리적 기제를 발달시키게 되지요.

이 같은 진화심리학의 연구에 따르면 사춘기 남자아이들이 보이는 무모한 행동과 대책 없는 낙관주의는 수십만 년에 걸친 진화의 결과라고 할 수 있습니다. 그러한 사냥꾼 본능이 일인칭 슈팅 게임이라는 현대석 환성을 만나 더욱 강화되는 깃이라고 할 수 있지요. 그렇지 않고서는 이토록 많은 남자아이들이 동시다발적으로 슈팅 게임에 열광하는 현상을 제대로 설명하기란 매우 어려운 일이 됩니다.

그렇다면 진화적 본능을 존중하면서 아들이 슈팅 게임에 푸욱 빠지도록 놓아두어야 하는 걸까요? 당연히 아닙니다. 진화적 본능을 충족할 수 있도록 다른 활동이나 수단을 찾아 주는 것이 부모로서 해야 할 일입니다. 다만 아들의 행동이 마냥 미워 보이고 원망스러운 엄마 입장에서, 아이가 왜 그런 모습을 보이는지 이해하는 과정 역시 중요하기 때문에 진화심리학의 입을 빌려서 아들의 마음을 이해해 보고자 하는 것이지요.

슈팅 게임에 집착하는 아들의 심리엔 두 가지 마음이 핵심적으로 작용하고 있습니다. 하나는 사냥꾼의 본능에 이끌려 남성 호르몬에 이리저리 휘둘리는 것이고, 다른 하나는 사춘기에서만 나타나는 또래 집단과의 동질감과 공통점을 찾는 성향입니다.

호르몬 변화부터 살펴보면 쉽게 아들의 마음을 들여다볼 수 있습니다. 일인칭 슈팅 게임은 사냥꾼의 뇌를 가진 아들이라면 강하게 끌리는 장르일 수밖에 없지요. 목표 지향적인 활동이기도 하고, 스릴감과 현장감에 온몸이 짜릿하게 긴장되는 상황을 이겨 내는 과정에서 테스토스테론과 코르티솔이 넘실거리며 아들의 뇌를 끊임없이 자극하기 때문입니다. 일인칭 시점 게임에서 아이는 게임 상황을 자신의 경험과 동일시하게 되는데, 손쉽게 자극적인 경험을 할 수 있다는 쾌감이 아이의 마음을 사로잡습니다.

다른 하나의 이유인 또래 집단과의 동질감, 유대감에 대한 중시 성향을 충족시키는 게임 역시 일인칭 슈팅 게임입니다. 피시방에서 신나게 게임을 하는 아이들을 가만히 살펴보면, 제각기 사뭇 진지한 얼굴로 팀을 이루어 무전기를 하듯이 대화를 하고 전략에 맞추어 공격을 하는 등 일사불란한 모습을 보입니다. 부모의 눈으로 보면 그저 게임에 흠뻑 빠진 아이들로만 비추어지지만, 한 걸음 더 심리를 파고 들어가 보면, 또래 집단과의 동질감을 끊임없이 확인하며 소속감과 자아 정체감을 찾는 과정이라는 것을 알 수 있지요.

그렇기 때문에 아들의 이런 숨은 심리를 제대로 파악하지 못한 상태에서 강압적으로 게임을 하지 못하게 하는 것은 아들의 격한 분노와 반항심을 불러오게 되고 근본적인 해결책이 되지 못합니다.

특히 슈팅 게임뿐 아니라 여러 사람이 함께 접속해 연대감을 느끼게 하는 대규모 플레이어 온라인 롤플레잉 게임(MMORPG, Massive Multiplayer Online Role-Playing Game)의 특성에서 오는 과몰입도 있습니다. 수많은 사람과 동시에 접속해서 실시간으로 이야기를 나누며 게임을 하기 때문에 게임 자체는 물론 대화에도 몰입하게 됩니다. 특히 이런 종류의 게임들은 '길드(합동 작전을 펼치기 위해 게임 구성원들끼리 모인 집단)'를 구성해서 동시에 게임을 진행하기 때문에, 아이들의 경우 학교보다 길드에 더 큰 소속감을 느낄 정도입니다. 이런 요인을 고려하지 않고 무조건 게임을 못 하게 하면 아이 입장에서 부모나 선생님은 친구에게서 자기를 떼어 놓으려는 존재로 비추어질 수밖에 없습니다.

이렇게 도와주세요

'사냥꾼의 뇌'라는 특성을 살려서 사춘기에 맞는 신체 활동으로 관심사를 바꾸어 주세요. 공격성을 적정선에서 분출하는 수단이 단지 슈팅 게임에 머무르지 않도록 실제 클레이 사격이나 펜싱, 검도와 같이 사냥에 대한 욕구를 충족시키는 외부 활동과 스포츠를 할 수 있도록 도와주세요. 그 과정에서 아들은 자연스럽게 내재된 공격 본능을 제어하는 법도 배울 수 있고, 신체 활동을 통해 심리적 환기를 하는 방법을 익힐 수 있습니다.

또한 게임을 이용하는 수단을 피시(PC)로 제한하는 것도 효과적입니다. 피시로 하는 게임과 달리 스마트폰으로 하는 모바일 슈팅 게임의 경우 절대적으로 사용 시간이 길어질 수밖에 없습니다. 왜냐하면 피시의 경우 부모의 눈길이 닿는 곳에 두는 등 집 안에서 통제될 수 있는 데 반해, 모바일 게임은 통제가 훨씬 어렵기 때문입니다. 특히나 심리적으로도 스마트폰은 아이에게 자신의 소유라는 생각이 강하게 심겨 있기 때문에 부모가 통제하려 하면 서로의 감정 소모가 심해질 수 있습니다.

아들의 뇌에서
도파민이 뿜어져 나오는 순간

"중학교 2학년 아들을 키우는 엄마입니다. 새 학기가 시작한 지 두 달도 채 지나지 않았는데 2주 간격으로 터지는 사건과 사고, 그때마다 걸려 오는 담임 선생님의 전화 때문에 까맣게 속이 타들어 가는 하루하루를 보내고 있어요. 친구와 학교 복도를 걸어가다가 사소한 말다툼이 번져 학폭으로 넘어갈 뻔했던 일을 처리하고 나니, 무단결석을 세 번이나 했다고 전화가 와서 알아보니 그 시간에 친구랑 둘이서 피시방에 가 있었더라고요. 어이가 없어서 왜 그랬냐고 물어보니 의리를 지켜야 해서 같이 학교를 빠지고 피시방에 갔다고 하는데, 이게 말이나 되는 소린가 싶어서 혼낼 기운도 없어지더군요. 잔뜩 긴장하며 입학했던 중학교 1학년을 무사히 보내고 이제 좀 철이 드나 싶었는데, 여러 일이 한꺼번에 몰려오니 도대체 제가 전생이 무슨 죄를 지어서 이런 일들을 감당해야 하나 싶기도 하고요. 심리 검사를 받았더니 충동성도 너무 강한 아이라서 주의력도 엉망으로 나왔는데 눈앞이 깜깜합니다."

아무 문제 없이 학교생활을 즐겁게 하는 중학생 아들이란 유니콘처럼 상상 속에만 존재하는 것일까요? 초등학교와 달리 어엿하게 교복을 맞추어 입고 입학할 때만 하더라도 부모의 머릿속에는 막연하게나마 '중학생도 되었으니 조금 더 의젓해지겠지.'라는 기대감이 몽글몽글 생겨났건만, 1학기의 반도 지나지 않아 늘 반복되는 등교 전쟁에 지치는 일이 다반사입니다. 모험적이고 강한 자극을 추구하는 데 익숙한 사춘기 아이에게 학교는 여러모로 지루한 곳입니다. 게다가 학교 수업 시간이 사춘기 아이 뇌의 수면 사이클과 전혀 일치하지 않는다는 점도 문제를 더욱 악화시키게 되지요.

남자아이가 11~12세 무렵이 되면 뇌에 설치된 생체 시계 중 수면 세포가 변하기 시작합니다. 테스토스테론 수용체가 뇌의 시신경 교차상핵(시신경이 교차하는 위쪽에 위치한 작은 신경핵으로, 하루 주기 리듬 조절에 관여하는 곳) 속에 있는 수면 세포를 재설정해서 늦게까지 깨어 있고, 아침에도 늦게 일어나도록 만들게 되지요. 연구[13]에 따르면 남자아이가 만 14세가 되면 잠드는 시간이 또래 여자아이에 비해 1시간 뒤로 늦춰지는 것으로 나타났습니다. 이런 상황에서 늦지 않게 매일매일 학교에 가서 수업을 들어야 하는 것에 적응하는 일이란 사춘기 남자아이에게는 정말 고역입니다.

게다가 더 큰 문제가 남아 있습니다. 이 시기의 아이들은 도대체 왜 학교에 가야 하는지 모르는 사람처럼 추욱 늘어져 동기 부여도 제대로 되지 않는다는 점입니다. 왜 그런 걸까요?

뇌과학자들은 10대 남자아이의 뇌에 있는 쾌락 중추가 성인이나 아이와 비교해 보았을 때 거의 마비 수준이라는 점을 발견했습니다. 즉, 일상생활에서 일어나는 평범한 일에서는 보상을 받기 어렵다는 뜻이지요. 미국 국립정신보건연구소의 에린 맥클루어(Erin B. McClure) 연구진[14]은 사지가 절단된 끔찍하고 충격적인 사진을 보고 있는 10대의 뇌를 스캔해 본 결과, 어린이나 성인의 뇌만큼 활성화되지 않은 것을 발견한 바 있습니다.

중고등학교 선생님이라면 이미 알고 있는 사실이겠지만, 10대 남자아이의 뇌를 조금이라도 활성화시키려면 훨씬 강력한 공포나 충격을 주어야 합니다. 어른을 움츠러들게 할 만한 양의 자극도 10대 남자아이에게는 짜증거리도 되지 않을 정도이지요. 강렬한 자극이 오지 않는 이상 감정의 동요가 크게 일어나지 않기 때문입니다. 그래서 이 시기의 남자아이들은 자극적인 폭력이나 선정적인 표현에 집착하는 것처럼 오해받기도 합니다. 또 심한 욕설은 그에 따른 자연스러운 결과처럼 보이기도 합니다. 성인이 되면 스릴을 추구하긴 하지만 10대 시절만큼의 극심한 충격까지는 필요하지 않게 변하지요.

우리의 뇌를 현미경으로 들여다보면 아주 작은 신경들로 이루어져 있습니다. 그리고 그 신경은 전선처럼 서로 연결되어 있지요. 신경과 전선은 하나의 밧줄처럼 연결되어 있다는 공통점이 있지만 다른 점도 많습니다. 전선에는 전기만 흐르지만 신경에는 전기뿐 아니라 다양한 신경 전달 물질도 흐릅니다. 전선의 구리는 연속된 물체이지만, 신경세포들은 따로 떨어진 형태로 이루어져 있습니다. 이때 전기적 신호를 받아 정보들을 전달하는 신경세포를 '뉴런(Neuron)'이라고 하는데, 이 뉴런들 사이에 '시냅스 틈(Synaptic Cleft)'이라는 작은 틈새가 있습니다. 우리가 느끼는 감정은 이 작은 틈새에서 시작되는 것이지요. 우리가 겪는 다양한 경험을 통해 희로애락 등의 감정과 관련한 다양한 신경 전달 물질이 시냅스 틈으로 전달됩니다. 신경 전달 물질은 시냅스 틈에서 나와 '뉴런 수용체(Receptor)'를 초인종 누르듯 자극하고, 다시 본래의 뉴런으로 되돌아갑니다. 이 전달 과정이 연속적으로 일어나면서 인간적이면서도 풍부한 감정이 나오는 것이지요.

다양한 신경 전달 물질 중 주목해야 할 것은 '도파민(Dopamine)'입니다. 도파민은 행동에 대한 보상을 주는 역할을 합니다. 친구를 돕고 칭찬을 받는다거나 열심히 공부해 우수한 성적을 거두었을 때, 가고 싶은 학교에 합격했을 때 뇌에서는 도파민이 분비됩니다. 그러면 노력에 대한 짜릿한 보상을 느끼게 되는 것입니다. 그런데 참고 노력하거나 착한 행동을 했을 때만 도파민이 분비되는 것은 아닙니다. 짓궂은 장난을 쳤는데 친구가 깜짝 놀랐을 때 느끼는 쾌감, 부모 몰래 성냥불을 켰을 때의 짜릿한 기분 역시 도파민의 역할입니다.

즉, 도파민이 분비되면 사람은 쾌감을 느끼고, 쾌감을 얻기 위한 행동을 반복하게 되는 것이지요. 도파민은 대뇌피질에 있는 전두엽 기능과 밀접한 관련이 있습니다. 전두엽은 주의력과 집중력에 필요한 영역이지만 근본적으로는 충동을 억제함으로써 주의력을 지속하도록 돕습니다. 그런데 성인과 달리 10대의 뇌는 전두엽이 다른 뇌 영역과 느슨하게 연결되어 있기 때문에 충동적인 상황을 통제하는 걸 어려워합니다.

사춘기 아이들의 행동은 이상하고 속 터지게 만드는 것처럼 보이지만, 그렇다고 해서 사춘기 아이들의 뇌가 비이성적인 것은 아닙니다. 오히려 체계적으로 사고하고 논리적으로 분석하는 능력은 만 15세 정도만 되어도 거의 완전하게 발달합니다. 논리와 이성적 추론을 사용해야 하는 함수와 방정식 같은 수학 문제를 풀어낼 수 있는 능력 역시 이 시기에 완성되지요. 그렇기 때문에 부모들이 아이의 수학 문제를 도와줄 필요 없는 상황에 놓이게 되는 것이고, 바꾸어 말하면 이 시기 아이의 뇌는 어른의 뇌와 별반 차이가 없다고 할 수 있습니다. 사람의 뇌를 자동차에 비유한다면, 10대의 뇌는 엔진도 충분히 갖춘 상태이고 스피커, 기어 변속 등 제법 다양한 기능이 갖추어진 상태라고 할 수 있습니다. 단 한 가지만 제외하고 말이지요. 그것은 바로 브레이크를 제때 밟는 것이 어렵다는 점입니다.

2010년 미국 피츠버그 대학교에서 만 8세부터 30세 사이의 245명을 대상으로 시각적인 충동을 억제하도록 실험을 진행했더니 흥미로운 사실[15]이 나왔습니다. 참가자들에게 어두운 방 안에서 스크린에 보이는 불빛을 바라보게 한 다음, 새롭게 깜박이는 불빛이 나타나더라도 그것을 보지 말라고 지시했습니다. 뇌는 본능적으로 새로운 자극에 반응하도록 되어 있고, 새로운 자극이 나타나면 자연스럽게 그것을 따라가는 성향이 있습니다. 특히나 그런 행동을 하지 말라고 지시받는 경우는 더욱 본능을 참기가 힘들어지지요. 심리학자들이 '반응억제'라고 부르는 이 능력은 아동의 경우 굉장히 취약한 모습을 보이지만 만 13~15세 정도만 되어도 충분히 성인만큼의 능력을 발휘할 수 있습니다.

피츠버그 대학교의 연구 결과에서 눈길을 끈 것은 청소년과 성인 사이에서 나타난 뇌 영상의 차이였습니다. 예상대로 청소년 역시 성인과 비슷한 반응억제 점수를 받았는데, 성인의 경우 훨씬 적은 뇌 영역을 사용하면서도 전두엽을 사용할 수 있었던 반면, 청소년은 훨씬 더 많은 뇌 영역을 사용해야만 전두엽을 사용할 수 있었습니다. 즉, 어른에 비해 청소년들이 본능적인 자극을 참는 데 더 많은 노력을 기울어야 했다는 뜻이지요.

게다가 후속 연구에 따르면, 청소년의 뇌는 위험을 예상하고 피하는 것보다는, 그럼에도 불구하고 모험적인 행동을 했을 때 얻게 될 보상에 대한 기대감에 더 민감하게 반응했습니다. 다시 말해, 사춘기 아들이 보이는 충동성의 중심에는 들키지만 않으면 얻게 될 만족감과 보상이 자리 잡고 있다는 것입니다.

많은 엄마들이 "우리 아들은 마음만 먹으면 공부도 곧잘 하고, 옳고 그른 것도 잘 아는 아이이지만 가끔 보면 무언가를 충분히 생각하지 않고 충동적으로 행동하는 것 같아요."라고 이야기합니다. 하지만 그 속을 들여다보면 아들은 늘 엄마 몰래 무언가를 꾸미고 있다고 할 수 있고, 겉으론 그렇게 보이지 않더라도 엉뚱한 생각에 사로잡혀 있을 수 있다는 점을 이해해야 합니다. 들키지만 않으면 얻게 될 만족에 민감한 도파민 반응성으로 인해 전두엽의 위험 감수 행동 브레이크가 적절하게 작동하지 않는 시기라서 그렇습니다.

일반적으로 사춘기 아들의 뉴런은 성인에 비해 더욱 민감하게 활성화되기 때문에 언제든지 자극 추구 행동이 극단으로 치닫는, 다른 말로 하면, 중독에 취약한 상태에 머무르게 됩니다.

뇌과학적으로 보면 중독은 특수한 형태의 기억입니다. 중독은 보상회로의 핵심 영역인 '중격의지핵(Nucleus Accumbens)'과 '복측피개영역(VTA, Ventral Tegmental Area)'이 반복적으로 활성화되면서, 특정 행동(흔히 일탈 행위라고 부르거나 게임을 하는 등의 보상 행동)을 반복할수록 각각의 자극 때문에 도파민이 많이 분비되는 것을 의미합니다. 도박이나 주식을 할 때 흔히들 이야기하는 '위험이 클수록 보상도 크다(High risk, high return).'는 말처럼 위험과 보상은 긴밀하게 얽혀 있습니다.

이 같은 도파민 자극의 취약성 때문에 '주의력 결핍 과잉행동장애(ADHD, Attention Deficit/Hyperactivity Disorder)'의 발생 확률 역시 여자에 비해서 남자가 3~4배 정도 높게 나타납니다. 산만하거나 충동적인 아이들은 전두엽에서 나와야 하는 도파민이 너무 적게 나와서 산만한 행동을 반복하거나, 머릿속으로는 하지 말아야 하는 걸 알면서도 행동이 먼저 나가게 됩니다. 그래서 이러한 문제 행동이 반복되어 ADHD로 진단받으면 약 처방을 받게 되고, 그 약은 전두엽의 도파민 농도를 인위적으로 몇 시간 동안 올리는 작용을 하는 것이지요.

이렇게 도와주세요

사춘기 아들의 위험 감수 행동을 조절할 수 있도록 하기 위해서는 단체 스포츠가 큰 도움이 됩니다. 변연계라고 하는 위험-보상 시스템은 감정뿐만 아니라 사회적 정보 처리에도 관련이 있습니다. 변연계는 정서 반응을 담당하면서 사회적 상호작용을 통해 얻게 되는 보상에 민감하게 반응합니다. 따라서 긍정적인 상호작용을 강화하는 데 핵심적인 역할을 합니다.

2009년 교육심리학자 캐서린 샌더슨(Catherine A. Sanderson)의 연구[16]에 의하면 단체 스포츠에 참여하는 시간이 적은 남학생일수록 위험 감수 행동이 증가하는 경향을 보였습니다. 적절한 타이밍에 패스를 해서 친구가 골을 넣도록 돕는 축구나, 5명이 팀을 이루어 공격과 수비를 번갈아 하는 농구를 하는 과정이 아들의 마음에 깊은 심리적 보상을 준다는 것입니다.

아이 속에 숨어 있던 지킬 앤 하이드

"중3 아들을 키우는 엄마입니다. 비평준화 지역에 살고 있어서 고등학교 입시에 저와 아이 모두 민감한 편이에요. 그런데 아이가 공부에 너무 예민하게 행동하다 보니 자기가 잘못을 하고도 제

탓을 하는 일이 반복되고 있어요. 중간고사 기간이었어요. 내일이 마지막 시험이라고 새벽 5시에 깨워 달라고 하더라고요. 너무 이른 시간이라 피곤하겠다 싶었는데 어느 부모가 아이가 공부하겠다고 하는데 말릴 수 있겠어요? 다음 날 새벽 5시에 정확히 아이를 깨웠는데 아무리 흔들어 대고 난리를 쳐도 안 일어나더니 결국 늦게 일어나서 잔뜩 짜증을 내고는 학교에 갔습니다. 그러곤 집에 돌아와서 하는 말이 '엄마가 안 깨워서 오늘 시험 망쳤잖아!'였습니다. 제가 참 어이가 없어서. 물론 아들도 힘들고 뻔히 고생하는 거 알지만 아무렇지도 않게 저런 말을 툭툭 내뱉는 걸 볼 때마다 답답해요. 집에서도 편하게 있지 못하고 어떻게 해야 할지 고민입니다."

어떤 말과 행동은 마음에 상처를 남기게 되고, 상처는 또 다른 상처를 불러일으킵니다.

지그문트 프로이트(Sigmund Freud)는 무의식적으로 쏟아 내는 말과 행동을 왜 하게 되는지, 동기를 밝혀낸 정신분석학자입니다. 우리의 정신 속에는 우리가 알지 못하는 또 다른 의식, '무의식'이 있습니다. 무의식은 한마디로 '내가 미처 떠올리지 못하고 있는 내 생각'입니다. 우리는 무의식을 모르고도 잘 살아갑니다. 하지만 원하든 원하지 않든 무의식은 삶 전체에 영향을 주게 됩니다.

엄마가 아들을 키우는 것도, 아들이 엄마를 대하는 것도 무의식의 영향을 받게 되지요. 엄마가 고민해서 아들을 키운다고 하지만 사실은 엄마 자신도 모르는 무의식이 아들을 향한 말에 반영되어 나올 수 있는 것입니다. 세상의 많은 딸들이 '나는 엄마처럼 안 할 거야.'라고 결심하고도 엄마랑 비슷하게 행동하고, '아빠 같은 사람하고는 결혼하지 않을 거야.'라고 다짐하고는 아빠와 닮은 사람과 만나기도 합니다. 바로 무의식 때문이지요. 그렇기에 적어도 한번은 자신의 무의식을 만나 봐야 합니다.

분명히 자기가 새벽에 깨워 달라고 해서 깨웠는데 못 일어난 아이가 엄마를 쏘아붙이는 행동의 이유는 과연 무엇일까요? 프로이트는 이렇게 대답했을 것입니다. "시험을 잘 보지 못했다는 좌절감을 엄마에게 투사한 거예요."

의식과 무의식의 관계를 다루는 프로이트 심리학에서 투사는 '자신의 생각이나 감정 또는 문제점을 다른 사람에게 던져 버리는 방어 기제'입니다. 말 그대로 '던질 투(投)', '쏠 사(射)', 자신이 감당하기 힘든 부정적인 감정을 남에게 던져 버리고 총알처럼 쏘아 버리는 것이지요.

자기가 아침에 늦게 일어나고서는 시험을 못 본 책임을 엄마한테 덮어씌우는 것은 전형적인 투사입니다. 자기 문제를 엄마 탓으로 던져 버리고 자기는 잘못이 없다고 하는 것이지요. 왜냐하면 이 아이의 무의식에는 스스로 공부를 열심히 했고 노력한 만큼 성취를 받아야 하므로, 성취를 받지 못하는 상황을 받아들이기 힘들어하는 방어 기제를 펼침으로써 스스로를 보호해야 안심이 되는 것입니다. 시험의 실패는 나 때문이 아니라 엄마 탓이라는 방어 기제를 펼침으로써 자아를 보호하려는 것이지요. 문제는 자신을 보호하고 방어하려는 투사 행위가 여기저기 난사됨으로써 건강한 관계를 형성하지 못하는 것에서 비롯됩니다.

영어로는 투사를 프로젝션(Projection)이라고 합니다. 이 단어는 큰 화면에서 영화를 볼 수 있도록 비추어 주는 '빔 프로젝터'와 관련이 있습니다. 빔 프로젝터를 통해서 하얀 스크린에 영상이 나오게 되는데, 렌즈의 색상에 따라 영상의 색상 역시 영향을 받게 됩니다. 우리 마음의 풍경 역시 이와 같습니다. 우리가 갖는 무의식적인 렌즈가 붉은색이면 세상이 붉게 물들게 되고, 파란 렌즈라면 세상이 파랗게 물들게 됩니다. 문제는 스스로 가지고 있는 렌즈가 어떤 색인지, 그래서 똑같은 상황을 대하고도 왜 문제를 해결하거나 대처하는 방법이 다른 사람과 다른지 이해하지 못하는 것에서 비롯되지요.

사춘기는 내 마음대로 본능적으로 끌리는 것을 하고 싶은 유아적 단계를 지나, 해야 할 것과 지켜야 할 규칙 사이에서 자아의 경계선을 확정 짓는 시기로 볼 수 있습니다. 그렇기 때문에 자아를 발견하고 보호하려는 방어 기제가 다양한 형태로 펼쳐질 수 있고, 무의식적인 행동들이 아이의 의도와 다르게 튀어나올 수 있는 것이지요. 그러니 엄마 입장에서는 한없이 모범적인 아이였다가 갑자기 돌변하는 아들의 모습에 당혹감을 느끼는 것도 무리는 아닙니다.

특히 사춘기의 호르몬 변화와 생리적 변화들이 초등학교 시기(잠복기) 동안 억압되었던 강력한 성적 충동인 '리비도(Libido)'를 더 강한 성적 충동으로 발현시키기 때문에 아이는 더욱 혼란스러워집니다. 왜냐하면 성적인 충동이 마구 솟구치는 데 반해 그것을 자유롭게 표현하거나 심지어 상상하는 것을 금기시하는 모순적인 상태에 놓이기 때문이지요. 하지만 청소년기에 들어선 아들이 경험하는 혼란과 갈등은 정상적인 발달 과정이며 병리적 현상이 아닙니다.

오히려 사춘기에 들어섰음에도 불구하고 혼란스러움을 느끼지 않거나 심리적 갈등을 회피하는 경우 정상적인 발달을 벗어난 것으로 볼 수도 있습니다.

따라서 이 시기 아들이 마주하게 되는 낯선 충동과 감정을 섬세하게 읽어 내고 대처할 수 있는 방법 가운데 하나는 아이를 있는 그대로 받아들이고 인정하는 것입니다. 당장 눈앞에 보이는 아들의 행동을, 문제가 아니라, 저 아이가 현재 할 수 있는 최선이라고 받아들이는 것입니다. 그렇게 있는 그대로 바라보면 아이는 스스로 심리적 갈등을 이겨 내면서 성장하고 자발성이 늘어나게 됩니다.

'과녁을 겨누는 게 아니야. 화살이 제 갈 길을 찾아가게 내버려 두어야지.'

올림픽에서 한국에 금메달을 안겨 주는 양궁 선수들이 연습 과정 중에 항상 되새기는 말입니다. 화살이 가야 할 정확한 방향을 알고 가만히 활시위를 팽팽하게 당기는 것까지가 자신이 할 수 있는 최신이라는 것이지요.

마찬가지로 엄마도 아이가 가는 방향이 크게 틀어지지 않았다면 가만히 아이가 성장하는 과정을 지켜보아야 합니다. 물론 아이를 가만히 바라보는 것이 말처럼 쉬운 일은 아닙니다. 엄마의 마음이란 본래 아이를 향하게 되어 있고, 엄마의 루틴은 아이와 깊숙하게 얽혀 있기 때문에 결코 쉬운 일이 아닙니다.

하지만 세상엔 알면서도 안 되는 것들이 있고, 사춘기에 들어선 아들의 내적 싸움은 엄마가 도와줄 수 있는 영역이 아님을, 그래서 아들이 평온한 일상으로 정리하기까지 가만히 기다려 주는 것이 최선인 경우도 있다는 걸 기억해 주세요. 안 된다고 자책할 필요도 없습니다. 엄마가 성찰과 성장의 시간을 갖게 되면 아들도 성찰과 성장의 시간을 갖습니다. 그 소중한 시간을 함께 있어 주는 것만으로도 큰 도움이 됩니다.

이렇게 도와주세요

심리 검사 중에 '문장완성검사(SCT, Sentence Completion Tests)'라는 것이 있습니다. 문장을 읽자마자 떠오르는 대로 적는 검사입니다. 투사 검사(Projective Test)의 일종으로 스스로 자신의 삶을 되짚어 보는 시간을 제공할 뿐만 아니라, 이야기를 직접 텍스트(text)로 표현하도록 디자인되어 있습니다.

직접 아이와 마주 보고 대화하면 대부분의 아이들은 방어적으로 답변하거나 실제와 다르게 더 그럴듯한 답변을 하는 데 치중할 수 있는 반면, 스스로 문장을 완성하도록 이끌어 주면, 보다 많은 내용이 자유롭게 나올 수 있다는 점에 착안하여 실시되는 검사라고 할 수 있습니다. 가장 먼저 떠오른 생각을 글로 옮긴다는 것은 그 사람이 갖는 고유한 사고를 반영합니다. 자기 자신에 대한 생각이나 친구, 부모와의 관계, 미래에 대한 조망 등 다양한 내용의 문항으로 구성되어 있습니다.

엄마 역시 아들에게 다양한 감정을 투사하고 있기 때문에 아들에 대한 감정을 정리할 필요가 있습니다. 조용히 책상에 앉아 아들을 생각하며 간단하게 아래 내용을 채워 보세요.

— 내 생각에 내 아들은

— 아들에 대해 좋지 않게 생각하는 것은

— 나는 아들을 보면

— 다른 아이와 비교해서 내 아들은

문장을 읽자마자 가장 먼저 떠오른 내용은 무엇이었나요? 부정적인 내용이 있었다면 왜 그런지 이유를 찾아보세요. 그리고 그 이유가 아들과 정말 관련이 있는 것인지, 또는 누군가를 투사한 내용은 아닌지 살펴보세요. 그 문제는 엄마가 노력해서 바꿀 수 있는 내용인가요? 아들에 대한 생각이 아이의 성장에 어떤 영향을 주는지도 생각해 보세요.

3. 아빠가
    필요한 순간들

아들이 엄마의 두 팔을 잡고
반항하던 그날

　마블 영화에서 가장 인기 있는 캐릭터 가운데 하나는 스파이더맨입니다. 온갖 초능력이 등장하는 슈퍼히어로의 세계에서 스파이더맨의 위치는 좀 독특합니다. 다른 히어로들과 달리 스파이더맨은 유일한 청소년 캐릭터이지요. 영화 초반 박물관에 놀러 갔다가 방사능을 품은 거미에게 물린 후 초능력을 얻게 된 스파이더맨이 갑작스럽게 달라진 자기의 신체 변화에 적응하기 힘들어하는 모습을 집중적으로 보여 줍니다. 자기의 힘을 주체하지 못해서 도시를 난장판으로 만들어 놓기도 하는 실수투성이의 모습이지요. 즉, 스파이더맨은 어느 날 갑작스럽게 남자의 몸을 갖게 된 남자아이가 겪는 심리적 혼란을 은유적으로 그려 낸 캐릭터라고 할 수 있습니다. 자신의 힘을 적절하게 조절하기 힘들어하던 스파이더맨에게 그의 삼촌은 이런 조언을 합니다.

　"그 남자애, 플래시 톰슨 말이다, 무슨 일이 있었든 그럴 만했으니까 그랬겠지. 하지만 네가 단지 때려눕힐 수 있다 해서… 너에게 그럴 권리까지 주어지진 않는단다. 기억하렴. 큰 힘에는 큰 책임이 따른다는 것을."

'큰 힘에는 큰 책임이 따른다.' 이런 공감대 때문에 스파이더맨이라는 천방지축 히어로가 많은 남자아이들의 마음을 흔들어 놓았다고 해도 무리가 아닐 것입니다. 마찬가지로 테스토스테론 샤워를 마친 아들 역시 스파이더맨과 동일한 심리적 갈등과 혼란을 겪고 있다는 점을 이해해야 합니다. 또한 스파이더맨의 삼촌이 말해 주었듯이, 아들이 갖게 된 힘을 적절하게 조절할 수 있도록 알려 주어야 할 사람은 아무래도 같은 남자로서 혼란을 겪었던 아버지여야 합니다. 그렇다면 구체적으로 이 시기 남자아이들의 몸이 어떻게 변하고 있길래 이처럼 극심한 심리적 혼란을 겪게 되는 걸까요?

'구조가 기능을 결정한다(Structure determines function).' 생물학자들에게는 매우 익숙한 표현입니다. 심장은 울룩불룩한 근육과 굵고 튼튼한 대동맥이라는 형태를 하고 있어서 온몸에 혈액을 보내는 기능이 가능하다거나, 손가락의 마디뼈가 다른 뼈보다 잘게 나뉘어 있는 구조이기 때문에 주먹을 쥐거나 물건을 섬세하게 잡는 기능이 가능하다는 점이 좋은 예라고 할 수 있지요.

마찬가지로 사춘기 남자아이들 역시 신체 구조가 변하면서 다양한 기능적 변화가 동반됩니다. 고환이 커지면서 성에 대한 충동이 강렬하게 나타나고, 다리와 팔의 근육량이 폭발적으로 증가하면서 신체 능력에 대한 자신감이 커집니다. 키가 훌쩍 자라며 엄마를 바라보는 눈높이 역시 달라지는 경우가 많습니다. 이같이 다양한 방면으로 폭발적으로 변화되는 과정에서 부모에 대한 반항, 특히 엄마에 대한 반항 행동의 양상이 확연히 바뀌게 됩니다. 그리고 아빠가 필요한 순간들이 더욱 절실하게 느껴지게 되지요.

일상에서 어떤 문제를 마주했을 때, 원만하게 대화로 해결하는 것이 가장 좋다는 것은 누구나 아는 사실이지만 실제로는 훨씬 다양한 형태로 문제가 발생합니다. 심지어 어떤 문제는 일정 수준의 물리적 개입이 불가피하기도 하고요. 사춘기 시기의 아이들에게도 마찬가지로 불가피하게 물리적으로 제지를 해야 하는 경우가 생길 수 있습니다.

완력으로 엄마를 제압하고 기어코 자기가 원하는 것을 하는 아들에 대한 이야기를 상담 중 심심치 않게 듣게 됩니다. 가장 많은 케이스는 게임 시간 때문에 갈등이 생겨나고, 스마트폰을 빼앗기 위해 몸싸움으로 번지는 경우였습니다. 다른 아이들은 자기보다 훨씬 자유롭게 스마트폰을 사용하는데, 왜 나만 못 하게 하느냐는 틀에 박힌 이유를 대며 악다구니를 쓰거나 엄마에게 물건을 던지며 화풀이하는 경우도 생각보다 자주 있는 일입니다.

그런데 여기서 주의 깊게 봐야 할 지점은 아들의 과격한 행동이 유발된 원인이 아니라 행동의 결과입니다. 이런 경우 대부분의 부모들은 '그래서 아이가 게임을 스스로 제어하기 힘드니 제발 못 하게 말 좀 해 주세요.'와 같은 하소연을 하는 편입니다. 하지만 질문이 잘못되면 해결 방법도 잘못되는 법. 본질적으로 바로잡아야 할 것은 지금 아들이 부모의 컨트롤을 벗어나 있는 상태라는 점이고, 그 과정에서 물리적인 힘을 사용함으로써 자신이 원하는 보상을 얻는 경험이 쌓이게 되었다는 것입니다.

힘을 사용해서 부모에게 반항 행동을 하는 것에는 반드시 명백한 대응을 해야 합니다. 매를 들거나 폭력을 사용하는 등의 체벌을 뜻하는 것이 아닙니다. 절대 하지 말아야 하는 행동이라는 것을 주지시키고 엄하게 혼을 내야 합니다.

마음 약한 부모들 가운데에는 '그래도 아이가 커 가는 과정에서 한 일인데 지나치게 강하게 대응했다가 엇나가 버릴 수도 있으니 부드럽게 대응하는 게 좋지 않을까요?'라는 생각을 하는 경우도 있습니다. 하지만 물리적으로 부모에게 행동한 것에 대해 엄하게 대응하는 것이 오히려 아들을 보호하기 위한 점임을 이해하는 것이 중요합니다.

역설적이게도 아들이 엄마를 힘으로 제압하고 자기 생각대로 행동하는 것은 아들에게도 심리적 상처를 남기게 됩니다. 누가 뭐라고 해도 엄마는 엄마이거든요. 내게 사랑을 주고 누구보다 나를 사랑하는 존재라는 걸 아들 역시 잘 알고 있습니다. 물리적인 체벌이 아들에게 남기는 심리적 트라우마가 '나를 가장 사랑하는 존재가 나를 공격한다.'는 사실에서 오는 것처럼, '나를 가장 사랑하는 존재를 내가 다치게 했다.'는 사실 또한 아들의 마음 깊숙이 상처를 남기게 됩니다.

사춘기 아이라고 해서 비이성적인 판단이나 설익은 행동으로 가득한 존재는 아닙니다. 오히려 사춘기라는 이유로 잘못된 행동을 분명하게 짚고 넘어가지 않는 것이야말로, 아이의 마음에 상처를 주는 잘못된 해결 방식인 것이지요. 게다가 별것 아닌 것처럼 넘어가는 행동이 반복되면서 나중에는 아들에게 극단적인 폭력이나 폭언을 듣는 엄마가 되는 케이스로 문제가 확대될 수 있습니다. 따라서 처음부터 문제의 싹을 잘라 내야 합니다.

반드시 아빠와 엄마가 함께 있는 자리에서, 아들 스스로 상황을 설명하게 한 다음, 당시 아이가 느꼈던 감정들, 급격한 분노감을 풀어 주고 동시에 힘으로 누군가를 제압하려는 행동은 절대 하지 않아야 한다는 것을 짚어 주어야 합니다.

'큰 힘에는 큰 책임이 따른다.'는 영화 스파이더맨의 대사처럼, 부쩍 늘어난 아들의 신체적 성장에는 그에 맞는 책임이 뒤따른다는 점을 알려 주어야 합니다. 생각에도 질서가 필요하듯, 몸의 힘을 사용하는 데에도 질서가 부여되어야 하지요. 그 과정에서 아빠와 아들의 대화, 소소하지만 무의식적으로 메시지를 보낼 수 있는 팔씨름 같은 놀이가 굉장히 중요합니다.

저 역시 중학생 남자아이들이 내담자로 오는 경우, 첫 면담을 할 때면 긴장을 풀어 본다는 명분으로 팔씨름 한번 해 보자고 이야기하면서 기를 쓰고 온 힘을 쏟아 내는 아이들을 바라보며 일부러 여유 있는 표정으로 버티는 걸 자주 하곤 합니다. 간단한 스킨십을 통해 친밀감을 쌓기 위한 목적도 있지만, 남자아이들의 경우 본능적으로 발동되는 '힘에 의한 서열'을 은연중에 각인시켜 두고 이야기를 풀어 나가는 것이, 면담 과정에서 생각보다 많은 도움이 되는 경우를 체감하기 때문이기도 합니다. 그 과정에서 남자아이들이 현재 누구에게 인정받기를 원하는 것인지, 어떤 부분에서 자신의 능력을 발휘하고 인정받기를 원하는지 살펴보고, 아이들의 숨겨진 인정 욕구를 표면으로 끌어올리게 됩니다.

마찬가지로 아버지들 역시 아들의 인정 욕구를 읽어 내기 위해 다양한 활동을 함께 하고 주의 깊게 아이를 살피는 시간을 갖는 것이야말로, 아이 성장에 핵심적인 도움을 줄 수 있는 마지막 시기일 수도 있다는 점을 기억해 주세요.

아들의 욕망을 읽어 내는 아빠의 시선

가족으로 함께 살다 보면 말하지 않아도 직관적으로 느껴지는 것들이 있습니다. 아들의 미묘한 표정 변화만으로도 필요한 걸 챙겨 준다거나, 드라마를 보다가 특정 장면에서 서로를 바라보며 함께 느끼는 공감대를 확인하고는 씨익 웃어 보이는 일들 말이지요.

마찬가지로 사춘기 무렵 아들의 행동을 바라보는 것도, 아빠는 직관적으로 행동의 의미를 알아차리는 경우가 많습니다. 십여 년간 함께 지내 왔던 가족이기 때문이기도 하지만, 신기하게도 자신의 과거가 재현된다는 느낌을 받기 때문에 그렇습니다. 그리고 자신을 대하는 아버지의 행동을 보면서 아들 역시 은연중에 영향을 받게 되지요. 실제로 상담 중에 만난 아버지들 역시 아들의 검사 결과를 가만히 듣고 있다가 "저 어렸을 때랑 너무 똑같아서 놀랐네요."라고 말하는 경우가 대다수입니다. 결국 누구 아들이겠어요? 어머니에겐 X염색체를, 아버지에겐 Y염색체를 그대로 물려받은, 그 아버지에 그 아들인 것이지요. 그렇게 아버지와 아들의 리추얼이 뒤섞이게 됩니다.

저 역시 마흔을 넘기며 젊은 시절의 아버지가 했던 말과 행동을 무의식적으로 따라 하는 제 모습을 발견하고는 흠칫 놀란 적이 한두 번이 아닙니다. 심지어 화낼 때 눈살을 찌푸리거나 환하게 웃어 보이는 표정까지도 아버지와 닮았다는 이야기를 들은 적이 있습니다. 리추얼을 통해 서로의 정서를 흉내 냈던 기억 때문이겠지요. 최초의 정서는 표정을 읽고 따라 하는 것에서 시작되고, 표정 읽기 능력은 신생아 시기부터 시작됩니다. 누가 가르쳐 주지 않아도 본능적으로 우리 뇌에 각인된 것이지요.

　　1970년대 미국의 심리학자들은 생후 1시간도 채 되지 않은 신생아들이 어른들의 표정을 따라 하거나 삐죽 혀를 내미는 것을 발견하고는 놀라운 마음으로 거듭 실험[17)]을 반복했습니다. 실험 결과 가장 이르게는 생후 32분 된 신생아가 혀를 내미는 행동을 따라 했습니다. 아기는 부모의 표정을 보고 흉내 내고, 부모 역시 아기의 표정을 보고 흉내 내며 즐거워합니다. 부모가 자신의 표정과 몸짓을 끊임없이 흉내 내는 과정에서 아기는 다른 사람이 자신과 동일한 표정과 몸짓 그리고 느낌을 공유한다는 사실을 어렴풋하게 느끼게 됩니다.

　　이렇게 나와는 다른 사람이 나와 똑같은 감정을 느낀다는 사실을 깨닫게 되면서부터 인간의 자의식이 생기게 되는 것이지요. 그렇게 역할 모델로서 부모가 최초의 선생님이 되고, 어느덧 아이가 자라서 소년의 몸이 되는 시점에는 아빠의 표정과 행동에 자신의 감정 주파수를 또렷하게 맞추게 됩니다. 그래서 아들은 아버지를 닮고, 그 아들의 아들은 또 그 아들을 닮고, 이렇게 서로의 감정을 공유하는 연쇄적인 흐름을 만들어 내는 것이지요. 아버지는 아들의 욕망을 엄마보다는 상대적으로 쉽게 읽어 낼 수 있습니다. 아들과 아빠가 공유하는 이 미묘한 주파수를 절대적으로 필요로 하는 시기가 바로 사춘기이지요.

개인별 차이, 집안 환경의 차이를 모두 감안해서 특수한 지점을 찾으려면 한없이 복잡해지는 것도 사실이지만, 사춘기 남자아이의 심리 구조는 단순합니다. 감정적으로 미묘한 변화에도 기분이 상하거나 사소한 단어 선택을 고민하며 '그 아이가 그렇게 이야기한 의도는 무엇이었을까?'를 고민하고 있는 딸의 심리 구조에 비하면 너무나 선명하고 단순해서, 오히려 엄마 입장에서는 아들이 한 말의 의미를 두 번 더 생각하게 되기도 합니다.

이미 우리는 테스토스테론, 에스트로겐, 황체 호르몬 등의 주요한 성호르몬들이 사춘기 아이들에게 신체적 변화를 일으킨다는 사실을 알고 있습니다. 아들의 경우 목소리가 굵어지고 얼굴에 수염이 자라기 시작하면서 근육량이 폭발적으로 늘어나게 되지요.

이들의 테스토스테론은 투쟁 도피 반응(영어로는 fight or flight response, 긴박한 위협 앞에서 생존을 위해 그 상황에 대항할 것인지, 달아날 것인지 자동적으로 나타나는 인체의 생리학적 반응), 즉 공격성과 공포, 불안을 담당하는 뇌 영역인 편도체에 큰 영향을 주게 됩니다.

고등학교 2학년쯤이 되면 남자아이는 사춘기가 시작되었을 초등학교 고학년 때보다 체내 테스토스테론 수치가 무려 30배까지 올라갈 수 있습니다. 그 결과 목소리와 신체 변화에 대한 낯섦과 부끄러움이 가장 먼저 나타나고, 민감해진 편도체 반응과 급격하게 늘어나는 근육량으로 인해 힘으로 뭔가를 해결해 보고 싶은 욕구가 솟아오르게 됩니다.

　게다가 뇌의 구조적인 변화 역시 남자와 여자가 극명한 차이를 보입니다. 좌뇌와 우뇌를 연결해 주는 뇌량(Corpus Callosum)이라는 구조물이 있는데, 여자아이들에 비해 남자아이들의 뇌량 연결도가 더 낮습니다. 뇌량은 좌뇌의 정교한 언어 기능을 우뇌로 확장시켜 주는 역할을 하지요. 따라서 구체적인 상황이나 감정 묘사를 하는 데 있어 아들의 언어와 딸의 언어가 달라지게 되는 것입니다. 사춘기 딸의 뇌 구조를 정교한 심리 스릴러 영화라고 본다면, 아들의 뇌 구조는 단편적이고 웃음기 가득한 에피소드로 이루어진 시트콤이라고 할 수 있습니다.

　대화를 통해 정교하게 문제를 해결할 수 있다고 생각하는 아들을 키우는 부모가 있다면 로또 3등 정도의 확률로 존재할 것입니다. 주어진 환경이 아무리 복잡하고 미묘한 감정을 담고 있는 문제를 던져 준다고 해도 아들은 단순한 일로 느끼게 됩니다. 모든 달콤쌉싸름한 감정은 '별거 아냐.' '귀찮아.' 한마디로 정리될 수 있고, 엄마의 머릿속에는 여전히 문제로 남겨져 있는 것들이 아들의 머리에서는 증발된 지 오래인 경우가 생기게 되지요. 이렇게 반복되는 엄마와 아들의 감정적 불균형과 기억의 불균형 때문에 상황을 바라보는 관점이 달라지고, 불필요한 갈등이 유발되기도 합니다.

　이때가 바로 아빠의 도움이 필요한 시기입니다. 딸로만 살아온 엄마는 읽어 내기 힘든, 아들의 욕망을 직관적으로 알아낼 수 있는 존재가 바로 아빠이기 때문입니다. 중학생 아들의 심리적 욕구는 아이의 생각과 동기를 점검하면서 알 수 있게 됩니다.

사춘기에 들어선 아들의 행동은 자아상(Self Image)의 영향을 받게 됩니다. 자아상은 말 그대로 '나는 누구인가'라는 질문에 대한 이미지라고 할 수 있고, 부모와 친구들의 평가가 반영됩니다. 그리고 자아상에 영향을 주는 또 하나의 요인은 유인가(Valence), 즉 자신에 대한 평가가 긍정적인가 부정적인가 하는 것으로, 자아 존중감 또는 주관적으로 느끼는 능력(Perceived Competence)이라고도 부릅니다.

11세 무렵의 아들들은 자신에 대한 다양한 특성을 통합해서 일반화된 내용으로 이미지를 갖게 됩니다. 예를 들어 '나는 적어도 여자아이들에게는 인기가 있는 편이야. 그 이유는 내가 사람들에게 친절하고 도움을 주기도 하면서 비밀은 반드시 지켜 주기 때문이지.'와 같은 핵심적인 자아상을 형성합니다. 우리는 이것을 '성격(Character)'이라고 부르고, 사춘기는 본격적으로 개인의 성격이 형성되는 시기이기도 하지요. 그래서 이 시기의 아이들은 자신이 가진 인징직이고 통합된 성격적 특성을 '심리적 자기(Psychological Self)'로 정의합니다. 쉽게 말해서 자신의 성격을 스스로 정의하고 그에 맞춰 행동하게 된다는 뜻이지요. 그리고 이 시기에 형성된 자기 자신에 대한 이미지는 성인이 될 때까지 일관되게 유지되는 경우가 많습니다. 그런 이유에서 임상에서 시행되는 성격 검사 혹은 성격 장애의 진단은 아동기에 이루어지지 않고 청소년기를 지나야 가능하게 되는 것입니다.

다시 말해 아동기는 성격이 미처 형성되지 않은 상태로서 기질의 영향을 보다 지배적으로 받는 시기라고 할 수 있고, 청소년기에 들어서야 기질의 영향에서 조금씩 벗어나 자신의 고유한 성격 구조를 형성하게 된다고 할 수 있습니다. 청소년기 아이들은 학업적, 신체적, 사회적 능력의 영역에서 자신을 평가하게 됩니다. 이 무렵의 아들들은 비교 우위를 점하는 것에 큰 관심을 갖고, 심리적 욕구는 학업적, 신체적, 사회적 방면에 걸쳐 나타나게 됩니다. 남녀의 성차에 따라 구체적으로 드러나는 행동이 달라지게 되는데, 남자아이들의 욕구를 간략하게 정리하면 다음과 같습니다.

　- 2학기 중간고사 망해서 기말고사는 잘 봐야 엄마한테 혼나지 않을 텐데, 최대한 성적을 올리려면 어떻게 해야 하나. : 실제 자신의 모습과 이상적인 자아상의 불일치에 대한 불안감이 반영된 학업적 비교, 인정 욕구.

　- 어제 학원에서 봤던 그 예쁜 여자애는 어떻게 하면 또 볼 수 있을까? 그 아이는 다른 남자애한테 관심이 있는 것 같은데 내가 걔보다 잘생겼으면 좋겠다. : 이성에 대한 관심과 그에 따른 외모 가꾸기와 같은 신체 변화에 대응하는 심리 상태. 신체적 비교 대상과 이성에 대한 탐색 과정에서 자신의 외모를 인정받고자 하는 욕구.

　- 리그 오브 레전드(LOL) 게임 승급전 시간이랑 영어 학원 시간이 겹치는데 어떻게 하면 엄마한테 걸리지 않고 승급전을 할 수 있을까? 승급전 못 하면 엄마 눈치 보느라 못 했냐고 친구들이 놀릴 텐데. : 또래 관계에서 배제당하는 것에 대한 두려움과 무모한 행동으로 친구들에게 인정받기 위한 사회적 인정 욕구.

　이러한 세 가지 욕구는 점차 강화되고 복잡해져서, 강렬한 우정과 사회적 결속에 대한 욕구, 낭만적인 매력에 대한 열망, 이상적인 자아상과 실제 자신의 능력이 평가되었을 때 불일치를 극복하는 과정에서 생겨나는 자아 탄력성(Ego resilience)의 강화로 나타나게 됩니다.

세대가 달라졌다고 해서 아빠가 10대를 보내며 가졌던 감정이 지금 아들이 갖는 감정과 다를 리 없습니다. 상황을 지나치게 특수하게 생각하다 보면 보편적인 면이 있다는 사실을 놓치기도 합니다. 세 가지 욕구가 나타나는 범위를 알고 있는 상황에서 아이의 행동을 바라보면 신기하게도 아들의 행동 뒤에 숨어 있던 욕구들이 아빠의 눈에 금세 번역되어 나타나게 됩니다. 상담 과정에서도 어머니들의 경우 대부분 문제 행동 그 자체에 대해 가치 판단을 하는 반면, 아버지들의 경우 문제 행동의 맥락을 파악하는 데 더 많은 시간을 할애하는 경향을 보였던 것도 이와 무관하지 않을 것입니다. 10대 시절을 거친 아들로 살아왔던 아빠의 시선은 여전히 지금 아들이 겪는 정서적 갈등의 본질을 꿰뚫어 보고 공감할 수 있다는 사실을 기억해 주세요.

아들에게 훈육을 멈춰야 할 시간

아들의 시간과 엄마의 시간은 다르게 흘러갑니다. 그래서일까요? 때로는 아들과 심리적 거리를 두고 지켜봐야 할 타이밍이 왔음에도 불구하고, 가까이 다가서려다 오히려 서로 상처를 입게 되는 경우를 상담 중에 만나게 됩니다. 부모의 깊은 관심과 애착이 필요한 초등 저학년까지는 별문제가 없는 것 같아 지켜보다가, 고학년이 되면서 예상치 못한 문제가 생겨나자 '아차!' 싶은 마음에 급하게 개입을 하려다 아들도 엄마도 마음을 다치게 되는 경우입니다. 12살을 넘긴 아들이라면 스스로 고민할 수 있도록 훈육을 멈추어야 하는데도 불구하고, 여전히 엄마의 리추얼 속 아이는 8살에 머물러 있었던 케이스가 기억납니다.

    중학교 입학을 앞둔 아들 성준이의 거친 폭언 때문에 상처받은 어머니가 찾아왔습니다. 학업 성취도 상위권에, 미술에 소질도 보이고 컴퓨터 프로그래밍, 국어 이해도 또래보다 월등하게 뛰어나서 주변의 부러움을 사던 아들이었습니다. 성준이의 잠재력과 능력을 어떻게 키워 줘야 할까 고민하던 시점에 마침 아버지가 해외 주재원으로 발령을 받게 되었고, 3년간 국제학교를 다니며 영어도 익히고 다시 한국으로 돌아오게 되었습니다. 해외 생활은 걱정하던 것보다 아이가 빠르게 적응했고, 오히려 가족 간의 사이도 돈독해지는 계기가 되었기 때문에 이때까지는 모든 것이 순조롭게 흘러가는 것처럼 보였습니다.

    그런데 문제는 한국으로 귀국한 세 달 후 예상치 못하게 생겨났습니다. 엄마 생각엔 전혀 큰일이 아닌 것처럼 보이는 일에도 자주 불같이 화를 냈고, 해결하기 어려운 일이나 문제가 생겼을 때는 나이에 맞지 않게 우는 모습을 보이기도 했습니다. 생전 처음 보는 아들의 모습에 엄마 역시 당황스러웠습니다. 국제학교와 다른 한국 학교의 분위기가 낯설어서 그런 게 아닐까 싶어 엄마의 고민은 날이 갈수록 깊어졌습니다. 하지만 엄마 마음을 아는지 모르는지 이젠 하루가 멀다 하고 거짓말을 하고, 과외를 미루고, 숙제를 빠트리는 등 다양한 문제가 생겨났습니다.

고민 끝에 엄마는 결정을 내렸습니다. '한국에서 공부하는 게 아들에게 맞지 않구나. 그래서 힘들어하는구나. 그림도 잘 그리고 미술에 소질이 있는 것 같으니 예술 중학교를 목표로 입시 미술 학원을 보내는 게 성준이의 잠재력을 찾아 주는 좋은 길이 될 거야.' 이렇게 아이의 미래를 생각해서 고민 끝에 보낸 학원이었는데, 몇 개월도 버티지 못하고 튕겨 나온 뒤부터, 엄마를 바라보는 아들의 눈빛이 더욱 싸늘해졌다는 내용이었습니다. 심지어 엄마 때문에 아무것도 하기 싫어졌다는 성준이의 말을 들은 뒤부터는 정신과 상담을 받아야 했을 정도로 어머니가 받은 정신적 충격은 상상 이상이었습니다.

상담실에서 처음 성준이를 만났을 때 표정이 눈에 선합니다. 무엇 하러 이런 곳에 자기를 데리고 왔느냐는 생각이 표정에 그대로 드러났습니다. 심드렁한 표정으로 간단한 검사도 못 하겠다면서 쉽게 포기하는 모습을 보였고, 1시간도 채 지나기 전에 집중하기 힘들어하고 짜증을 내기 시작했습니다. '이런 걸 왜 하냐. 정말 하기 싫다. 귀찮다.'면서 한숨을 쉬고, 작은 소리로 '아이 씨.' 하고 짜증을 내며 울먹이기도 했지요. 초등학교 6학년 남자아이들이 보이는 심리 상태와는 사뭇 다른 퇴행적 반응들이 자주 눈에 띄었기 때문에 더욱 주의 깊게 아이를 살펴야 했습니다. 성격 검사를 비롯해서 다양한 그림 검사를 포함한 심리 평가가 진행되었고, 예상 밖의 결과가 나왔습니다. 청소년기 우울 증상이 강하게 나온 데다가, 우울의 원인 가운데 어머니와의 갈등이 그 중심에 있었기 때문입니다.

보다 구체적으로 살펴보기 위해서 청소년용 성격 검사 MMPI-A(Minnesota Multiphasic Personality Inventory-A)를 해 보았습니다. 그 결과 성준이는 또래들이라면 훌훌 털고 갈 수 있을 법한 사소한 일에 대해 실제보다 더 부정적으로 받아들이며 겁을 내고 꺼리는 등 방어적인 태도를 보이고 있었습니다. 또한 내향적인 기질을 갖고 있어서 대인 관계의 폭은 좁지만 소수의 친구들과 소통하는 것으로도 충분히 심리적 포만감을 느끼는 타입이었는데, 어머니가 이에 대해 지적하고 더 많은 친구를 만나는 게 좋겠다고 자주 걱정하던 모습이 아이에게는 스트레스로 느껴졌습니다. 그래서 엄격하게 통제되는 상황을 견디기 힘들어했고, 문장 완성 검사를 통해 본 성준이의 심리 상태는 부모를 비난하면서 은연중에 공격성을 드러내고 있었습니다. "엄마는 엄격하다." "아빠는 치사하다." "나를 화나게 하는 것은 스크린 타임과 협박." "나는 때때로 엄마한테 성질을 부린다."와 같은 반응을 보였고, 무의식적인 아이의 내면을 들여다볼 수 있는 로르샤흐 검사(Rorschach Test)에서도 불안, 충동성 및 공격성을 담고 있는 반응이 빈번하게 나타났습니다.

로르샤흐 검사는 모호한 잉크 반점을 보면서 떠오르는 것들을 대답하는 대표적인 투사 검사로, 아이가 갖고 있는 무의식이나 정서적인 갈등을 드러내는 데 효과적입니다. 그런데 이 검사에서 성준이가 갖고 있는 심리적 갈등이 극적인 형태로 나타났습니다. '피

흘리면서 죽은 사람' '칼 들고 살인하는 사람' '곤충들이 서로 싸운다.'와 같은 파괴적인 심리 반응을 보임으로써, 지금 성준이 눈에는 자신을 둘러싼 모든 인간 관계가 부정적으로 비추어지고 있음이 분명했지요. 부정적으로 세상을 바라본다는 것은 아이 입장에서도 굉장히 괴로운 일입니다. 이처럼 정서적으로 취약해져 있었기 때문에 사소한 일에도 쉽게 불쾌감에 사로잡히게 되었고, '이런 검사를 제가 왜 해야 하죠?'라며 짜증스러운 반응을 반복적으로 보였던 방어기제의 이면에는 실패에 대한 두려움이 자리 잡고 있었습니다. 모범적이고 남부럽지 않은 아들이었던 성준이가 어쩌다 이렇게 변해버린 것일까요?

아동과 청소년을 대상으로 한 심리 검사에서 반드시 빠지지 않는 것 가운데 하나가 부모에 대한 설문입니다. 양육 태도에 대한 점검, 양육 과정에서 받게 되는 스트레스 체크뿐만 아니라 아버지와 어머니의 성격 구조까지 꼼꼼하게 살피게 됩니다. 이유는 아이와 가장 많은 영향을 주고받는 환경적 요인이 비로 이이 행동에 대한 '부모의 정서적 반응'이기 때문입니다.

성준이 어머니의 성격 검사 결과, 내향적이면서도 과도하게 상황을 통제하려고 하는 욕구로 인해 어머니 스스로 불필요한 스트레스를 받는 성향이 강한 것으로 나타났습니다. 게다가 사소한 자극에도 민감하게 반응하면서 집요하게 꼬리에 꼬리를 물고 문제를 해결하고자 하는 성격 특성을 갖고 있었기 때문에, 스트레스를 받아도 적절한 해소가 어려웠고, 일상에서 남편과 아들에게 누적된 화가 차곡차곡 쌓여 있었던 상황이었습니다. 때문에 이유 모를 복통이나 편두통, 불안정한 수면 패턴과 같은 신체 증상 장애에 매일같이 시달리고 있었습니다.

긍정적인 표현에 더 민감하게 반응하는 성준이와는 결과적으로 성격이 잘 맞지 않는 타입이었습니다. 성준이의 어머니는 친절하고 예의 바르지만, 상대적으로 유머와 낭만이 부족한 현실주의자였기 때문에, 학습과 같이 성준이가 해야 할 일을 성실하게 해내기를 강조하며 잔소리하거나, 아이의 행동을 과도하게 통제하지 않으면 본인이 안게 되는 불안을 해소하기 어려워 번번이 아이와 부딪히고 있었지요. 그래서였을까요? 엄마로서 아이에게 관심을 갖는다는 선한 의도로 다가갈수록, 아이는 점점 더 엄마 곁에서 멀어지는 악순환 속에서 엄마 역시 곤경에 처해 있는 상황이었습니다. 문제를 해결하기 위해서는 성준이의 속마음을 보다 깊이 들여다봐야 했지요.

성준이와 이야기를 나눠 보니, 엄마 생각과 달리, 아이는 정서적 독립을 준비하는 과정에 있었습니다. 이야기를 굉장히 조리 있게 잘하는 편이었고, 엄마가 자기를 걱정하는 것이 이해가 안 된다고 이야기했습니다. 한국에 돌아온 이후 미술은 본인 의사로 한 게 아니었기 때문에 그 시간이 너무나 힘들었다고, 아침 9시부터 밤 9시까지 수업을 받았던 하루하루가 지옥 같았다고 말했습니다.

그런데 놀라운 사실은 너무나 힘들었지만, 엄마가 자기를 걱정해서 입시 미술 학원을 보냈다는 사실을 잘 알고 있기에 힘들어도 두 달 동안 최대한 버텼다고 합니다. 하지만 자신이 그렇게 힘들게 노력하면서 버티고 있는데, 엄마는 자신에게 '왜 노력하지 않는지'

잔소리만 하는 사람처럼 느껴졌고, 어느 순간 가슴에서 울컥, 하고 뜨거운 뭔가가 솟아올라 엄마 말은 하나도 듣지 않아야 복수를 하는 거란 생각을 하게 되었다며 눈물을 보였지요. 공부는 다 싫다고 하면서요. 본인이 생각하기에는 큰 문제도 아닌데 엄마는 친구 누구를 만난다는 사소한 일도 반복해서 문제로 만들려고만 하고, 쉬고 싶은데 자꾸만 집에서 똑같은 얘기를 하게 만드는 상황이 짜증난다고 이야기했습니다. 그래서 지금은 엄마를 어떻게 생각하는지 물었습니다.

"엄마는 저를 너무 걱정해요. 그럴 필요가 전혀 없는데 말이죠. 말로는 '넌 알아서 다 잘하니까 괜찮아.'라고 하면서도 저를 짠하게 보는 느낌이에요. 엄마가 가끔 미안하다고 하는데 왜 그러는지 모르겠어요. 엄마가 그럴 때면 저는 귀찮아서 왜 그러는지 물어보지도 않아요. 차라리 아빠처럼 야단칠 게 있으면 말로 혼내는 게 속시원해요. 그래서 집에 있으면 괜히 엄마 눈치가 보여요. 미술 학원 그만둔 것도 미안하게 느껴지고요."

결국 성준이에게 필요했던 것은 스스로 문제를 해결할 수 있도록 충분한 시간을 주고 지켜봐 주는 것이었습니다. 성준이의 이런 속마음을 알게 된 어머니 역시, 아이를 생각해서 직접 해결해 주려고 했던 자신의 행동이 아이에게 전혀 다른 의미로 받아들여졌다는 사실에 처음엔 당혹스러워했습니다. 하지만 성준이에게 제대로 물어보지도 않고, 입시 미술을 시키는 게 아이의 미래에 도움이 될 거라고 판단했던 것이 확실히 독이 되었다고 상황을 정리하면서, 아이를 바라보는 자신의 눈높이를 조정해야 할 필요성을 느꼈다고 했습니다. 오히려 자신의 성격 그대로 아이를 밀어붙이면서, 혼자 고민하고 선택할 수 있는 나이가 되었음에도 불구하고, 저학년 시기의 아이처럼 이것저것 챙겨 줌으로써 역설적으로 아이에게 고민할 기회를 박탈한 것은 아니었을까 반성했다고 합니다.

사춘기에 막 접어들기 시작한 아이를 둔 엄마들이 기억해야 할 것은 '내가 생각하는 아이'와 '남들이 보는 내 아이'는 상당히 다르다는 점입니다. 아들의 리추얼과 엄마의 리추얼이 다르게 쓰이듯이 말이지요. 엄마란 아이를 객관적으로 바라보기 힘들 수밖에 없는 존재입니다. 수개월 동안 품어 온 아이를 힘겹게 출산하고 난 뒤 처음 얼굴을 보았던 그 순간, 강렬하게 뿜어져 나온 옥시토신이라는 호르몬이 아이와 나의 존재를 하나로 묶어 버리기 때문입니다. 그래서 때로는 지나치게 불안을 느끼기도 하고, 평생 이 문제가 지속되면 어쩌나 하는 생각에 사로잡히기도 하는 것이지요. 그 결과 아이를 통제할 수 있을 거라는 잘못된 믿음을 갖는 경우도 생길 수 있고, 마음처럼 움직여 주지 않는 아이를 바라보며 힘들어지기도 합니다.

아들에 대한 걱정과 불안이 습관처럼 반복되면서 엄마는 아들의 심리 상태를 실제 나이보다 어리게 평가 절하 하기 쉽지요. 왜 그럴까요? 역설적이게도 엄마를 불편하게 하는 불안과 죄책감이 사실은 엄마를 편안하게 해 주기 때문입니다. 마음을 불편하게 하는 불안이 편안하게 해 준다니 무슨 얘기일까요?

아들에 대한 걱정, 불안처럼 본인이 느끼는 심리적 고통 자체가 아들을 위해 마음을 쓰고 있다는 것을 증명하는 것이라고, 엄마의 마음 깊은 곳에서 정당화하기 때문에 그렇습니다. 독하게 말하자면 자기 처벌을 통해 아들에게 최선을 다하고 있다는 면죄부를 주는 주술적 행위라고도 볼 수 있지요. 영단어 'spell'은 '철자를 말하다.'라는 의미 외에도 '주술을 건다.'는 뜻이 있습니다. 즉, 말을 하는 행위 자체가 우리 마음에 마법 같은 작용을 한다는 의미가 숨어 있는 것이지요. 그래서 엄마는 아들에게 잔소리를 하지만, 동시에 자신의 불안을 잠재우기 위해 스스로에게 주술을 거는 셈이기도 합니다.

게다가 엄마의 리추얼이 과거에 머물러 있는 상태에서 훌쩍 커 버린 아들의 마음을 읽어 내는 것은 불가능합니다. 운전할 때 앞을 보지 않고 백미러만 보면서 운전하는 것이 불가능하듯, 아들의 과거가 아니라 현재를 볼 수 있도록 끊임없이 노력해야 합니다. 엄마의 리추얼은 아들의 과거에 초점이 맞춰진 채 머물러 있기 때문입니다. 어른이 된 아들을 바라보면서 물가에 내놓은 아이처럼 관심을 쏟고 챙기는 것이 엄마의 마음인 것처럼 말이지요.

프로이트가 이야기했듯이 자식에 대한 어머니의 마음은 무조건적인 아가페적 사랑으로 채워진 반면, 아버지의 마음은 조건적인 사랑으로 보상과 처벌로 채워져 있기에, 자식을 바라보는 시선 역시 미묘한 차이를 보입니다. 조건적으로 아들의 행동을 평가하는 아버지의 시선은 냉정하고 가혹해 보이기도 하지만, 때로는 현실 변화에 대한 아들의 적응을 이끌어 내는 데 큰 도움이 될 수 있지요.

사춘기가 되고 아들의 눈빛과 표정에서 미묘한 변화가 느껴진다면, 바로 지금이 엄마의 기억 속에 남겨진 아들의 시간을 재조정할 시간이 되었다는 걸 기억해 주세요. 사춘기에 들어선 아들의 정서적 독립을 위해서는 반드시 아이 스스로 자신의 심리적 영역을 확정지어야 하고, 그 과정에서 필연적으로 경계선을 긋게 됩니다. 그렇기 때문에 자아 정체성을 형성하는 과정에서, 때론 아이들이 친밀한 관계를 맺었던 사람들과 거리를 두는 상황이 종종 펼쳐지게 되는 것이고, 엄마 역시 예외는 아닙니다. 서운한 마음 역시 인지상정이지만, 아들이 한 뼘 자라기 위해, 그동안 엄마가 아들에게 듬뿍 가져다주었던 심리적 자원을 믿고 기다려 줄 시간이 온 것입니다.

창의적으로 아들을 혼내는 법

　무슨 이야기를 하건 들은 척 만 척, 동태 같은 눈으로 바라보는 아이를 보며 울화통이 치민 기억은 사춘기 아이를 키우는 엄마들이라면 누구나 가지고 있기 마련입니다. 제아무리 사춘기라고 해도 그렇지, 끝없이 이어지는 잔소리의 향연에도 꿈쩍하지 않는 아이들을 어떻게 해야 좋을까요? 사춘기 아이들이 원래 그렇기 때문에 어쩔 수 없는 것일까요? 아닙니다. 매일 반복되는 엄마의 잔소리에도 불구하고 아이들이 꿈쩍 않는 이유가 분명히 있습니다. 바로 우리 뇌는 반복되는 것을 자동으로 지워 버리는 데 특화되어 있다는 사실입니다. 다시 말해 뇌는 뺄셈에 능하다는 뜻이지요.

뇌와 관련해서 매우 역설적인 사실이 있습니다. 바로 우리의 뇌는 생각하지 않기 위해 존재한다는 것입니다. '새로운 것을 배우고 생각하기 위해 필요한 게 뇌가 아닌가'라는 통념을 깨는 충격적인 사실입니다. 우리의 뇌는 성인이 되어도 1.4킬로그램밖에 되지 않는 작은 신체 기관에 불과합니다. 성인 몸무게 60킬로그램을 기준으로 본다면 2% 미만의 비중을 차지하고 있지요. 하지만 뇌는 엄청난 대식가입니다. 우리가 하루에 섭취하는 에너지의 4분의 1인 25% 정도의 에너지를 사용해 버리기 때문입니다. 마치 람보르기니나 페라리 같은 스포츠카처럼 연비효율이 극히 떨어지는 기관이라고 할 수 있지요. 그렇기 때문에 우리의 뇌는 자주 반복되는 일들을 신경세포 차원으로 패턴화시켜서 자동 처리될 수 있게 함으로써 에너지 사용을 최소화하는 일에 집중합니다. 그 결과 우리는 일상생활의 많은 것들을 무의식적으로 처리하게 됩니다.

예컨대 계단을 올라갈 때 왼발부터 나가는지 오른발부터 나가는지 우리는 의식하지 않습니다. 심지어 방금 선에 계단을 막 올라온 사람에게 첫발을 왼쪽과 오른쪽 어디부터 내딛고 올라왔는지 물어봐도 기억하지 못합니다. 왜냐하면 계단 오르는 행동은 너무나 자주 하는 행동이라 무의식적으로 하도록 익숙해졌기 때문입니다. 그래서 우리는 스마트폰 화면에 집중하면서, 어떠한 노력도 들이지 않고 계단을 올라가는 멀티플레이가 가능하게 되지요.

우리 모두 처음 자기 힘으로 계단을 올라가려고 낑낑대던 3살 꼬마 시절을 거쳐 왔고, 한 발 한 발 계단을 올라가기 위해 수많은 노력과 집중력이 필요했다는 것을 떠올려 보면, 반복된 행동이 무의식 속으로 사라지는 것은, 생각하지 않기 위해(에너지를 최대한 사용하지 않기 위해) 우리 뇌가 필사적으로 패턴을 만들어 낸 결과물이라는 점을 알 수 있습니다. 이런 뇌의 본능 때문에 종종 부작용이 발생하기도 하지요.

아들을 위해 매일같이 엄마가 하는 이야기가 잔소리로 자동 번역되는 이유가 바로 여기에 있습니다. '반복되는 것은 제외하라.'는 뇌의 필사적인 노력의 결과로, 잔소리가 아이에게 더 이상 들리지 않게 되는 것입니다. 마치 영화에서 흔하게 나오는 장면을 '클리셰(cliché는 프랑스어인데 영어로 바꾸면 'stereo-type', 즉 활자를 짠 원판에 대고 지형을 뜬 다음에 합금을 녹여 부어서 뜬 인쇄판인 연판을 뜻하는 인쇄 용어에서 비롯된 것입니다.)'라고 표현하듯이, 반복되는 자극은 진부하게 느껴지게 마련이지요. 따라서 잔소리를 하려면 창의적으로 하거나 임팩트를 주거나, 둘 중 하나의 전략이 필요합니다.

게다가 아들의 경우 좀 더 적극적인 노력이 필요하지요. 똑같은 사춘기라고 하더라도 딸의 경우 미묘한 감정 변화를 읽어 내기 위해 뇌의 활동이 활발하고, 남자에 비해 선천적으로 청각 예민도가 높은 반면, 아들의 경우 청각 자극에 둔감할 뿐 아니라 감정을 읽어 내고 표현하는 것에 큰 흥미가 없기 때문입니다. 그럼 아들에게 어떻게 메시지를 전달하는 것이 효과적일까요?

감정에 자극을 주는 사건은 중립적인 사건들보다 더 잘 기억되는 경향이 있습니다. 반복적으로 일어나고 자동적으로 처리되는 것들은 소뇌와 연결된 국소적인 지역에서만 활성화되고 기억에 잘 남지 않습니다. 반면 처음 보는 것, 새로운 자극, 감정을 울리는 것들은 기억에 잘 남게 되고, 전두엽을 비롯해 대상이랑(Cingulate gyrus), 편도체와 같이 주의 기울이기, 감정 유지, 기억 입력과 같은 기능을 담당하는 뇌 영역이 활성화됩니다.

특히 편도체는 신경 전달 물질인 도파민으로 가득 차 있고, 감정을 자극하는 사건을 감지하면 도파민을 방출합니다. 도파민은 기억에 큰 도움을 주는데 마치 포스트잇에 '기억해 둘 것!'이라고 적어 두는 것과 같은 각인 효과를 일으킵니다. 우리의 뇌가 특정 사건에 '화학적 포스트잇인 도파민을 불러일으키는 것'은 그 정보를 더욱 활발하게 기억하고 처리하겠다는 뜻이지요.

그럼 이제 이론적인 준비는 끝났습니다. 잔소리를 할 때마다 혹은 아이를 다그칠 때마다 루틴하게 반복되었던 목소리의 톤, 치켜 올라간 눈꼬리를 아들의 시선에서 흔적도 없이 사라지게 할 차례입니다. 어떤 방법이 효과적일까요?

도파민은 달콤한 음식에 반응합니다. 그러므로 아들에게 말하고 싶은 것이 떠오른다면 혼을 내고 다그치듯이 접근하지 말고, 먼저 코코아 같은 달콤하면서 따듯한 음료를 준비해 두는 게 좋습니다. 차가운 음료보다는 따듯한 음료가 무언가를 마음으로 받아들일 수 있는 준비를 하도록 합니다. 그러고는 아들과 함께 각자 코코아를 들고 베란다로 걸어가 창밖을 바라보며 하고 싶은 이야기를 해 주세요. 같은 내용이라도 엄마의 말을 듣는 아들의 반응이 분명 달라졌다는 걸 즉각적으로 깨닫게 될 것입니다.

아들에게 효과적으로 이야기를 건네기 위한 또 하나의 방법은 세부 사항은 날려 버리고 요점만 이야기하는 것입니다. 흔히 엄마와 아들의 대화가 무감각하게 진행되는 이유는 엄마가 하고 싶은 이야기가 너무 많기 때문에 발생합니다.

    문제가 발생한 시간 순서대로 기억해 보라고 요구하거나, 스스로 생각하기에 어떤 행동이 잘못된 것인지 말해 보라고 하는 것은 아들뿐 아니라 성인이 된 남자 역시 상상만으로도 괴로운 일입니다. 그다음 벌어지는 일은 보통 아들의 대답에 불만족스러운 엄마가 소리를 지르며 답답해하는 레퍼토리로 이어지게 되지요.

    대다수의 남자아이들은 주변의 세부 사항을 날려 버리고 경험의 '요점'에만 주의를 집중하는 경향이 있습니다. 즉, 경험의 내용을 형용사와 동사로 기억하는 것이 아니라 단 하나의 '명사'로 기억하는 것이지요. 그래서 많은 아들들이 세부 사항에 집중하는 것은 쓸모없는 일이라고 여기고, 꼬치꼬치 캐묻는 엄마의 말에 시큰둥한 표정을 지으며 "아, 나도 몰라. 왜 엄마는 했던 얘기 또 하고 또 하고 귀찮게 하는 거야."와 같은 냉소적인 반응을 하게 되는 것입니다. 엄마가 보기에는 분명히 다른 상황처럼 보이지만, 아들에게는 어차피 같은 상황으로 인식되는 것입니다. 그렇기 때문에 아들의 시간과 엄마의 시간은 다르게 새겨지는 것이지요.

    어차피 사춘기 무렵의 아들은 잘못을 저질렀을 때 이미 요점을 파악하고 있습니다. 다만 엄마는 '왜 똑같은 문제가 반복되는 거지? 지금 확실하게 바로잡아 주지 않으면 문제가 더 커질 게 분명해.'와 같은 노파심과 불안감 때문에 세부 사항이 길어지게 되고, 아들의 변화를 앉은 자리에서 확답받고 싶어 하지요. 그럴수록 아들을 향한 언어는 단순해져야 합니다. 그래야 아들의 뇌에 각인되니까요.

그리고 약간의 변형을 가해서 암호처럼 약속을 하는 것도 좋은 방법입니다. 예를 들어, 별일도 없는데 어슬렁거리다 학교나 학원에 늦게 되었을 때 'L'이라고 엄마가 이야기하면 아들이 'Late'라고 받아치도록 약속을 하는 식입니다. 마치 게임을 하듯이, 암호를 주고받듯이 연쇄 반응을 이끌어 내고, 아들이 해야 할 일을 시작하면 하이 파이브를 하며 엉덩이를 한 번 툭 치면서 쿨하게 상황을 끝내는 것이지요. 비현실적인 솔루션처럼 느껴지지만, 실제로 남자아이들은 쿨하면서 단순한 커뮤니케이션에 더욱 잘 반응한다는 걸, 엄마 역시 조금만 아이에 맞게 고민한다면 충분히 체감할 수 있습니다.

아들의 뇌를 효과적으로 자극하고 싶다면 세부 사항에서부터 시작하면 절대 안 됩니다. 핵심 메시지를 담은 간단한 대화에서 시작해서 구체적인 행동으로 이어지도록 만드는 방식이 놀이처럼 반복되어야 합니다.

" 프랑스의 대표적인 인상주의 화가 클로드 모네(Claude Monet)는 '빛의 마술사'로 잘 알려져 있습니다. 영원히 변하지 않는 아름다움을 추구하며 신화 속 인물을 그렸던 화가들과 달리, 오직 한 번뿐인 반짝이는 일상의 순간을 그렸기 때문입니다. 이 그림은 모네의 부인 까미유(Camille Monet)와 그의 아들 장(Jean Monet)이 바람 부는 언덕 위에 서 있는 순간을 포착한 그림이지요.

아이를 키우다 보면 '하루는 길지만, 1년은 짧구나.'라는 아이러니한 생각이 들기도 합니다. 아이를 챙기는 매일의 일상은 고단하지만, 어느새 돌아보면 훌쩍 1년이 지나서 커 버린 아이를 마주하게 되지요. 그래서 엄마와 아들이 함께하는 순간의 반짝임이 더욱 소중한 것이 아닐까요. "

'양산을 든 여인-모네 부인과 아들(1875)' 클로드 모네(프랑스, 1840-1926)

2장
아들의 언어 속 숨은그림찾기

아이는 말과 함께 성장합니다. 모든 엄마들은 아이가 처음 '엄마.'라고 부르던 날의 음색, 아이의 표정을 잊지 못하지요. 그렇게 하루하루 말이 늘어 가는 아이의 모습을 보며, 부모의 흐뭇한 미소도 끊이지 않습니다. 표현할 수 있는 말이 하나둘 늘어 가면 그만큼 아이의 세상은 넓어지고, 부모와 교감할 수 있는 마음의 크기 또한 넓어지기 때문이지요.

아들이 커 가며 엄마와 나누는 깊고 풍부한 정서적 교감은 아이뿐만 아니라 부모의 심리적 발달에도 매우 긍정적인 영향을 미칩니다. 부모 역시 '내가 아이를 잘 키우고 있구나.' 안심하며, 양육 효능감 역시 높아지게 되기 때문이지요. 심리학자 에릭 에릭슨(E. H. Erikson)은 심리적 발달이 전 생애에 걸쳐 이루어진다고 보았고, 부모가 되는 30~40대에는 배려와 사랑이라는 정서적 가치를 보다 깊게 발달시키는 시기라고 보았습니다. 아이를 키우며 이 시기 부모 역시 한 걸음 더 성장한다는 것을 강조한 것이지요. 이처럼 언어는 아들과 엄마를 하나로 묶어 주는 강력한 끈이 되고, 나아가 부모라는 세상 역시 아들과 하나로 묶이게 됩니다.

그런데 이 강력한 연대감을 위기로 몰아넣는 시기가 사춘기입니다. 사춘기에 들어선 아들은 점차 말수가 줄어들고, 시인처럼 함축적인 단어 한두 마디로 자신의 분노와 짜증을 뱉어 내며 엄마를 당황시킵니다. 애정을 기울여 정성껏 키워 온 자식이, 부모 손을 떠나 눈에 보이지 않는 흐름에 휩쓸려 점점 멀어져 가는 듯 느껴지기도 합니다. 손이 닿지 않고, 목소리도 닿지 않을 것 같은 당혹스러움에 왠지 아들에게 이야기를 건네는 것조차 용기가 필요한 일이라는 걸 깨닫는 날들이 늘어납니다. 어쩌다 뒤돌아본 아들과 눈이 마주쳐도 이해하기 힘든 어두운 빛만 보일 뿐이라면, 엄마 역시 사람인지라 지친 마음에 밤을 지새울지도 모릅니다.

하지만 아들의 말 속에 담긴, 보이지 않는 의미를 읽어 내는 것은 여전히 엄마의 진심을 필요로 합니다. 결국은 짧건 길건 말인 이상 분명히 아들은 세상을 향해 그리고 엄마를 향해 메시지를 던지고 있기 때문입니다. 그것이 메시지인 이상 분명히 의미를 담고 있습니다.

어쩌면 말이란 본질적으로는 공허한 것일지도 모릅니다. 듣는 사람이 믿어 주지 않으면, 듣는 사람의 마음에 가 닿지 않으면 그저 소리에 불과한 것이니까요. 그렇기에 넓은 바다 한가운데 우두커니 멈추어 선 선박처럼, 깜빡깜빡 희미한 SOS 신호를 보내고 있을지 모를 아들의 말이 소리에 불과한 공허함으로 남겨지지 않도록 할 수 있는 존재는 결국 엄마일 것입니다.

1. 아들의 언어와
   또래들의 심리

사춘기 아들의 말에 담긴
   코드를 찾아라

　모든 물체는 고유한 진동수를 가지고 있습니다. 우리 주변에 있는 책상, 자동차, 유리잔 모두 고유 진동수를 가지고 있지요. 우아한 곡선을 가진 와인 잔을 티스푼으로 살짝 치게 되면 잔이 갖는 고유 진동수의 맑은 소리를 들을 수 있습니다. 물체의 고유 진동수로 그 물체에 진동을 가하면 진동이 엄청나게 증폭되는데 이것을 '공명(共鳴)'이라고 부릅니다.

　텔레비전이나 라디오의 채널은 고유 진동수를 가집니다. FM 93.1MHz 주파수에 공명하면 언제나 클래식 라디오를 만날 수 있는 이유가 각 방송국마다 고유의 주파수가 있기 때문이지요. 라디오 채널을 돌리면 수신기의 고유 진동수가 바뀌게 되고, 특정 채널의 고유 진동수와 라디오 수신기의 고유 진동수가 일치하면 공명이 일어나서 그 채널의 신호를 수신하게 됩니다. 사방에 모든 방송국의 전파가 있지만 라디오 수신기와 공명을 일으킨 채널의 방송만 나오는 이유입니다. 이러한 공명 현상은 물체뿐만 아니라 사람과 사람이 나누는 대화에서도 발생하고, 또래 집단의 주파수에 한창 민감한 사춘기 시기에는 극대화되지요.

1990년대 초부터 2000년대 중반까지만 해도 일요일 밤의 마무리는 KBS 〈개그콘서트(개콘)〉로 통했습니다. 개그 코너에 나온 유행어가 그대로 학교 교실로 이어지는 게 자연스러운 흐름이던 시기였습니다. 그렇게 개콘의 유행어는 아이들의 언어 습관 속으로 들어오고, 개그 코드는 정서적 울림을 포함하고 있었지요. 개그 코드라는 말에 포함된 '코드(code)'는 말 그대로 '암호'를 뜻합니다. 단어 하나로 전체 분위기나 흐름을 함축하고 있기 때문이지요. 특히 청소년기에 또래 문화, 집단의 언어를 균질하게 사용하는 것이 자주 나타난다는 사실은, 발달심리학자가 아니더라도 그 시기를 거쳐 온 어른이라면 누구나 알고 있는 사실입니다.

또래 집단에서 널리 사용되는 표현들은 청소년기에 발달적으로 두드러지게 나타나는 '동조 효과'에 의해 더욱 강화됩니다. 동조 효과란 한 사람이 특정 상황에서 어떻게 행동해야 할지 자신의 태도를 결정할 때, 집단이 제시하는 기준이나 규칙에 따라 개인의 행동이 강제된다는 심리학 용어입니다. 쉽게 말하면 '친구 따라 강남 간다.'는 표현으로 이해할 수 있는데, 일상생활에서도 횡단보도에서 녹색 신호를 기다리고 있다가 옆 사람이 자연스럽게 길을 건너면 신호도 보지 않은 채 무의식적으로 따라서 출발하는 일들을 동조 효과라고 할 수 있지요. 즉, 동조 효과를 통해서 우리는 다른 사람들의 행동에 영향을 많이 받고 있다는 걸 알게 되고, 뒤집어 생각하면 또래 아이들이 사용하는 말이 어디서 유래되었는지 되짚어가면 아들이 무의식적으로 가지고 있는 심리적 배경을 알아볼 수 있다는 의미가 됩니다.

특히 연구[18]에 의하면 동조 효과는 11세부터 13세 무렵 최고조에 이르는 것으로 보고되고 있지요. 이 시기 남자아이들은 신체 발달도 가속화되면서 강한 힘, 운동 능력에 따라 눈에 보이지 않는 사회적 위계를 내면화하게 됩니다. 그 결과 신체적으로 강해 보이고 싶은 욕구, 몸으로 밀리지 않는다는 걸 표현하기 위해 생전 처음 거친 욕설을 뱉는 시기가 되기도 하고, 자신도 또래 집단의 일원이라는 걸 증명하기 위해 유행하는 표현을 습관적으로 내뱉게 되기도 하는 것이지요. 여기에 대해서는 뒤에서 더 구체적으로 다룰 예정이므로, 먼저 미디어 환경의 변화에 따라 달라지게 된 남자아이들의 말의 배경을 알아보겠습니다.

텔레비전이나 영화의 폭력적인 장면에 자주 노출된 아이들일수록 폭력적인 행동을 하게 될 가능성이 높다는 말을 들어 본 적이 있을 것입니다. 그래서 과도하게 선정적이거나 폭력적인 장면은 지상파 채널에서 보여 주지 않고, 케이블 채널에서도 연령별 시청 등급이 나뉘어 있는데 이러한 구분의 이론적 배경은 바로 캐나다 심리학자 앨버트 밴듀라(Albert Bandura)의 사회학습이론(Social learning Theory)에서 비롯된 것입니다.

사회학습이론은 아이들이 어떤 행동을 배울 때 단순히 보는 것만으로도 영향을 받는다는 이야기라고 할 수 있습니다. 1960년대 미국에서 있었던 다양한 실험[19]을 통해 관찰만으로도 아이들의 행동이 영향을 받게 된다는 것과, 이것이 실제 자녀 교육과 범죄 문제 등에서 매우 중요한 요인이 된다는 사실을 밝혀냄으로써 큰 파장을 일으킨 바 있습니다. 따라서 아이들에게 노출되는 미디어를 이해하는 것이 중요하다는 점이 분명해졌지요.

그런데 최근 들어 상황은 보다 복잡해졌습니다. 앞서 〈개그콘서트〉 유행어가 있던 시기만 하더라도 텔레비전이 광범위한 영향을 주고 있었고, 부모 입장에서는 청소년들에게 인기 있는 프로그램의 표현을 이해하는 것만으로도 아이들과 소통하는 데 큰 무리가 없었습니다. 하지만 2007년 아이폰이 등장하고 2010년대에 들어서 유튜브와 같은 개별화된 매체들이 활성화되면서 상황이 크게 달라졌지요. 2007년 이후에 태어난 모든 아이들을 지칭하는 별도의 사회학적 용어 '디지털 네이티브(Digital Native)'까지 등장했습니다. 그리고 유튜브는 중앙 집중적인 텔레비전과 달리, 개인의 기질이나 성향에 따라 노출되는 콘텐츠가 천차만별로 나뉘게 되므로, 아이들의 생각이나 언어 습관을 파악하기 위해서는 더욱 섬세한 관찰이 필요하다는 것이 가장 크게 달라진 점이라고 할 수 있습니다.

따라서 우선 아이들이 자주 접하게 되는 콘텐츠의 유형을 알아 두는 것이 중요합니다. 아들이 스마트폰을 사용할 때 자주 하는 게임 종류가 무엇인지 확인해 주세요. 그 뒤 아들의 유튜브 채널 사용 기록을 살펴보면서 아들이 하는 게임을 콘텐츠로 다루는 유튜버가 누구인지 확인하고, 해당 유튜버의 영상 가운데 가장 조회수가 높은 것을 선별해서 살펴보면서 부모의 개입이 필요한 수준인지를 판단할 필요가 있습니다. 공영 방송과 달리 유튜버들의 영상은 별도의 심의를 거치지 않은 채 콘텐츠가 쏟아져 나오기 때문에 이 부분에 대해서만큼은 부모가 꼼꼼하게 체크를 해야 할 필요가 있습니다.

그렇다고 해서 무조건 유튜브 사용을 하지 못하게 제한하는 것 또한, 현실적으로 불가능할 뿐만 아니라, 자칫 부모가 자신의 자유를 억누르는 사람으로 비추어지면서 대화로 해결할 수 있는 상황을 원천적으로 막아 버리는 역효과가 날 수 있기에 지양하는 것이 좋습니다.

한편 아이들이 소통하는 메신저의 종류 역시 부모 세대와 다르다는 점을 인지하는 것이 중요합니다. 상담실에서 만나 본 많은 아이들은 데이터 사용에 제한이 있거나 폰 사용 시간이 자유롭지 않다는 이유로, 카카오톡보다는 컴퓨터를 통해 언제든지 소통할 수 있는 페이스북 메신저나 친구들끼리 약속된 유튜브 채널의 특정 영상에 채팅하듯이 댓글을 달아 두는 식으로 확연하게 다른 메신저를 사용하고 있었습니다. 따라서 부모가 생각하는 범위 밖에서 다양한 활동을 하고 있다는 것을 아는 것만으로도, 아이의 변화된 행동이나 말투의 원인을 생각해야 하는 상황이 생겼을 때 큰 도움이 될 수 있습니다.

10대 아들의 말 속엔
친구들을 향한 욕구가 숨어 있다

"요즘 유행하는 하입 있잖아요, 제가 그거 하는데, 뭐 지목한 거 떠서 저 말고 다른 애들도 봤는데, 저희 학교도 아니고 다 제가 모르는 애들인데, 하입 어떻게 지목하고 질문 어떻게 하고 그런 거

알려 주세요."

"하입 지목당하면 알람 뜨잖아요. 근데 그거 막 AI가 지어내서 하는 건가요? 아님 진짜 지목당해서 그런 건가요?"

네이버 지식인에 나오는 10대들의 질문 가운데 하나입니다. 분명히 우리나라 말로 쓰여 있는 문장인데 무얼 물어보는 건지 감조차 잡히지 않는 사람들이 대다수일 것입니다. 친구들을 지목하는 내용인 것 같은데, 알람이 뜬다고 하는 걸 보니 폰이나 컴퓨터로 하는 프로그램인 것 같기도 하고요.

질문의 내용은 10대 중고등학생이 많이 사용하던 스마트폰 앱의 사용법에 대한 것입니다. 그런데 이 앱에 대해 왜 이렇게 아이들의 관심이 많았던 걸까요? 앞서 이야기했듯이 사춘기 아이들은 동조 효과에 민감한 시기를 지나고 있기 때문입니다. 이 시기 아이들의 리추얼을 이루고 있는 일상에서 친구들 사이의 관계와 친구들에게 내가 어떻게 비추어지는지가 최대의 관심사라는 뜻입니다.

'하입(Hype)'이라는 말을 들이 본 적이 있나요? 힙합 음악을 좋아하는 사람이라면 하입이라는 단어의 뜻을 정확하게 알고 있을 수 있지만 현재 부모 세대에게 그리 친숙한 단어가 아니라는 점은 분명합니다. 하입은 '특정한 상품, 이벤트, 인물 등에 대한 과장된 광고나 선전'을 뜻하며, 대중매체나 소셜 미디어 등을 통해 확산되는 현상으로, 새로운 이벤트나 트렌드에 관심을 유발하여 해당 대상의 인기를 높이는 데에도 사용됩니다. 비속어 표현으로는 '개신나', '개쩌는'과 가깝다고 할 수 있지요. 2022년에 데뷔한 걸 그룹 '뉴진스'의 노래 '하입 보이(Hype Boy)'가 크게 인기를 끌면서 더욱 광범위하게 퍼지고 있는 용어입니다.

그렇다면 '하입 HYPE: 친구들과의 귓속말 게임'이라는 앱은 뭘 하는 걸까요? SNS(Social Network Service)로 연결된 친구들을 지목해서 미션을 수행하거나 재미있는 주제로 투표를 할 수도 있고, 관심 있는 이성에게 마음을 표현하는 등 또래에서 이슈가 될 만한 사건들을 알아보는 앱입니다. 마치 예전에 선생님 몰래 수업 시간 동안 수십 가지 질문이 빼곡한 앙케이트에 고민해 가며 답을 채우던 것과 비슷하다고 할까요?

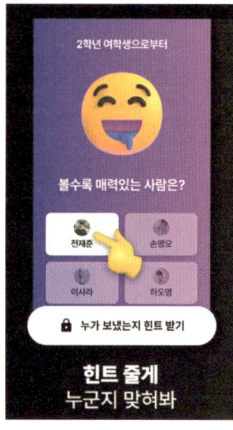

▲ 아이들에게 인기가 많았던 '하입 HYPE: 친구들과의 귓속말 게임' 앱

이러한 관심은 예나 지금이나 청소년이라면 자연스럽게 갖게 되는 것입니다. 10대 아이들은 발달 과정에서 사회성의 범위가 더욱 확장되고 구체적인 과제들을 해결하고 싶어 하는데, 발달심리의 관점에서 보면 또래 관계에서 자신의 능력(competence)을 증명하는 것이 무엇보다 중요하다고 느끼기 때문입니다. 여기서 말하는 능력은 유머 감각, 수려한 외모, 학습 능력 등을 포괄하는 것이고, 특히

나 남자아이들의 경우 뛰어난 운동 능력이 또래들 사이에서 굉장히 결정적인 역할을 하기도 합니다.

저의 아버지는 오랫동안 서울시 공무원으로 근무했고, 제가 초등학교를 졸업하던 즈음 때마침 단기 임대로 공무원 아파트에 입주하게 되면서, 중학교 진학을 완전히 다른 지역으로 하게 되었습니다. 경제 사정이 그리 넉넉하지는 않았던 터라, 저희 가족은 어머니가 운영하던 미용실 뒤편의 단칸방에서 지내 왔기 때문에, 난생처음 아파트에서 살게 되었다는 들뜬 마음이었지요. 그런데 들뜬 마음도 잠시, 생각지도 못한 문제가 중학교 입학 후 찾아왔습니다. 입주하게 된 공무원 임대 아파트는 소위 말하는 강남 8학군 대치동 근방에 위치해 있었고, 중학교의 반 아이들은 초등학교 시절 친구들과는 사뭇 다른 모습으로 저를 위축시켰기 때문입니다. 초등학교 친구들은 시장에서 장사하는 부모를 둔 경우가 대부분이었고, 제가 살던 미용실 뒤편 단칸방 역시 유별난 것으로 느꼈던 적은 한 번도 없있지요. 분식집 아들과 문구집 딸, 미용실 아들이 비로 같은 골목길에서 술래잡기를 하던 환경이었기 때문입니다.

그런데 이사를 간 곳은 바둑판처럼 정갈하게 구획된 강남의 아파트 단지들로 가득했고, 당연하다는 듯, 유행하던 나이키 운동화를 신고 리복 샤킬 오닐 가방을 멘 아이들이 등교하는 풍경 속에서, 메이커를 알 수 없는 가방을 멘 채 국산 운동화를 신은 제가 유난히 튈 수밖에 없었습니다. 심지어 처음 친해진 친구가 악의 없이 물어본 신발 이야기에, 다음 날 학교 가기가 죽도록 싫어질 만큼 작아져 버린 기억이 아직도 나는 것을 보면, 저 역시 여느 사춘기 아이들과 마찬가지로, 누가 시키지 않아도 또래와의 비교를 통해 자신을 확인하고는 했던 모양입니다.

그 과정에서 저는 트라우마 아닌 트라우마를 겪던 터였기에, 한 달여간 엄마를 조르고 졸라 사게 된 인생 첫 나이키 운동화는 또래 집단에 편입되기 위한 사소하지만 처절한 투쟁이었습니다. 90년대 초반만 하더라도 나이키 운동화는 최고급 브랜드였고, 10만 원이 넘는 금액 역시 '운동화는 튼튼하면 됐지.'라는 어머니의 심리적 장벽을 훌쩍 넘어서는 요인이었기 때문이지요. '나이키를 신지 않아서 창피해.'라는 사소한 이유가 사춘기에 접어든 남자아이의 등교 거부 원인이라는 걸, 어머니는 쉽게 받아들이기 어려웠을 것입니다. 당시 저에겐 나이키 운동화가 단순한 물건이 아니라 학교생활을 자신 있게 하기 위한 일종의 입장권처럼 여겨졌고, 그런 심리의 밑바닥에는, 또래에게 인정받고 싶다는 열망, 다르지 않다는 것을 증명해 보이고 싶은 열망이 놓여 있었을 것입니다.

실제 청소년기의 심리적 발달 과정에서 10대 초중반이 되면 개인적 흥미보다는 또래 집단의 목표를 중요하게 생각하고, 집단의 기준에 맞게 행동하기 위해 노력하며, 그렇지 않은 아이를 비판하게 됩니다. 따라서 '우리'가 '나'에 비해 훨씬 중요해지게 되지요. 동조 효과가 최고조에 이르는 시기가 바로 사춘기인 이유입니다.

무슨 옷을 입고, 무슨 음악을 들으며, 어떤 하입을 따르는지에 따라 특별한 소속감을 느끼게 되고, 내가 속한 또래 집단 내에서 불확실한 지위를 갖게 되면 짜증과 불안이 반복되는 원인이 되기도 합니다. 그 결과 이 시기 아이들의 말 속에는 친구들로부터 인정받고 싶은 다양하고 소소한 욕구들이 반영되어 나타나기 마련입니다. 예를 들어 사춘기 남자아이들의 경우 비속어를 섞어서 표현하는 것이 멋있어 보인다며, 평소엔 전혀 거친 모습을 보이지 않던 아이도 친구들과 어울리는 과정에서 부모가 깜짝 놀랄 만한 표현을 서슴없이 하는 경우가 바로 여기에 해당합니다.

이 시기 아이들은 유래 없는 동조성을 보이고, 편협해 보일 만큼 강력한 집단 중심성을 보입니다. 쉽게 말해서 지금 나랑 함께 다니는 친구들 무리가 최고라는 생각에 사로잡혀 있는 것이고, 그래서 주변 어른들의 조언을 제대로 듣지 못하는 상황에 처하기도 하는 것이지요.

위축되어 있던 제가 어깨를 펴고 다니게 된 계기는 뜻하지 않게 찾아왔습니다. 체육 대회에서 반 대표로 농구 경기에 참가해 아이들의 응원을 듬뿍 받게 된 이후 저의 중학교 생활은 큰 변화를 겪게 되었습니다. 결국 운동 능력이라는 competence를 친구들에게 인정받음으로써 자존감을 회복하게 된, 사춘기의 첫 에피소드는 이렇게 일단락을 짓게 되지요.

이처럼 남자아이들의 또래 관계를 조율하는 데 있어 핵심적인 역할을 하는 요인으로 스포츠가 있기 때문에, 이 시기의 남자아이를 키우는 부모의 경우 공부만큼이나 신체 능력에 대한 관리가 중요하다는 것도 잊지 않아야 합니다.

강해 보이고 싶은 남자들의
언어 습관

"중학교 2학년 남자아이를 키운다는 게 이렇게까지 힘들 줄은 몰랐습니다. 초등학교 시절에는 정말 얌전한 아이였어요. 덩치만 컸지 순둥순둥한 성격에 우물쭈물하는 모습 때문에 오히려 친구 사귀는 데 어려움이 있을 정도였거든요. 그런데 중학교에 가서 만난 친구들과 도대체 뭘 하고 다니는지, 하여간 피시방이 문제의 시작이었던 것 같습니다. 지난주 피시방에서 아는 동생을 만나 인사하는 과정에서 남자아이들 특유의 툭툭 치는 행동이 있었고, 게임을 하다가 돈이 부족할 것 같아서 그 동생한테 천 원을 빌려 달라고 했다네요. 그런데 동생 부모가 아이를 혼내던 중 이런 사실을 알게 되었고, 폭행과 갈취가 있었다고 하면서 강경하게 대응하는데, 이 와중에도 아들놈은 진짜 별일 아닌데 동생 부모가 오버하는 거라면서 자기를 좀 믿어 달라고 우는데 어찌해야 할지 너무 혼란스럽습니다."

중학교 2학년이 된 아들의 거칠어진 언행으로 고민하는 어머니의 모습이 결코 낯설지 않게 느껴지는 것은, 구체적인 내용은 제각기 다르지만 초등학생 시절과 눈에 띄게 달라진 아들의 모습에 당황한 기억 때문이겠지요. 시시비비를 가리기 전에, 이 시기에 들어서 혼란을 겪는 아들에게 어떻게 다가가야 할지 고민하는 것은 반드시 필요한 일입니다. 특히나 요즘처럼 학교 폭력에 민감한 시기를 사는 부모 입장에서는 무조건 아들의 입장만 대변하기도 힘듭니다. 도대체 왜, 순둥순둥하던 아이가 중학생이 되며 욕설을 입에 달고 살게 되었는지, 건들거리는 선후배와 몰래 숨어 담배를 피우는 게 뭐 그리 좋은지 이해하기 힘든 상황에서, 중요한 것은 먼저 아들의 마음을 살피는 것입니다.

소위 말하는 '중2병'은 일본에서 유래된 표현으로 1990년대 일본의 한 방송인이 라디오에서 "중2 때는 나도 저랬지."라며 소개한 내용들에 뿌리를 두고 있습니다. 주로 사춘기 시기라면 누구나 할 법한 행동들을 어떤 병의 증상이라며 희화화한 뒤, 라디오 청취자들의 사연을 소개하면서 탄생한 공감 개그의 일종이었지요.

예컨대 세상은 모두 썩었고 자신은 특별한 사람이라고 생각한다거나, 초등학생 시기 자신의 모습을 비하하면서 정반대 방향으로 비뚤어지기, 집에 혼자 있게 될 때마다 친구들과 모여 아빠가 애지중지 모아 둔 위스키를 홀짝홀짝 마셔 버린다거나, 엄마의 말이 채 끝나기도 전에 "알았다고!" 하며 듣지 않는 사연들을 가리켜 중2병이라고 통칭하던 것이 한국에서도 공감을 받으며 보편적으로 쓰이게 된 상황입니다. 이러한 표현에는 발달심리학적인 의미가 숨겨져 있습니다.

청소년기의 주요 심리적 특성 중에는 '개인적 우화'라는 요인이 존재합니다. 성인의 경우 다양한 경험을 통해 확립된 가치 판단 기준으로 상황을 판단하지만, 청소년기 아이들은 상황을 확실하게 판단하기 힘들어하고, 설명하기 힘든 간격을 제한된 상상력으로 채워 넣다 보니, 상황을 이솝 우화같이 단순화해서 주관적으로 해석한다는 것이 바로 개인적 우화입니다.

여기에 세상의 중심을 자기 자신으로 여기기 때문에 자기중심성이 더해져 어른의 관점과는 확연하게 다른 해석을 하게 되는 것이지요. 또한 이 시기부터 테스토스테론의 샤워를 흠뻑 받는 남자아이들의 경우 공격 성향을 실제 행동으로 옮기기는 부담스럽기 때문에 강한 욕설로 주관적인 판단을 강화하거나 품지 않아도 될 적개심을 스스로 만들어 내는 상황에 빠지기도 합니다.

여기에는 한국 특유의 교육 환경 역시 영향을 미치게 됩니다. 우리나라 학교 건물은 공교롭게도 군대 막사와 동일한 형태를 가지고 있기 때문에, 학생들은 자신이 억압받고 갇혀 있다는 갑갑함으로부터 벗어나는 것에서 정서적 쾌감을 느낄 수 있다는 것입니다. 그래서 선생님에게 은근히 반항을 하거나 규칙을 위반하고 일탈하는 같은 반 아이에 대해 묘한 이질감과 동경을 동시에 갖게 되는 것이기도 하지요. 등교하면 자기 마음대로 학교 밖에 나갈 수 없고, 선생님들의 통제가 유독 갑갑하게 느껴지는 사춘기 시기인 데다가, 이제는 훌쩍 커 버린 몸 때문에 남자아이들은 신체 능력의 차이를 느끼고 암묵적인 서열이 생기는 것에 적응해야 하는 이중고를 겪기 때문입니다. 이 시기의 남자아이들 가운데 왜소하거나 지나치게 비만인 아이들은 무리에서 배제되거나 놀림의 대상이 되기 쉽고, 애매한 위치에 있는 아이들은 운동 능력을 증명하거나 거친 욕설로 강해 보이거나 혹은 재미있는 이야기로 아이들에게 어필하지 않으면 도태되는 상황에 놓이기도 하지요.

이런 맥락에서 사회학자 김동춘 교수는 자신의 저서 《전쟁과 사회(돌베개, 2006)》에서 한국 사회 자체를 확대된 병영 사회라고 비판하기도 했지요. 따라서 사춘기 무렵의 남자아이들이 거친 욕설을 하는 복합적인 이유를 감안하지 않은 채 무작정 나무라는 것은, 이 모든 혼란과 스트레스의 한복판에 있을 아들에게 심리적 유기 상태를 유지하라는 모진 상황으로 내모는 것이기 때문에 섬세한 접근이 필요합니다. 아들의 마음을 공감해 주는 것에서부터 첫걸음을 떼어야 합니다.

물론 그렇다고 해서 사춘기 아들이 욕설하는 것을 인정해야 한다거나 정당화할 수 있다는 뜻은 아닙니다. 상대방의 모든 것을 다 품고 공감할 수 있다고 했을 때 그 모든 것이란 상대방 존재 자체와 그 존재의 마음이라고 할 수 있지요. 누군가를 때리고 싶다고 말하는 사람에 공감한다는 것은 그의 분노, 분노를 유발한 상황과 그 상황에 처한 그의 마음을 이해한다는 뜻이지, 폭력적 행동 자체를 받아들이고 이해한다는 것이 아닌 것처럼 말입니다. 그건 별개의 문제입니다. 화가 난 마음은 공감받을 수 있지만 그로 인해 폭력적 행동을 했다면 그 행동은 공감의 대상이 아니며, 그에 대한 책임은 온전히 당사자의 몫이라는 것을 알려 주어야 하는 것이지요.

마찬가지로 담배를 피우고 싶어 하는 아들의 담배 심부름까지 해 주는 게 공감이 아니라, 담배 피우고 싶은 아들의 마음을 비난하지 않고 알아주는 게 공감이라고 할 수 있습니다. 그것을 분별하지 못하면 아들의 요구에 휘둘리며 엄마 역시 부모로서 지켜야 할 자신의 경계를 침범당하게 됩니다. 아들의 행동을 긍정하는 것이 아니라, 마음을 알아주는 것을 유지해야 엄마의 공감이 방향을 잃지 않고 생명력을 얻게 되는 것이지요.

사춘기 아들이 하지 말라는 일에
더욱 열중하는 뇌과학적인 이유

"엄마가 소파에 누워서 과자 먹지 말라고 했지? 같은 말을 도대체 몇 번이나 해야 알아들을 거야!"

하지 말라고 몇 번을 이야기해도 매일 같은 소리를 반복하게 해서 잔소리로 만들어 버리는 우리 아들, 왜 그런 걸까요? 이미 습관이 된 행동이라서 고치기 힘든 것일까요? 아니면 사춘기 시기라 반항하기 위한 것일까요? 정답은 뇌에 있습니다. 우리의 뇌는 부정의 개념을 이해하지 못하기 때문이지요. 그래서 지적하는 표현은 아무리 반복해도 아들의 행동을 바꾸는 데 도움이 되지 않는 것입니다.

우리 뇌는 생각을 떠올릴 때 반드시 그 대상에 집중하게 됩니다. 아무리 그 대상을 부정하려고 해도 한번 떠오른 생각을 없애는 건 불가능합니다. 인지과학자 조지 레이코프(George Lakoff)는 이러한 현상을 '프레임 효과'라고 이야기합니다. 예를 들어 "코끼리는 생각하지 마."라고 이야기를 하면 할수록 코끼리를 지워 버리기는커녕 더더욱 코끼리 생각이 강해지고 오히려 강조되는 효과가 나는 것입니다.

비행기 조종사들 역시 '저 장애물에 충돌하면 안 돼.'라고 생각하면 오히려 충돌 확률이 올라간다는 걸 알고 있습니다. 장애물 자체에 우리의 뇌가 집중하게 되기 때문이지요. 스키 선수들 역시 마찬가지입니다. 스키 선수들은 '나무를 피해.'라고 생각하는 대신 '어느 길로 가야 하지?'를 떠올리며 슬로프를 내려옵니다. 나무를 피해야 한다고 생각하면 나무밖에 보이지 않아서 이 많은 나무를 어떻게 다 피하나 싶기 때문에 그 대신 '눈길을 따라가야지.'라고 생각합니다. 길에 집중하면 오히려 우리의 뇌는 나무를 지워 버립니다. 그리고 나무 사이가 사실은 넓다는 것이 보입니다. 눈 쌓인 길이 충분히 있다는 것이 보입니다.

이러한 사실은 엄마에게도, 아들에게도 동일합니다. 안 되는 것에 집중하면 안 되는 것만 보이지요. 어떤 것에 집중해야 할지 선택하는 것이 중요합니다. 말 그대로 관점의 문제이기도 하고, 우리의 뇌가 자연스럽게 작동하는 방식을 이용하는 것이기도 합니다.

따라서 긍정형으로 표현을 바꾸는 것이 뇌에 효과적으로 정보를 주는 방식이라고 할 수 있습니다. 아들에게 "소파에서 먹지 마."라고 하는 대신 "식탁에 앉아서 먹어."라고 이야기해야 하는 이유입니다.

아들에게 바라는 바를 말하는 것이야말로 문제가 되는 행동을 고치고 동기 부여를 명확하게 할 수 있는 첫걸음이라는 점을 기억해 주세요.

2. 엄마 마음에 상처가 되는 아들의 말

망치처럼 아픈 아들의 언어

시집와서 삼 년(三年)
오는 봄은
거친 벌 난벌에 왔습니다

거친 벌 난벌에 피는 꽃은
졌다가도 피노라 이릅디다
소식 없이 기다린
이태 삼 년(三年)

바로 가던 앞 강(江)이 간 봄부터
굽이 돌아 휘돌아 흐른다고
그러나 말 마소, 앞 여울의
물빛은 예대로 푸르렀소

시집와서 삼 년(三年)
어느 때나

터진 개 개여울의 여울물은

거친 벌 난벌에 흘렀습니다.

— 김소월 〈무심(無心)〉 중에서

시집오자마자 남편과 이별한 여인이 사는 거친 들판 같은 세상에도 봄은 왔건만, 3년째 소식 한 장 없이 무심한 남편을 그려 보이는 김소월의 시를 읽으며, 남자의 무심함에 상처 입는 여자의 마음이 떠오르더군요. 무심함에 상심하는 여자와 남자 사이에는 어떤 이야기가 숨어 있을까요?

듣기에는 너무나 익숙한데, 그 뜻을 곱씹어 보면 의미가 깊어지는 단어들이 한글에는 유독 많습니다. 무심(無心)하다. 글자 그대로 마음이 없다, 마음 쓰지 않는다는 걸 의미하지요. 표준국어대사전에 따르면 '무심하다'는 형용사로, '아무런 생각이나 감정 따위가 없다.' '남의 일에 걱정하거나 관심을 두지 않다.'로 정의됩니다. 낯선 시집살이를 하는 여인을 무심하게 남겨 두고 떠난 남편의 무심함이 그러하듯, 엄마 마음에 생채기를 내고도 심드렁한 표정을 짓는 아들의 무심함은 망치처럼 아픈 아들의 말에서 비롯됩니다. 특히나 사춘기에 접어든 아들이 무심코 내뱉는 한 마디 한 마디는 집요하게 엄마의 멘털을 말 그대로 으깨어 놓습니다. 도대체 왜, 아들의 언어는 이리도 투박하고 무심할까요.

이번에도 역시 범인은 호르몬입니다. 앞서 얘기한 것처럼, 10대 초반 남자아이들의 뇌에서는 남성 호르몬 테스토스테론이 급증하면서 인지와 정서에 큰 변화를 보이게 됩니다. 테스토스테론이 대뇌 측두엽의 가장 구석진 곳에 있는 편도체에 직접 영향을 미치기 때문입니다. 남성 호르몬이 쓰나미처럼 몰려와서, 공포와 불안을 담당하는 중추인 편도체가 자극을 받아 활성화되면 작은 자극에도 예민하게 반응하게 되고, 생존을 위한 투쟁으로서 공격성이 증가합니다. 편도체는 인간의 뇌에서 가장 원시적인 뇌 영역에 속하기 때문이지요.

사춘기 시기 편도체가 테스토스테론의 자극을 받으면 서열과 위계질서에 대한 예민성이 크게 나타납니다. 몸싸움을 통해 자기의 힘을 과시하려고 한다거나, 거친 욕설을 퍼붓는 모습을 남에게 보여 줌으로써 우위에 있다는 걸 증명하려고 하지요. 그리고 말이 짧아집니다. 다양한 감정으로 표현할 수 있는 상황에 대해 섬세하게 파악하고 느끼는 것은 그저 귀찮은 일이 되는 것이지요. 본인의 힘을 과시하고, 명령조로 이야기하는 아들의 낯선 모습은 군림하려는 욕망, 서열과 위계를 확인하려는 욕망이 드러난 것으로 일종의 자기 보호를 위한 본능적인 반응 중 하나이기도 합니다.

그런데 이런 상황에서 엄마가 아들에게 무엇을 잘못했는지 구체적으로 요구하면 할수록 감정의 골은 더욱 깊어만 가게 됩니다. 정말로 아들의 표현은 편도체에 의해 발생한 즉흥적인 반응이고 이면의 의미나 의도가 없기 때문입니다. 그렇기에 자기는 정말 기억하지 못하는데 잘잘못을 따지는 엄마의 표정과 감정이 버겁게 느껴지고, 상황을 마주하는 법을 배우지 않고 회피하는 모습을 반복하게 됩니다. 생존을 위해 편도체가 하는 또 다른 중요한 반응이 바로, '투쟁-도피 반응'이기 때문이지요. 그래서 아들이 잘못해 놓고는 되려 모르겠다는 무심한 말만 남겨 둔 채 방문을 닫아 버리는 것이라고 할 수 있습니다.

또한 이때에 적절한 제재가 없다면 폭력성이 적절하게 다듬어지지 않게 됩니다. 신체적이고 언어적인 폭력 성향이 10대 초중반에 급증하는 이유입니다. 편도체의 기능만으로 사춘기 아들의 심리를 모두 설명할 수는 없지만, 이와 같은 생물학적인 요인은 아들의 말과 행동에 직접 영향을 미치기 때문에 아들이 왜 갑자기 변하게 되었는지를 이해하는 것과 그렇지 못한 것은 큰 차이가 있습니다. 적절한 공격성은 아들이 스스로를 지킬 수 있는 수단이 되지만, 공격성의 정도가 지나치게 커져 폭력성으로 강화될 여지가 있다면 즉각적으로 부모가 개입해야 합니다. 자신을 보호해야 하는 영역이 있듯이, 타인에게도 그리고 부모와 자식 사이에도 지켜야 할 영역이 있음을 알려 주어야 하는 것이지요.

따라서 아들의 망치 같은 말은 타인에 대한 무심함이라기보다는 오히려 방어 기제로서 자신을 보호하는 것에 혈안이 된, 어찌 보면 애잔한 모습을 띤 성장통일지 모릅니다. 그렇기에 아들의 둔탁한 말을 마주하게 된다면, 자기 보호를 위해서 남성 호르몬을 마구 뿌려 대는 아들의 머릿속 꼬맹이를 떠올려 보세요. 점점 자기만의 영역을 갖는 중이고 남성 호르몬이 잘 발산되고 있다는 것, 한 마디로 잘 자라고 있는 아들의 성장통이라는 걸 먼저 떠올려 주세요.

거친 욕설이나 무심한 표현을 했다는 사실만으로 꾸짖거나 비난을 하는 것은, 불필요하게 아들의 편도체를 다시 자극하는 것과 같습니다. 따라서 적절한 범위 내에서의 언행을 다시 한번 되짚어 준 다음, 다독이고 부드럽게 달랠 필요가 있습니다. 사춘기 시기의 아들들은 여전히 '내면의 폭풍과 스트레스(storm and stress)'에 휩싸여 있기 때문입니다.

이렇게 도와주세요

부모 역시 사람인지라 아들의 거친 말에 상처 입고 좋은 감정으로 아이를 바라보는 일은 쉽지 않습니다. 매일 반복되는 감정싸움에 서로가 지쳐 가고 있다면, 중간 매개체를 이용해 보세요.

1) 카카오톡과 같은 메신저로 먼저 상황을 서술해 보기
2) 아들 방문 위에 포스트잇으로 사과 주고받기
3) 아들이 부모에게 적절하지 않은 표현을 했을 경우, 서로에게 편지 쓰기

한 방송에서 소설가 김영하 이런 말을 한 적이 있습니다. '마음은 형체가 없다. 행동이라는 형식으로 표현을 하는 것이 그래서 중요하다.'

위에 있는 방법들은 실로 교과서적이고 실제로 누군가 해 본 사람이 있을까 싶은 정석적인 방법이지만 실제로 행동하는 부모 자녀와 머리로만 알고 있는 부모 자녀는 매우 큰 차이를 갖습니다. 마음은 표현하지 않으면 전달되기 힘든 법이니까요.

아들의 머릿속에 숨어 있는 마키아벨리

"버릇없이 대드는 아들을 어떻게 해야 할까요? 아무리 사춘기라고 하고 힘들다고 해도, 아닌 건 아니라고 하며 따끔하게 혼을 내야 하는 것 아닐까요? 시험 기간이라 예민한 건 알겠는데 어제는 아빠가 듣기 싫은 이야기를 조금 한 것 가지고 책상 위에 있던 컵을 바닥에 던져 버려서 유리가 산산조각이 났습니다. 자기도 놀랐는지 나중에 부랴부랴 실수였다고 일부러 그런 게 아니라고 변명을 했지만, 그 상황에서는 어찌나 화가 나던지 아빠 얼굴도 붉으락푸르락 진정하는 데 한참 시간이 필요했어요."

상담을 하며 만난 부모들 가운데 사춘기 아들의 선 넘는 행동 앞에서 "우리 아이가 혹시 사이코패스는 아닐까요?"라는 극단적 질문까지 하던 부모가 기억에 남습니다. 다른 사람의 감정을 읽기 귀찮아하고 제멋대로 행동해 버리는 아들의 모습을 보면, 앞으로 저 아이를 어떻게 키워야 하나 속이 터지는 마음 충분히 이해합니다. 당연히 그 시기 아들이 보이는 반항과 폭력성은 쉽게 넘길 문제는 아니지요.

하지만 '감히 부모인 나를, 어른을 공격해?'라는 마음으로 아들의 행동에 실망과 분노로 대하기 전에, 사춘기를 겪는 남자아이들이 갖기 쉬운 심리적 편향을 이해하면, 부모로서 아이의 행동을 소화하고 대안을 마련할 마음의 여유가 생길 수 있습니다. 마치 마키아벨리가 쓴 《군주론》이 폭정을 일삼는 독재자를 묘사하고 있기는 하지만, 실제로 폭압적인 인물을 막는 데 도움이 되는 고전으로 남겨진 것처럼 말이지요.

서울대학교병원 김붕년 교수가 10대 청소년들을 대상으로 수행했던 연구[20]를 보면 반항 행동과 폭력 행동을 함께 보이는 아이들에게는 여섯 가지의 공통점이 있었습니다.

① 생각의 오류 ② 우울 및 불안 ③ 충동성 ④ 공감 능력 저하 ⑤ 폭력 허용도 ⑥ 비합리적 신념

먼저 눈에 띄는 '생각의 오류'란 사춘기 남자아이들에게 흔하게 나타나는 모습이라고 할 수 있습니다. 쉬운 말로 하면 상황에 대한 판단이 부정확하다는 말이지요. 게다가 여자아이들과 달리 남자아이들은 상대의 마음을 제대로 읽는 데 힘들어한다는 연구들이 많습니다. 그런데 흥미로운 사실은, 미국 매사추세츠 공과대학교(MIT) M. A. 윌리엄스(M. A. Williams) 교수 연구팀의 연구[21] 결과, '분노' 감정만은 남자가 여자보다 민감하게 잘 읽어 낸다는 사실이 밝혀진 것이지요. 그러한 경향을 반영한 탓일까요? 사춘기 남자아이들은 상대의 의도를 왜곡하는 인지적 오류를 자주 보입니다. 상대방의 말이나 눈빛, 표정을 보고 '나를 무시한다.'라고 잘못된 판단을 내리는 것이지요. 그리고는 이처럼 왜곡된 상황 파악의 결과로 공격성을 드러냅니다. 그래서 어른이나 친구가 별 생각 없이 한 말이나 행동에도 과도하게 화를 내는 일이 자주 발생합니다. 폭군처럼 거친 언행을 쏟아 내는 아들의 심리 안에는 이러한 인지적 오류가 숨어 있습니다.

또한 사춘기 남자아이들은 정서 조절력이 떨어지면서 쉽게 짜

증을 내거나 슬퍼합니다. 게다가 아동·청소년기 우울의 경우 짜증이나 분노의 형태로 나타나기 때문에 부모 역시 아이들의 우울감을 알아채는 것이 쉽지 않은 경우가 많지요. 10대 청소년의 우울은 성인의 우울 증상과 다르게 나타납니다. 심한 반항과 공격성의 이면에 놓인 실제 정서는 우울과 불안인데, 부모 입장에서는 겉으로 보이는 공격성만 두드러지게 느끼기 때문에 아들과의 관계가 끝나지 않는 악순환에 놓여 있는 경우도 부지기수이지요.

마지막으로 김붕년 교수의 연구 결과에 제시되었듯이, 공감 능력 저하 및 비합리적 신념 등의 요인 때문에 아들의 행동을 이해하는 것이 부모에게는 높다란 벽을 눈앞에 둔 것처럼 느껴지기도 합니다. 연구에 따르면 안타깝게도 10대 초반에는 공감 능력이 일시적으로 퇴행합니다. 폭력적인 행동이나 말을 해 놓고도 "그냥 장난이었어요."라고 말하는 이유가 바로 이러한 공감 능력의 저하 때문이지요.

그로 인해 내가 원하는 것을 쉽게 얻을 수 있는 수단으로서 폭력이나 거친 말을 정당화하기 쉽고, 남을 무시할수록 자신의 위계나 서열이 높아진다고 잘못 해석하는 등의 비합리적 신념이 강화됩니다. 그래서 신체적으로 약해 보이거나 취약한 아이들을 무시하고 때리면서 자신의 우월성을 강조하는 아이들이 딱 사춘기 무렵인 이유 역시 10대의 뇌 기능 변화 때문이라고 할 수 있지요.

하지만 현실적으로 답답한 것 가운데 하나는 공교롭게도 사춘기에 들어선 아이들의 행동이 부모의 말이나 훈육으로 바뀌는 데 한계가 있다는 점입니다. 앞서 이야기했듯이, 이 시기에 또래 문화를 중시하고 부모로부터 벗어나려는 성향 때문이지요. 따라서 아들의 거친 표현이나 행동을 무조건 다그치기 전에 아들의 심리 이면에 있는 감정을 먼저 파악하고 적절한 대처를 하는 것이 무엇보다 중요합니다.

다행히 사춘기라는 발달 시계는 10대 중기 이후가 되면 극적인 반전을 겪게 됩니다. 상대방의 입장에서 생각할 수 있는 능력인 '인지적 공감 능력'이 12세 전후로 급격한 발달을 하게 됩니다. 인지적 공감 능력은 독서와 대화, 토론, 하나의 상황에 다양한 감정이 섞여 있을 수 있다는 복합 감정 읽기 등의 경험이 쌓이면서 발달합니다. 이처럼 사춘기 시기는 인지적 발달뿐만 아니라 공감 능력 발달 역시 완성으로 향하는 과정이기 때문에 분명한 끝이 있는 시기이므로, 부모 또한 지치지 않고 긴 호흡으로 아이를 바라보고 스스로를 보호할 수 있도록 지도하는 것이 그래서 중요합니다.

그렇다면 실질적으로 사춘기 아들에게 어떻게 말해 줘야 할까요? 독일의 뒤스부르크-에센 대학교 보리스 시퍼(Boris Schiffer) 교수 연구팀의 연구[22]에 따르면, 21세부터 52세의 남자들에게 다양한 눈 영상을 보여 주고 두 가지 질문을 했습니다. 남자인가 여자인가? 행복해 보이는가 슬퍼 보이는가?

성에 대한 구별은 90%가 정답을 이야기한 반면, 여자의 눈을 보고 제대로 감정을 짚어 낸 사람은 75%에 불과했습니다. 연구팀은 남자들이 여자의 표정을 읽을 때, 상대방의 마음을 헤아리는 과정에서 중요한 역할을 하는 전대상피질(Anterior Cingulate Cortex)의 활동성이 떨어지는 현상을 발견했습니다. 즉, 남자들은 표정을 읽는 능력이 전반적으로 부족한 것이 아니라, 여자의 표정을 섬세하게 읽어 내는 데 취약하다고 볼 수 있는 셈이지요.

◀ 여러 가지 감정에 따른 얼굴 표현

따라서 아들이 하는 말 하나하나에 의미 부여를 하기 시작하면 문제 해결을 위한 실타래가 더욱 꼬여만 가는 상황이 반복될 수밖에 없습니다. 섬세하게 감정을 읽는 것에 서투르기 때문에 사춘기 아들과 대화를 할 때는 분명한 형용사와 명사로 원인과 결과를 콕 집어 주는 것이 중요합니다.

아들 역시 분명히 자신이 엉뚱한 말을 하고 엄마에게 상처를 주고 있다는 것을 알고 있습니다. 그리고 자신의 모진 말에 화가 나서 혼을 내는 엄마의 말에 상처를 입게 되지요. 따라서 사춘기를 겪는 아들의 마음을 보호하기 위해서는 질풍노도의 시기 한가운데 있는 아이와 직접 마주하며 감정 소모를 하는 것은 금물입니다. 순간의 감정을 누르고, 시간이 흐른 뒤 아들에게 서운했던 감정을 토로 해도 괜찮습니다. 엄마 마음속에 아들의 모진 말이 계속해서 가시처럼 걸려 있었는데 지금에야 이야기한다고 하면 아이에게 더 큰 울림이 있지 않을까요? 또 엄마가 아들의 상처를 의식하고 마음 쓰고 있었다는 걸 알면 아들의 마음도 안심이 됩니다. 그것만으로도 아이의 상처는 절반 이상 덜어질 것이고, 엄마와 아들의 관계에도 질적인 변화가 생겨날 수 있습니다.

미래를 사는 아들과
과거에 집착하는 엄마

"중학교 1학년 아들을 키우고 있습니다. 처음엔 아들도 저도 중학교 간다고 긴장을 많이 했습니다. 그런데 1학기가 지난 지금은 오히려 시험도 안 보고 매일같이 놀고 싶어 하는 아들을 보니 왠지 모를 불안감에 저도 모르게 아이를 다그치는 일이 늘어나는 것 같아 걱정입니다. 우리 아이가 공부를 엄청 잘해야 한다거나 선행학습을 해야 한다고 생각하는 타입은 아니지만, 가만히 시간 보내며 놀리기에는 조급한 마음도 있는 게 사실인지라 예체능 쪽으로 학원을 다녀 보라고 했는데, 오히려 이것 때문에 아이와 매일같이 언성을 높이게 될 줄은 꿈에도 몰랐어요. 검도를 배우겠다고 해서 이것저것 보호 장구도 갖추고 비싼 돈 들여서 등록해 두었더니 두 달도 채우지 못하고 그만둬 버리고, 저번엔 손흥민 선수를 보고 축구 선수가 되겠다 해서 축구 교실도 등록했는데, 2주도 못 버티고 나와서 엄청나게 혼냈습니다. 한 달도 못 채우고 그만둘 거면 애초에 시작을 왜 했냐고 말이지요. 이번엔 피아노를 배워 보겠다고 억지를 쓰는데 지금까지 아들이 한 행동을 보면 어떻게 할지 뻔히 보이는 상황에서 2학기는 다가오고 2학년 준비도 해야 할 것 같은데, 공부하는 학원은 죽어도 가지 않겠다고 고집을 피우니 어찌해야 할지 고민입니다."

흔히 볼 수 있는 중학교 1학년 아이를 키우는 집의 모습처럼 보이지만, 사연 속 어머니가 센터를 찾았을 때 아이의 상태는 충격적이게도 학습된 무기력과 우울감으로 가득 차 있었습니다.

이야기를 들어 보니, 엄마는 "네가 먼저 하겠다고 해 놓고 결국 안 했다."는 말을 신물 나도록 반복했고, 아들이 무언가를 배우고 싶다고 하거나 다른 종류의 선택을 할 때마다 "네가 하겠다고 해 놓고도 너는 금방 그만둘 것."이라는 짜증 섞인 예언을 반복했습니다. 아이와 이야기를 나눠 보니, 언제부턴가 아이는 엄마에게 어떤 요구나 부탁을 하지 않겠다고 모진 결심을 한 상태였고요. "네가 선택해 놓고 또 그만둘 거지?"라는 올가미 같은 그 말이 머릿속을 떠나지 않아 엄마와 마주치는 게 싫어졌다는 아들의 말 속엔 어떤 마음이 담겨 있을까요?

사춘기 아들의 관심은 하루하루 다가올 미래에 열중해 있습니다. 그런 아들을 바라보는 엄마의 눈길은 다양한 감정을 담은 채 걱정과 허용, 심한 경우 통제에 대한 마음까지 하루에도 수백 번 감정이 요동치게 됩니다. 초등학교 고학년이 되고 제법 머리가 굵어지면서 활동 범위가 넓어져 가는 아들을 키우는 엄마들이 입에 달고

사는 표현 중 하나가 바로 "딴소리하지 마."입니다. '네가 결정했으니 일단은 내가 봐주마. 그런데 지금 바로 이야기하지는 않겠지만 네가 생각하는 대로 일이 술술 풀리진 않을 테니, 나중에 엄마 말 들을걸 하고 후회하지 마.'라는 일종의 경고이기도 하지요.

그런데 엄마의 이런 마음을 과연 아들이 모를까요? 이런 상황이 반복되면 엄마와 아들의 단순한 기 싸움을 넘어서 아들의 심리적 발달과 정서적 안정감에 부정적인 영향을 줄 수 있습니다. "나중에 딴소리 마라. 후회하거나 힘들단 소리 하지 마라."라는 강요성 다짐은 아이의 퇴로를 막은 거나 마찬가지입니다.

발달적인 면에서 보면 사춘기는 다양한 시행착오를 통해 내가 할 수 있는 것과 할 수 없는 것을 배우는 시기라고 볼 수 있습니다. 거친 행동과 욕설이 어떤 결과를 가져오는지, 엄마 눈에는 미래가 빤히 보이는 일이라고 해도 아들은 직접 몸으로 부딪혀 봐야 비로소 깨닫게 되는 것이지요. 당장 눈앞에 닥친 뻔해 보이는 상황이라고 해도 선택을 몇 번까지만 바꿀 수 있다는 법 조항이 있나요? 없습니다. 마음은 얼마든지 바꿀 수 있습니다. 열 번, 스무 번 계속 바꾼다고 안 될 이유가 없지요. 물론 엄마 입장에서는 답이 보이는데 일부러 오답만 고르면서 엄마를 약 올리려고 하는 건가 싶은 마음이 들 수도 있지만, 사춘기 시기에는, 학생에게는, 실수를 통해 배울 수 있는 특권이 있다는 걸 우리 모두 알고 있습니다.

게다가 엄마와 아들이라는 특수한 관계 속에서 엄마에게는, 아들이 실수를 해도 내가 의지할 곳이 있다는 심리적 안정감과 유대감을 형성하도록 해야 하는 부모로서의 의무가 있습니다. 아이가 엉뚱한 선택을 했다고 해서 지적하고 비난하고 혼내는 것이 반복되면 아이는 세상으로부터 배울 수 있는 것이 적어집니다. 그래서 엄마의 리추얼은 아이의 성장과 함께 바뀌어야 하고, 엄마는 언제든 아이가 실수하고 돌아와도 쉴 수 있는 따뜻한 이불과 같아야 합니다.

아이에서 소년으로 변하는 순간, 그동안 아들을 대하던 방식과 작별해야 할 시간은 아들에게도 엄마에게도 중요한 순간입니다. 이제 기억 속에 남아 있던 착하고 어린 아들은 리추얼로 남겨 두고, 새롭게 자아를 찾아 떠나는 아들의 여행을 기다려 주어야 할 시기가 온 것인지도 모릅니다. 청소년기 아들의 행동은 엄마의 잔소리로부터 벗어나 스스로 자기만의 세상을 만들어 나가려는 것으로 가득합니다. 반면 어딘지 모르게 멀어져 가는 아들의 뒷모습을 바라보는 엄마의 눈길은 쓸쓸함으로 채워지기도 하지요. 이 모든 변화는 사춘기 아이라면 자연스럽게 발달해야 하는 '자율성' 때문입니다. 이 시기에 들어선 모든 아들들은 미래를 향해 달려 나가기 시작하고, 많은 엄마들은 기억에 남은 리추얼 속 아들의 모습과 변해 버린 아들의 모습에 혼란스러워지기 시작합니다.

누가 채근하지 않아도 '내가 선택했으니 내가 책임져야 하는 게 아닐까?'라는 생각을 지나칠 만큼 하는 것이 사람입니다. 아들이 잘못된 선택을 하고 실수를 하더라도 실수를 통해 배울 수 있도록 지켜봐야 할 필요가 있는 것이지요. 그래야 여유 있게 자신을 점검하고 숙고해서 판단할 수 있습니다. 그렇게 하는 판단이 아들의 성장을 위해 가장 좋은 판단이라고 할 수 있지요. 내가 선택한 것이라면 열 번이고 백 번이고 무를 수 있고 바꿀 수 있다는 것을 인정해

줘야 합니다. 바꿔도 된다고 충분히 인정받은 사람이 가장 빠르고 안정적으로 자기의 최종 선택지에 닿을 수 있기 때문입니다.

사람은 자기가 안전하다고 느껴야 자신이 놓인 상황을 객관적이고 합리적으로 볼 수 있습니다. 그렇기에 아들을 향한 엄마의 공감에 제한을 둘 필요는 없습니다. '어떤 일이 있어도 엄마는 믿어도 되는 존재'라는 걸 아들이 온전히 느낄 수 있도록 엄마의 리추얼을 아들의 변화에 맞춰 바꾸는 것이 중요한 이유입니다. 사랑하는 사람의 역할이기도 하지요. 온 마음을 다 실어 아이를 믿어 주면 그게 어떤 일이든 본인이 오히려 '내가 너무 성급하게 결정을 내리는 건 아닌가.' 열심히 고민하게 됩니다. 내가 안전하다고 느끼면 입체적이고 온전한 성찰이 가능하기 때문입니다.

아들이 얼마나 자율성을 가지고 10대 시절을 보내는가, 반대로 말하면 부모가 아이를 얼마나 통제하는가에 따라 미래를 향해 달려가는 아들의 방향이 달라집니다. 아동기까지는 부모의 통제가 그럭저럭 받아들여집니다. 아침에 눈을 떠서 학교 가기 전까지 옷 입고 세수하고 양치하고 씻고 잠드는 모두를 부모가 보살피고, 아이는 그저 엄마 말에 따라 움직이게 되지요. 그래서 많은 부모가 아들이 조금 커도 계속해서 말을 잘 듣는 아이일 것이라 기대하고, 부모 역시 지시를 하는 것에 익숙한 채로 지내기 쉽습니다.

하지만 사춘기에 접어들면서 전두엽의 신경 가지치기가 일어나고, 남성 호르몬에 의해 편도체의 스위치가 반복해서 눌리기 시작할 즈음이 되면 모든 상황은 달라지게 됩니다. 엄마의 바람이 아니라 나만의 욕구, 나만의 생각이 점점 가지를 쳐 나가기 시작합니다. 아들의 자연스러운 발달 과정이지만 엄마 입장에서는 아들이 조금씩 반항을 하는 건 아닐까 하는 의구심이 들게 됩니다. 아들은 아들대로 엄마 품에서 벗어나고 싶은 욕구가 점점 커져서 부딪히는 일이 잦아지게 되고, 총구를 맞댄 채 국경선을 마주하는 군인처럼 엄마와 아들 사이에 바짝 경계심이 올라가는 일이 일상이 되어 버리기도 하지요. 바로 이 시점부터 엄마는 아들을 향한 말의 가시를 없애고, 허용에 대한 조건을 조금씩 조정해야 합니다.

그런데 말로는 간단해 보이는 일이 왜 그렇게도 힘이 들까요? 앞서 이야기했듯이, 엄마의 리추얼은 아들로 가득 차 있는 반면, 아들의 리추얼은 이제 부모가 아니라 이성 친구와 또래 아이들로 채워지고 있기 때문입니다. 아들에게 쏟았던 시간을 생각하면 사춘기의 시작은 엄마에게 너무나 가혹한 것이 인지상정입니다.

하지만 아들이 성장해 온 그 시간은 '투자'가 아니라 '소중한 기억'이라는 걸 곱씹어 보아야 합니다. '내가 널 어떻게 키웠는데.'라는 회한 이면에 놓인 감성이 아들에 내한 기대를 넘어서 있던 건 아닌지 곰곰이 생각해 보아야 합니다. 상대방에게 받을 것이 있다고 믿는 사람이 상대를 깊이 수용하고 공감하는 일은 어려울 수밖에 없기 때문이지요. 세상에서 가장 사랑했던 가족이나 연인이 가장 원망스럽고 상처를 주는 존재가 되는 이유이기도 합니다. 사춘기를 맞은 아들은 이전과는 질적으로 달라져 버린 한 명의 인격체라는 걸 인정해야 합니다.

실제로 상담하며 만난 어머니 가운데 아들의 변화를 부정하던 케이스가 있었습니다. 분명하게 잘못된 방향으로 사춘기 아들의 에너지가 분출되고 있어서 어른의 도움이 필요함에도 불구하고, 그 어머니는 아들의 행동을 전혀 다르게 해석하고 있었습니다.

아들의 공격성을 리더십과 어른티가 나는 징후로, 충동적인 행동들은 대범하고 소극적이지 않은 다행스러운 모습으로 받아들이고 있었던 것입니다. 이것이 과연 자연스러운 일일까요? 그 어머니는 자기가 믿고 싶은 모습대로 아들을 마음속에서 편집한 것이 아닐까요? 편집을 거치는 동안 마음속 아들과 실제 아들의 모습 사이에는 점차 괴리가 생겼지만 엄마는 외면했기에 나중에 터져 나온 문제들에 제대로 대처하지 못하고 뒤늦은 후회만 남던 씁쓸한 사례였습니다.

3. 언어에 담긴 아들의 기억법

아들의 기억은 다르게 적힌다

"중학생 아들을 키우는 엄마입니다. 얼마 전 학교에서 전화를 받고는 심장이 내려앉는 줄 알았어요. 글쎄 순하기로 소문난 우리 아이가 학폭 가해자로 지목되었다는 얘기였어요. 선생님이 여차저

차 설명을 하시는데도 들리지 않고, 멍하게 폰만 붙들고 있게 되더군요. 전화를 끊고 가만히 생각하면서, 방에 있던 아들한테 자초지종을 물어보았는데 뭔가 억울한 상황인 것은 분명해 보이는데, 상황을 뒤죽박죽 설명하다 보니 저 같아도 선생님 입장에서는 납득이 안 가겠다 싶더라고요. 결국은 학폭위가 열리기 전에 서로 합의하고 오해를 풀면서 잘 끝나긴 했지만, 아니 이렇게 큰일이 생기고 자기가 억울하게 누명을 쓰게 생긴 상황에서도 얼버무리려고만 하는 아이의 모습에 적잖이 실망도 하고, 앞으로 어떻게 해야 할까 걱정이 되더라고요. 어떻게 도와줘야 할까 싶어요. 좀 더 솔직히 말해서 조리 있게 상황을 표현하고 전달하는 게 이렇게까지 어려울 수 있는 일인지, 모든 아들 가진 엄마들이 겪는 문제인지 아니면 우리 아이만의 문제인지 궁금합니다."

가끔 엄마에게 아들은 정말로 이해할 수 없는 존재처럼 느껴집니다. 세상 쓸데없는 일을 조잘조잘 너무 말이 많아서 그만하라고 해도 그만누지 않던 아이가, 정작 필요한 상황에서는 제대로 상황 전달도 하지 못하고 단편적인 내용만 이야기하는 바람에 해결은커녕 일이 더욱 꼬이는 경우를 만들어 버리니 말입니다.

아들 키우는 엄마들이 토로하는 이야기 가운데 태반이 "우리 아들은요, 다 모른다고 해요. 학교에서 뭘 했는지 물어봐도 몰라, 종례 시간에 선생님이 전달한 내용을 물어봐도 모르쇠로 일관하니, 뭘 도와주고 싶어도 도울 수가 없어서 답답하네요."와 같은 내용입니다. 내 속에서 나온 아이지만 어쩌면 이런가 싶을 정도로 아이가 답답할 때마다 노래를 들으며 마음을 가라앉힌다는 엄마가 있을 정도로, 엄마와 아들의 감정은 이리저리 얽혀 있습니다. 자식 키우는 사람이라면 모두가 그렇겠지만, 특히 엄마와 아들의 사랑은 가까이 보면 비극, 멀리서 보면 희극이라고 말할 수 있을 정도이지요.

사랑은 비극이어라. 그대는 내가 아니다.
추억은 다르게 적힌다.
— 이소라 〈바람이 분다〉 중에서

같은 공간, 같은 시간에 밥을 먹고 영화를 봤는데도 아들은 엄마가 아니기에 서로의 기억이 다르게 쓰이고, 엄마에겐 당연하게 기억나는 것들이 아들에게는 깃털만큼의 무게도 갖지 못한 채 증발해 버리는 일들은 도대체 왜 생기는 걸까요? 답은 아들의 독특한 기억법에 있습니다. 아들의 기억법은 딸과 다릅니다. 그래서 기억의 내용이 달라지고, 말로 전달하고 표현하는 것도 차이를 보이게 되지요. 그래서 아들의 말에 담겨 있는 남자들의 기억법을 알아 두는 것이 필요합니다.

딸과 전혀 다른 아들의 기억법

심리학에서 가장 많이 연구된 분야 가운데 하나는 바로 '기억'에 대한 것입니다. 단기 기억과 장기 기억, 작업 기억과 서술 기억,

절차 기억 등등 심리학 교재를 펼쳐보면 기억에 대한 이야기만 따로 챕터를 두어 구분할 정도로 중요하게 다루고 있지요. 그중에서도 아들의 기억법과 딸의 기억법이 달라지는 지점은 바로 '서술 기억(Declarative Memory)'이라고 할 수 있습니다. 서술 기억은 말 그대로 상황을 있는 그대로 떠올려서 일목요연하게 스토리를 그려 내는 능력을 의미합니다. 그래서 서술 기억은 크게 주관적 경험이 반영되는 '사건 기억(Episodic Memory)'과 객관적 사실을 기억하는 '의미 기억(Semantic Memory)'으로 나뉘게 됩니다.

예를 들어 강아지란 무엇인지에 대한 기억이 의미 기억이라면, 강아지와 관련된 개인의 경험 등을 포함하는 기억은 사건 기억이라고 할 수 있습니다. 이런 맥락에서 보면 사건 기억은 일상생활에서 자주 필요한 기억이라고 할 수 있고, 공부할 때 반드시 필요한 것은 의미 기억이라고 할 수 있지요. 그런데 남자아이들은 바로 이 사건 기억 능력이 여자아이들에 비해 비교적 약하기 때문에 이런저런 문제가 발생하게 됩니다.

성별 차이에 따른 서술 기억 연구에 따르면 전반적으로 여자가 서술 기억에서 강점을 보였습니다. 특히 얼굴 기억하기, 냄새나 맛, 색상을 기억하는 능력에서 여자가 우위에 있는 모습을 보였다는 점은 의미심장합니다. 그렇다고 해서 남자가 모든 기억력이 뒤처지는 것은 아니었고, 장소에 대한 기억과 같이 공간적인 인지 기능이 요구되는 기억은 강점을 보였습니다.

그래서일까요? 여자아이들은 처음 간 장소의 향이나 그곳에서 만났던 사람들의 표정, 대화 내용을 하나의 '에피소드'로 묶어서 사건 기억으로 가지런히 정돈하는 데 탁월한 능력을 발휘합니다. 그래서 소풍 가서 있었던 일이나 학교에서 있었던 사소한 에피소드들을 일목요연하게 엄마와 얘기 나눌 수 있는 것이지요.

반면 남자아이들은 같이 놀았던 친구의 표정이나 나누었던 대화 자체를 기억하는 데 상대적으로 관심이 적습니다. 실제로 상담실에서 저와 대화를 나누었던 많은 엄마들이 무려 한 학기 넘게 같은 반에서 친하게 지냈던 아이의 이름을 물어봐도, "이름이 뭐였더라?"와 같은 반응을 보이는 아들의 모습에 기가 막힌 적이 많았다는 이야기를 자주 한 이면엔 이런 이유가 숨어 있지요.

아들의 세계엔 스토리가 없다

엄마와 다른, 아들의 기억법을 알아야 대화가 편안해질 수 있습니다. 사랑을 가득 담아 "오늘 학교에서 어땠어, 아들~?"이라고 묻는다 해도, 얼굴에 담긴 표정과 분위기를 기억하기 힘들어하는 아들에게는 곤란하게 느껴질 뿐이지요.

아들에게 하는 질문은 딸에게 하는 질문과 분명하게 달라야 한두 마디라도 답을 들을 수 있습니다. 딸의 세계는 플롯으로 가득 찬 세계인 반면에 아들의 세계는 사실로 가득 찬 세계이기 때문에 그렇습니다. 예를 들어, 아들의 세계에서는 '왕이 죽었어. 그리고 얼마 있다가 왕비가 죽었어.'와 같은 사실의 나열이 전부인 반면, 딸의 세계에서는 '왕이 죽어서 슬픔에 겨운 왕비가 시름시름 앓다가 죽었어.'와 같이 스토리의 플롯이 생겨나는, 정서적으로 채색된 세계가 창조되지요.

그렇기 때문에 아들에게 "왜?"라는 질문은 너무나 어렵게 느껴집니다. "왜 그런 것 같아?"라는 질문에 답하기 위해서는 인과관계에 대한 이해가 있어야 하는데, 아들의 세계에서는 사실이 먼저 입력되고, 스토리는 중요하게 여겨지지 않기 때문이지요. 따라서 아들을 향한 엄마의 질문은 사실에 대한 확인을 먼저 하는 것이 좋습니다. '왜(why)'보다는 '무엇(what)'이 아들의 머릿속에 각인되어 있을 확률이 높기 때문입니다. 그다음에 상황에 대한 전반적인 파악을 아이가 어떻게 하고 있는지 인과관계를 확인하고, 그에 걸맞은 표현을 할 수 있도록 이끌어 줄 필요가 있는 것이지요.

이런 경향은 어른이 되어 버린 아들에게도 여전히 보이기 마련입니다. 성인이 된 저 역시 아내와 대화를 하다가 언제나 말문이 막히며 머릿속이 텅 비어 버리는 경험을 하게 만드는 질문은, "그래서 오늘 하루 어땠어?"와 같은 질문입니다. 머릿속에 떠오르는 건 있었던 일들일 뿐, 그 과정이나 상황에서 느꼈던 감정은 새까맣게 잊은 지 오래이기 때문이지요.

어른이 된 아들 역시 여전히 감정을 정돈하고 분명하게 말로 전달하는 데 어려움을 느끼는데, 하물며 사춘기 아들에게 상황을 전달하라는 이야기는 훨씬 난이도가 높은 일이라는 점을 기억해 주세요.

감정 표현에 어색한
아들의 슬픔 이해하기

"초등학교 6학년 아들을 키우는 엄마입니다. 여름방학 지나면서 중학교 대비한다고 학원을 좀 많이 늘리긴 했어요. 1학기 중간쯤부터 학원 가기 싫다고 노래를 불렀는데, 그래도 잘 설득해서 크게 문제는 없었고요. 근데 9월 들어서면서부터 아이가 너무 달라졌어요. 예전엔 그냥 지나치던 것들도 너무 화를 내서 제가 깜짝 놀란 적이 한두 번이 아니에요. 감정 기복도 거의 없다시피 하던 아이인데 저한테 짜증 내는 일도 늘어나고, 도대체 왜 그러냐고 물어봐도 모른다는 얘기만 반복하고요. 재차 물어봤자 추궁하는 모양만 되니 아이와 멀어지겠다 싶어 사춘기라 그런가 보다 생각하고 좋게 넘어가자고 생각하고 있었어요. 그런데 더 이상한 건 토요일이나 일요일 말고도 학교 가야 하는 날에도 아침에 일어나는 걸 너무 힘들어하기 시작했다는 거예요. 사춘기가 되면 잠이 늘어난다는 말을 들었던 터라 그러려니 했는데, 방학 동안에도 8시면 번쩍번쩍 일어나던 애가 왜 이렇게 추욱 처졌나 너무 이상해서 얼마 전에 병원에 데리고 갔더니, 글쎄 아이가 우울증이라고 진단을 내리더라고요. 너무 충격이었어요. 크게 환경 변화가 있었던 것도 아니고, 제 생각엔 이유가 없어 보이는데 우리 아들이 우울증이라니 당혹스럽기도 하고 진작 알아주지 못해서 미안하고 안쓰러운 마음입니다. 어떻게 도와줘야 할까요?"

갑작스럽게 진단받은 우울 장애 때문에 당혹감에 사로잡히는 부모들을 종종 보게 됩니다. '아니, 우리 아들이 왜?'라는 숨이 멎는 것 같은 기분.

청소년기 우울증의 양상은 10대 뇌 발달로 인한 사춘기 행동과 유사한 면이 있어서 자칫 놓치고 지나치기 쉽습니다. 특히 남자아이들의 경우 좀처럼 자기감정을 드러내지 않는 데다가, 자기 마음을 들여다보는 데 익숙하지도 않기 때문에 본인 역시 자신의 증상에 당황하는 케이스가 많습니다. 가족은 물론 자기 자신조차 알지 못한 상태로 맞이하게 되는 청소년기의 우울증은 왜 찾아오게 되고, 어떻게 알 수 있을까요?

살아가는 동안 한 번쯤은 누구나 우울한 기분에 빠지는 경험을 하게 됩니다. 연구[23]에 따르면 전체 인구 중 대략 30%의 사람들이 삶의 어느 순간에 우울증과 같은 기분 장애를 경험하는 것으로 보고된 바 있지요. 생각보다 굉장히 흔하게 겪게 되는, '마음의 감기'라고도 할 수 있는 것이 우울증입니다.

그런데 한창 밝고 행복하게 자라야 할 10대 아이들이 우울증을 겪는다는 생각은 우리 머릿속에 잘 떠오르지 않는 것 역시 사실입니다. 그래서 우울증은 대개 어른들의 질환으로 여겨지고, 우울감, 불면, 식욕감소, 낮은 에너지 수준 등등 다양한 증상으로 알려져 있지요.

물론 10대의 우울증 역시 성인기 우울증과 비슷한 면이 있지만 전혀 다른 형태로 나타나는 면도 많습니다. 특히나 일상적인 사춘기의 행동과도 겹치기 때문에 간과하기 쉽다는 점에서 주의가 필요합니다. 그래서 부모조차 아이가 우울증을 언제 처음 겪었는지 모른 채 넘어가는 경우도 많습니다.

다행히도 우울증이 처음 발현되고 나더라도 일정 기간이 지난 후 별 탈 없이 끝나는 경우 역시 많은데, 이런 '자연 치유'가 되는 케이스는 운이 좋은 것이라고 할 수 있지요. 유전적인 요인이나 환경적 요인이 모두 우울증을 발현시킬 수 있는 위험인자로 알려져 있지만, 문제는 자연 치유가 된 이후 제때 대응하지 못해서 두 번째, 세 번째 우울증이 반복되는 데에 있습니다. 10대의 우울증은 특히 알코올 남용, 게임 중독과 같은 이차적인 문제들이 파생되기 쉬운데, 그만큼 뇌의 감정 회로에 더 많은 문제가 생겼다는 이야기입니다.

성인의 우울과 다른 10대의 '가면성 우울'

10대의 우울증은 성인기 우울증과 나타나는 양상이 다르기 때문에 혼란이 생깁니다. 성인기 우울증은 우울한 기분이 주가 되는 반면, 10대의 우울증은 우울감, 무기력감뿐만 아니라, 짜증과 일탈 행동, 감정 기복과 반항 행동의 문제가 두드러지게 나타납니다. 이러한 10대 우울증의 특징을 가리켜 '가면성 우울'이라고 이야기합니다. 대표적으로 술이나 담배를 하는 아이들 혹은 게임에 미친 듯이 몰입하는 중독 성향을 갖는 아이들을 떠올려 볼 수 있습니다.

이런 문제를 갖는 아이들을 두고, 우리는 품행이나 중독 문제가 있다고 보고, 행동을 제한하고 혼내는 것이 유일한 해결책이라고 생각하기 쉽습니다.

그런데 이러한 잘못된 해결은 오히려 아이의 증상을 더욱 악화시키는 경우가 많습니다. 아이 마음에 우울감이 가득해서 이를 해소하기 위한 수단으로 품행 문제가 생긴 것인데, 증상에 대한 대응이 아니라 일탈이나 중독에 대한 접근만으로 아이를 대하게 되면 아이의 뇌는 더욱 큰 스트레스를 받아 질환이 더욱 깊어지기 때문이지요. 이 과정이 반복되면 그때부터는 더 위험한 단계로 발전하게 됩니다.

실제로 2019년에 발표된 질병관리청의 〈제15차 청소년 건강행태 조사〉에 따르면 중학생의 26.9%, 고등학생의 29.4%가 청소년기 우울을 경험한 적이 있는 것으로 나타났습니다. 특히 남자아이들의 경우 무기력한 모습을 보이더라도 '남자답지 못하게 왜 그러는 거야? 그냥 좋게 좋게 넘어가.'와 같은 성역할에 대한 사회적이고 문화적인 압력에 노출되는 경우가 많기 때문에 쉽게 이해받지 못한다는 좌절감에 빠지기 쉽지요.

그렇다면 가면성 우울 증상을 어떻게 알아챌 수 있을까요? 성인기 우울증과 다른 결정적 차이는 바로 '무쾌감증'이라는 증상에서 나타납니다. 무쾌감증이란 지속적인 우울 증상으로 인해 평소에 즐겨 하던 행동에 대한 흥미와 쾌감을 상실하는 것을 의미합니다. 예를 들어 평소엔 그렇게 좋아하던 피자를 먹어도 시큰둥한 표정을 보인다거나, 학원도 빠지고 만나던 친구들과의 만남도 부쩍 줄어들고, 심지어는 오버워치 같은 게임을 하는 시간마저 줄어드는, 평소 같지 않은 행동이 갑작스럽게 늘어나는 것이지요. 이런 경우는 가면성 우울 증상을 의심해 볼 여지가 있습니다. 반면 우울해 보이고 추욱 처져 있는 것 같아 보여도, 평소에 즐겨 하던 활동에 열정을 보이고 재미있어 한다면 우울증은 아니라고 볼 수 있습니다.

사춘기에는 우울 상태로 들어가면 계속해서 위축되고 고립되는 방향으로만 진행되지 않습니다. 청소년기 뇌 발달의 특성이나 또래들에게 과시하거나 인정받으려는 특성 등이 증폭되어서, 자신의 우울감을 극복하려는 충동적 행동들이, 법적 일탈과 같은 다양한 품행 문제를 일으킬 수 있다는 점에서 각별한 주의가 필요합니다. 우울감에서 벗어나기 위해 강렬한 자극을 찾아 이리저리 헤매는 것이지요. 약물, 담배, 술과 같은 행동 문제나 이성과의 문란한 성적 관계를 통해서 정서적으로 보상받으려는 행동이 반복될 수 있습니다.

특히 최근 사춘기 우울의 경우, SNS나 랜덤 채팅과 같은 손쉬운 접근 방법이 더해지면서, 전혀 모르는 사람을 만나고 이용당하는 등 범죄에 노출될 확률이 높아졌다는 점이 큰 문제입니다. 예전엔 잘못된 욕구나 보상 심리가 있었다고 해도 적극적인 행동으로 연결하기까지 수많은 단계들이 있었던 반면, 요즘은 모바일 통신의 발달로 즉각적인 일탈행동으로 이어지기가 쉬워졌기 때문입니다.

10대의 우울증, 어떻게 알 수 있나?

우울증이라는 동일한 진단을 받은 사람들이라도 겉으로 드러나는 증상 외에 특별한 교집합은 없습니다. 왜냐하면 정신과 영역의 진단 기준은 질환의 원인이 될 만한 심리적 요소나 성격적 특성, 콤플렉스 등과는 별개로 증상의 표면적 유사성에 근거해서 기준이 만들어졌기 때문입니다. 그래서 우울증을 확진할 수 있는 뇌과학적, 생물학적, 영상학적 검사법은 없습니다.

예를 들어 결핵은 엑스레이를 촬영해서 폐의 기능을 확인하면 금방 눈에 띄고 진단받을 수 있는 반면, 우울증은 눈물을 흘린다고 해서, 수면 시간이 단순히 늘어났다고 해서 진단받는 것이 아니기 때문입니다.

정신 건강의 관점에서 국제적으로 공통적인 진단 기준을 제시하는 'DSM-5(Diagnostic and Statistical Manual of Mental Disorders, Fifth Edition)'에 의하면 다음과 같은 문제 증상이 2주 동안 다섯 가지 이상 보이는 경우 성인기 우울증으로 볼 수 있습니다.

- 이전보다 명백하게 사회적, 직업적 기능 저하기 나타남
- 우울한 기분으로 동기나 즐거움을 느끼지 못함
- 다이어트를 하지 않는데도 의미 있는 체중의 저하가 관찰됨(한 달 기준 5% 이상 변화)
- 과식을 하지 않는데도 뚜렷한 체중의 증가가 관찰됨(단, 소아 우울증의 경우 체중 증가의 폭이 별로 없음)
- 현저한 식욕 증가 또는 감소
- 불면 또는 지나치게 많이 잠
- 과도하게 초조해하거나 일상의 사고가 많이 지체됨

- 피로감이 크거나 에너지가 저하됨
- 자신을 무기력하다고 느낌
- 부적절할 만큼 지나친 죄책감을 가짐
- 죽음에 대한 반복적인 생각, 특별한 계획이 없지만 반복적으로 자살에 대해 생각함
- 자살을 계획하거나 시도함

반면 사춘기 우울증의 특성은 다음과 같은 증상이 지속적으로 관찰되며, 전문가의 도움을 받아야 합니다.

- 즐거움이 없음
- 희망이 없다고 여김
- 자존감이 낮아서 위축되어 보임
- 기분 변덕이 심함
- 쉽게 분노함
- 갑자기 성적이 떨어짐
- 친구 관계가 급격하게 위축됨
- 너무 많이 자고 너무 많이 먹는 모습을 보임
- 술이나 담배, 약물, 게임 중독 등이 나타나고 성적으로 문란해지기도 함
- 자살 시도를 하기도 함
- 의학적으로 뚜렷하지 않은 신체적 고통을 반복적으로 호소함

모른다는 말 속에 숨겨진
아들의 진심

영화를 보면, 주인공들이 얽히고설킨 관계에서 서로 사랑도 하고 미워도 하다가 의도치 않은 이별을 겪고 난 뒤 자신이 그 사람을 사랑했었다는 걸 뒤늦게 깨닫는 장면이 자주 나옵니다. 실제로 우리는 어떤 상황이 끝나고 나서야 그때 느꼈던 감정을 뒤늦게 알아채는 경우가 많습니다. 왜 그럴까요? 감정은 본질적으로 시작과 끝이 분명하지 않기 때문입니다.

기분과 감정은 하루에도 몇 번씩 바뀝니다. 그리고 기분은 너울거리는 파도와 같이 하루의 리듬을 만들어 냅니다. 이를테면 아침에 일어나서 현관을 열었다가 앞집 아주머니에게 분리수거를 이렇게 하지 말라는 잔소리를 들어서 기분이 상했는데, 오후에 만난 친구와 이야기를 하면서 마신 커피 향이 너무 좋아서 기분이 좋아졌고, 얼마 있다가 카페 종업원이 불친절해서 다시 기분이 싱하는 사건들의 연속이 하루의 리듬을 만드는 것이지요. 앞집 아주머니와 오후에 만난 친구, 불친절한 카페 종업원은 서로 아는 사이가 아니지만, 나는 그들을 하나의 리듬 속에서 만나게 되고, 나의 기분과 감정 역시 하나의 리듬으로 합쳐지면서 하루의 느낌을 이루게 됩니다. 심지어 앞집 아주머니에게 들었던 잔소리에 대한 느낌을 곰곰이 생각해 보면 불쾌감과 짜증, 민망함, 카랑카랑한 목소리에 대한 거부감 등등 다양한 감정이 덩어리로 마음에 내려앉게 되지요.

그런데 문제는 바로 여기서 시작합니다. 남자아이들은 상황에 대한 기억도 제대로 하기 힘들어하는 데다가, 감정을 드러내는 형용사와 자기의 느낌을 일치시켜 본 적이 없기 때문입니다. 그래서 아들의 말 속엔 언제나 "몰라."가 기본적으로 깔려 있게 되는 것이지요. 감정을 읽어 내는 건 대부분의 남자아이들에게 귀찮은 것으로 여겨지기 때문입니다. 반면 엄마 입장에서는 아들의 무심한 표현이 한없이 야속하게 느껴지기도 합니다. 하지만 중요한 것은 이런 감정을 느낀다고 해서 아들을 다그치는 것은 절대 해서는 안 된다는 점이지요.

진화심리학의 맥락에서 보면, 남자들은 문제 해결에 보다 많은 시간을 쏟는 경향을 보입니다. 반면 여자들은 다른 여자들과 대화를 나누면서 다양한 정보를 얻고 감정을 읽어 내는 데 많은 시간을 쏟는 경향을 보이지요. 이유는 분명합니다. 앞서 이야기했듯이 남자는 목표 지향적인 사냥꾼의 뇌로 적응해 왔기 때문에, 분명한 전략을 짜고 사냥을 방해하는 문제를 해결하는 데 적합한 모습을 보입니다. 그래서 당장 해결할 수 없는 일이라고 생각되면 일단 모른다고 여기는 게 남자들의 사고 과정이라고 할 수 있습니다. 모호한 상황에서 당장 해결책도 보이지 않는데 에너지를 쏟으며 감정을 고려할 이유를 도무지 찾기 힘든 것이지요.

반면 여자는 과일을 따거나 식용 풀을 모으는 채집꾼의 뇌로 적응해 왔기 때문에 색채 감각이 발달했고, 꽃과 과일이 풍성한 곳에 대한 정보를 공유하면서 사회적 교류에 민감한 모습을 보입니다. 이를 뒷받침하는 실험들은 곳곳에서 보고되고 있습니다. 여자가 남자보다 감정을 훨씬 정확하게 읽어 낼 수 있다는 것을 증명하는 실험이지요. 앞에서 얘기한 대로, MIT 윌리엄스 교수 연구팀[24]에 따르면 얼굴을 중심으로 찍은 증명사진을 보여 주고 사진 속 인물이 어떤 감정을 느끼고 있는지 질문하면, 남자들은 여자들에 비해 희로애락을 구별하는 데 현저하게 어려움을 겪는 모습을 보였습니다. 또한 표정을 읽는 데에도 마찬가지로 어려워했는데, 눈을 보고 감정을 제대로 읽어 내는 데 실패하는 모습을 보였습니다.

사람의 표정은 대부분 자신의 의지대로 조절할 수 있는 수의근(隨意筋)으로 만들어집니다. 그래서 괴상한 표정이나 웃긴 표정, 잘난 척하는 표정을 만들 수 있고, 표정으로 거짓을 전달할 수도 있지요. 그렇지만 사람들은 누군가 거짓말하는 것을 알아차릴 수 있는데, 비밀은 '눈'에 있습니다. 눈 주위의 근육은 의도적으로 조절할 수 없는 불수의근이기 때문에 입은 웃어 보여도 눈은 억지로 웃어 보일 수 없어서 거짓말이 들통나는 것이지요.

앞서 얘기한 것처럼 뒤스부르크-에센 대학교 보리스 시퍼 교수 연구팀[25]은 남자들에게 다양한 눈 영상을 보여 주고 두 가지 질문을 했습니다. 이 눈의 주인이 남자인지 여자인지, 그리고 눈을 보고 슬퍼 보이는지 즐거워 보이는지. 단순해 보이는 실험이었지만 결과는 놀라웠습니다. 남자의 눈과 여자의 눈을 구별하는 것은 굉장히 정확하게 한 반면, 눈에 담긴 감정을 구별하는 데 어려움을 보인 것입니다. 같은 남자의 눈을 보고 감정을 읽어 낸 경우는 90%에 달했던 반면, 여자의 눈을 보고 감정을 읽어 낸 경우는 75%에 불과했지요. 그 과정에서 연구팀은 상대방의 마음을 헤아리는 데 중요한 역할을 하는 전대상피질의 활동이 여자의 눈을 읽을 때 잘 활성화되지 않는 현상을 발견했습니다.

다시 말해 남자들은 표정 읽기 능력이 전반적으로 부족한 것이 아니라, 이성의 표정을 읽는 데 더 취약하다고 할 수 있다는 것이지요. 남자들이 여자에 비해 민감하게 읽어 낼 수 있는 감정은 '분노'에 대한 것이고, 이 감정은 서열을 정하는 과정에서 중요한 역할을 하기 때문입니다. 계급과 서열에 민감한 남자들의 오래된 진화적 결과물로서, 기쁨이나 슬픔, 즐거움과 같은 감정은 사회적 관계에서 남자에겐 그리 중요한 것으로 여겨지지 않는 것이라고 할 수 있습니다. 그래서 결과를 내야 하는 목표 지향적인 질문을 하지 않으면, 남자아이들은 무심결에 "몰라."와 같은 말을 내놓는 데 익숙한 것입니다.

엄마를 서럽게 만드는 아들과 대화하는 법

한번은 지인이 아들 문제로 머리가 지끈거린다며 상담을 청한 적이 있었습니다. 평소에도 상냥하게 대화를 많이 하는 아들이라 주변에서도 다들 부러워했습니다. 학교에서 있었던 일도 모두 이야기해 주고, 여름휴가 때 간 가족 여행에서도 밤바다를 바라보며 아들과 대화를 하다 보니 일출을 볼 정도로 시간 가는 줄 몰랐던, 그런 특별한 아들에게 배신을 당했다는 감정을 토로했습니다. 아들이 1년 넘게 사귀고 있는 여자 친구가 있다는 걸 아들의 친구 엄마에게 듣게 되었던 것이지요. 자기만 빼고 모두가 알고 있었던 것 같다며, 어떻게 아들이 자기에게 얘기를 안 하고, 이런 걸 숨길 수 있냐고, 그녀는 울분을 터뜨렸습니다. 저는 빙긋 웃어 보이며 "원래 아들이 그래."라는 말을 시작으로 찬찬히 대화를 이어 갔고, 대화가 끝날 때쯤, 여전히 분은 풀리지 않지만 아들이 왜 그렇게 했는지 머리로는 이해할 수 있겠다며 자리에서 일어서던 일이었습니다.

생각해 보면 저 역시 그런 아들이었습니다. 분명히 예전에 엄마가 뭐라고 당부한 그 사실은 기억하는데, 구체적으로 포인트가 뭐였는지는 안개 속에 가려진 것처럼 가물가물하게 느껴지는, 그래서 믿었던 아들에게 뒤통수를 맞은 것 같다며 도대체 몇 번을 얘기해야 되는지 답답해하는 엄마를 바라보기만 하던 아들이었지요. 그 와중에도 제 머릿속에는 '아니, 그때는 그때고 지금은 상황이 달라졌잖아.'라든가, '그게 도대체 뭐가 중요하다고 이래야 하지?'와 같은 생각들이 둥둥 떠다니기도 했던, 전형적으로 무심한 아들 중 한 녕이었습니다.

도대체 왜, 아들의 기억과 엄마의 기억은 이렇게 포인트가 다르고, 감정적으로 서운하게 되는 걸까요? 앞서 이야기했듯이, 아들과 엄마 사이에 벌어지는 기억의 차이 때문에 그렇습니다. 심리적 사실과 객관적 사실이 달라지게 되고, 우리의 일상을 이끄는 생각과 행동의 이면에 놓인 뇌 호르몬의 차이로 인해 사뭇 다른 현실을 만들어 내는 것이지요.

기억은 언제나 자작극입니다. 우리는 실제 일어난 사실을 기억하지 않습니다. 사실에 대한 '나의 해석과 편집'이 내가 기억하는 내용이라고 할 수 있지요. 아들의 기억은 엄마의 기억과 일부 겹치기는 하지만, 엄마가 기억하는 그 서운했던 일은 아들에게는 실제로 일어난 일이 아닌 것처럼 기억의 저편에 새겨져 있지 않습니다.

우리의 삶을 지탱해 주는 '의미들'은 해석과 편집의 결과입니다. 실제 일어난 사실과는 그리 큰 상관이 없습니다. 중요한 것은 일부의 사실을 근거로 만들어 낸, 아들로서 혹은 엄마로서의 '의미 부여'라고 할 수 있지요. 그래서 같은 상황을 두고도 아들과 엄마의 기억이 갈라지게 되고, 다른 색으로 채워진 기억으로 인해 서운함을 느끼기도 하고, 뜻밖의 기억에 놀라기도 하는 것입니다.

그리고 바로 이러한 기억의 차이가 사춘기 아들과 엄마의 소통을 풍부하게 만들어 주는 열쇠라는 점을 깨닫는 것이 중요합니다. 기억의 간격이 대화를 풍부하게 만들어 준다는 걸, 아들이 그만큼 달라졌다는 걸 인정해 주세요.

우리의 기억이 '객관적 사실'과 거리가 멀 수밖에 없는 것은 자극을 받아들이는 단계에서부터 왜곡이 일어나기 때문입니다. 지난 주말 거실에서 함께 보았던 영화 내용을 두고도 아들은 다르게 느끼고 기억할 수 있습니다. 엄마와 달리 아들은 등장인물들의 감정선 따위에는 관심도 없을 수 있습니다. 그러나 주인공이 무엇을 했고, 결과가 어떻게 되었는지는 분명히 기억하지요. 동일한 사건을 서로 다르게 지각하고, 서로 다르게 기억한다는 이야기입니다. 그래서 우리는 역설적으로 그토록 서로 할 이야기가 많은 것이라고 볼 수도 있는 것이지요. 만약 엄마와 아들이 동일한 사건과 모든 감정을 공유하고 기억한다면, 도대체 서로 나눌 수 있는 이야기가 뭐가 있을까요? 오히려 소통할 필요가 사라지게 되는 결과를 낳게 되겠지요.

　사춘기 아들에게도 유아기에 들인 만큼의 노력이 필요합니다. 다만 차이가 있다면, 유아기엔 하나부터 열까지 부모가 챙겨 주는 방식의 노력이 필요했던 것과 달리, 사춘기 아들에게 필요한 노력은 '아이의 표현을 받아 주는 방식'이 되어야 합니다. 물론 엄마 입장에서는 기대와 달리, 아들의 말과 행동에서 원치 않는 일이 자꾸만 기억나고, 보고 싶지 않은 것들만 자꾸 보이는 경우도 많을 것입니다. 하지만 어찌 보면 그것은 어쩔 수 없는, 엄마로서의 숙명에 가까운 것일지도 모릅니다. 그렇기 때문에 엄마의 리추얼은 아들을 중심으로 짜여지는 것일 테지요. 그러니 참관 수업을 가도 우리 아들만 커다랗게 보이고, 왁자지껄한 놀이공원에 가도 우리 아들의 목소리만 크게 들리는 것이 당연합니다. 동시에 아들의 일거수일투족에 관심을 갖는 것이 습관이 되면, 익숙하게 늘 마주했던 아들의 행동이 낯설어지게 되었을 때 엄마는 너 불안해집니다.

　하지만 바로 그 시기가 엄마와 아들이 정서적으로 독립해야 할 시기라는 것을, 그래서 독립된 인격체로 서로가 풍요롭게 대화할 준비를 마친 시기라는 것을 깨닫는 것이 중요합니다. 드라마틱한 뇌 발달이 일어나는 10대의 뇌는 아이 고유의 애착과 기질, 자존감의 민낯이 확연하게 드러나는 시기입니다. 사춘기에 도달한 아들의 변화에 익숙해지지 않으면 결국 괴로워지는 것은 엄마입니다. 을의 사랑은 언제나 서럽게 끝나듯이, 엄마와 아들의 사랑도 결국 끝까지 바라보는 쪽에 서는 건 엄마일 확률이 높기 때문입니다. 사춘기가 된 아들의 변화는 곧 엄마 역시 부모로서 한 뼘 더 성장해야 한다는 시그널로 받아들여야 합니다.

　　사춘기 아들의 변화는 급격한 성호르몬 변화를 비롯한 신체 변화도 크지만, 심리적으로 그리고 인지발달의 면에서도 크게 달라지게 됩니다. 그로 인해 세상 누구보다 고민이 많고 비판적이며 감정 기복이 들쭉날쭉하고 세상을 바라보는 시선이 일관되게 정돈되지 않은 것이 자연스러운 결과라고 할 수 있습니다. 오히려 불만을 품거나 고민하지 않는다면 그것은 그것대로 더 큰 문제일 수 있지요. 아이의 이런 발달 과정을 엄마가 품어 주는 것이 중요합니다. 아들이 커 가면서 겪는 건강한 반항을 인정받고, 정서적 독립을 이루는 것은 아들은 물론 엄마에게도 도움이 됩니다.

3장
아들의 뇌가 또래와 연결될 때

모든 부모는 아이가 행복하게 성장하길 바라고, 아이가 행복하기 위해서는 주변에 좋은 사람이 많아야 합니다. 의지할 수 있는 가족과 친구들만 있다면 그 어떤 힘한 일을 겪더라도 '다시 일어설 수 있는 힘'을 갖게 되는 것이지요. 부모와 안정적인 애착을 이루고, 또래 친구들과 풍요로운 감정적 교류를 할 수 있는 아이라면, 성공에 대한 기쁨은 물론 실패에 대한 경험도 자산으로 삼을 줄 아는 능력을 가질 수 있기 때문입니다. 그런 점에서 모든 부모가 바라는 아이는 공부 잘하는 아이가 아니라, 사회성이 좋은 아이일 것입니다. 그리고 사회성 발달은 눈치 있는 행동에서부터 시작되지요.

표준국어대사전에 따르면 '눈치'는 '남의 마음을 그때그때 상황으로 미루어 알아내는 것'을 의미합니다. 물론 맥락에 따라서 조금씩 어감이 달라지기는 합니다. '다른 사람의 눈치를 본다.'는 표현은 부정적인 어감이 있는 반면, '넌 어쩜 그렇게 눈치가 없니?'와 같은 표현 속엔 눈치를 볼 필요가 있다는 것을 강조하는 것이기도 하니까요. 하지만 어느 경우이든 사회성이 적절하게 발달된 아이라면 눈치 있는 행동을 할 수 있을 것입니다. 그리고 이러한 '건강한 눈치 보기'는 타고난 능력으로, 생물학적인 본능의 영역이기도 하지요. 남자와 여자가 갖는 생물학적인 본능 차이 때문에 아들의 눈치와 딸의 눈치는 달라지게 됩니다. 앞서 얘기했듯이 눈치라는 것은 '남의 마음을 미루어 알 수 있는 능력'이고, 아들과 딸은 남의 마음을 읽는 데 차이가 있기 때문이지요. 표정 읽기 능력부터 상황을 기억하는 능력도 다릅니다. 또한 함께 지내는 친구들을 기준으로 행동이 달라지기 때문에 직관적으로 이해하기 힘든 아들의 눈치 보기 행동을 엄마는 이해할 필요가 있습니다.

눈치 보기는 사회적 동물인 인간이 가진 본능적인 능력입니다. 하품을 하는 것은 사소해 보이는 행동이지만, 하품과 사회성이 관련 있다는 흥미로운 연구[26]는 아들의 행동을 이해하는 데 생각할 거리를 던져 줍니다. 주변 사람이 하품을 할 때 나도 모르게 하품이 나오는 경험을 누구나 한 번쯤 갖고 있습니다. 하품 전염은 실제로 자주 일어나며, 하품을 따라 하는 것은 5세부터라는 연구[27] 결과도 있지요. 하품을 하면 '졸리다', '심심하다' 등의 인상을 주기 쉽지만, 실제로 인간을 포함한 포유동물이 왜 하품을 하는가에 대해서는 다양한 설이 존재합니다. 강아지와 고양이뿐만 아니라 사자들도 하품 전염 현상을 보입니다.

특히 사회성을 연구하는 학자들에게 하품이 전염되는 현상은 특별한 행동이 특정 그룹의 자기 점검 행동을 촉진한다는 이론으로 흥미롭게 다가오기도 하지요. 또한 공감 능력이 높은 사람일수록 하품이 전염되기 쉽고, 자폐증 성향이 있는 아이는 하품 전염이 상대적으로 어렵다는 논문[28]이 발표되기도 했습니다.

최근 이탈리아 피사 대학의 동물행동학자인 엘리사베타 팔라기(Elisabetta Palagi) 박사 연구팀은 "사자들도 동료와의 유대 강화 수단으로 하품을 따라 하며, 이를 통해 집단 결속력을 높인다."는 연구[29] 결과를 발표했습니다. 연구에 따르면 하품은 생리적·심리적 상태의 변화를 나타내기도 하지만, 사회 집단 속의 개인이 '일종의 내부 변화를 경험하고 있다.'는 사실을 동료에게 전하는 수단일 가능성도 있다는 것이지요.

아들 역시 또래 아이들과 어울려 놀면서 결속력을 높이는 행동을 자주 보입니다. 하품 전염과 같이 남자아이들에게 자주 보이는 가벼운 장난과 놀리기가 그것이지요. 친한 사람들 사이에서는 가볍게 놀리거나 장난을 쳐도 자연스럽게 넘어갈 수 있는 일로 여겨집니다. 그 순간에는 잠시 기분이 좋지 않을 수도 있지만, 그 순간이 지나면 즐겁게 넘어가게 되지요. 사춘기에 접어든 남자아이들 무리에서는 가벼운 비속어를 하고 툭툭 몸을 건들면서 장난치는 행동을 자주 볼 수 있는데, 이러한 행동을 통해 남성 호르몬이 갖는 공격성을 가볍게 표출하면서도, 우리는 서로 친한 사이니까 이런 행동도 할 수 있다는 친밀감과 일종의 신뢰감을 가져다주는 행동으로 볼 수 있습니다. 이러한 행동을 장난으로 받아들일 수 있는 한계점이 사람마다 모두 다른데, 사춘기 남자아이들은 장난에 대한 한계선을 적절하게 설정하는 것이 매우 중요합니다. 그래야 어디를 가든 잘 적응해서 다양한 사람들과 무리 없이 어울릴 수 있고, 작은 일에 멘털이 무너지지 않고 회복할 수 있는 것이지요.

저 역시 학교생활을 떠올려 보면 이런 농담과 장난을 적절히 잘하는 친구들은 늘 인기가 좋았습니다. 모범적이고 착한 아이들은 또래들에게 미움을 받지는 않았지만 그렇다고 어울리고 싶어 하는 친구가 많지도 않았지요. 남자아이들의 장난과 놀리는 행동은 여자아이들과는 다른 나름의 사회성 기술 훈련 과정이라는 것을 인식하는 것이 중요합니다. 엄마 입장에서는 왜 저렇게 친구를 놀리는지 선뜻 이해되지 않지만, 장난치기와 놀리는 행위는 사춘기 시기에 턱 끝까지 차 올라오는 공격성을 가벼운 형태로 나타내는 사회적 적응 과정이라는 점을 기억해야 합니다. 결국 아들의 공격성과 지배 욕구를 인정해 주고 긍정적인 방향으로 이끌어 주는 것이 필요하지요.

어른뿐만 아니라 아이들도 다 정도의 차이지만 남자인 이상 공격성이나 지배 욕구가 있습니다. 저 역시 남동생을 별 이유 없이 괴롭히다가 아버지에게 야단을 맞은 적이 있습니다. 남자가 갖는 공격성과 지배욕을 무조건 통제하는 것도 문제고, 기준 없이 풀어 주는 것도 문제입니다. 통제하는 게 너무 많으면 적극성과 의욕을 잃게 되고, 제한 없이 풀어 주면 친구들이 피하는 아이가 되지요.

때문에 직관적으로 이해할 수 없는 아들의 공격성이 눈에 띈다고 해서 무작정 혼을 내거나 타이르는 것은 결코 좋은 방법이 아닙니다. 공격성과 지배욕을 사회적으로 수용할 수 있는 방법으로 가장 잘 알려진 것이 바로 스포츠와 게임입니다. 서로 이기기 위해 경쟁하지만 규칙을 지키고 페어플레이를 한다면 재미도 있고 발전하게 되지요. 사춘기에 들어선 아들에게 스포츠와 게임이 중요한 이유이기도 합니다.

1. 딸과는 다른
아들의 사회성

▍타인의 마음을 읽기 위해 필요한
▍뇌 안의 거울

사회성과 관련된 뇌과학 연구 가운데 가장 대표적인 것은 바로 거울 신경세포, 거울 뉴런(Mirror neuron)에 대한 이야기입니다. 생소하기는 하지만, 우리 뇌에는 말 그대로 타인의 행동을 반영해 주는 거울이 있고, 이것이 사회성을 발달시키는 데 중요한 역할을 한다는 것입니다. 그런데 거울 뉴런은 어떻게 발견되었을까요?

1996년 이탈리아 파르마 대학교 생리학연구소의 자코모 리졸라티(Giacomo Rizzolatti) 교수 연구팀[30]은 원숭이가 손으로 물체를 잡거나 세심하게 다룰 때, 행동을 조절하는 신경을 연구하기 위해 짧은 꼬리 원숭이 뇌에 전극을 설치했습니다. 실험을 진행하면서, 그들은 원숭이가 음식을 집기 위해 손을 뻗을 때 뇌에서 활성화되는 뉴런을 기록해 두었습니다. 그런데 사람이 음식 조각을 집어 올리는 것을 원숭이가 보았을 때에도, 원숭이가 직접 음식을 집을 때 활성화되었던 뉴런의 일부가 똑같이 활성화되는 것을 발견한 것이지요. 놀라운 일이었습니다. 같은 원숭이도 아닌, 사람이 음식을 집는 행동을 단순히 '보는 것만으로도' 원숭이가 손을 뻗을 때 필요한 뇌 활동이 거울에 비추듯 똑같이 일어난 것이었으니까요.

이런 놀라운 관찰을 통해 리졸라티 교수 연구팀은 뇌의 신경세포 중 '보는 것'과 '하는 것'을 똑같이 받아들이게 하는, '타인의 행동을 비춰 주는' 거울 뉴런이 있다고 생각하게 되었습니다. 더 나아가 연구원들은 실험을 통해 원숭이 대뇌의 일부 신경세포가 '거울'과 같은 특성을 지니고 있어서, 다른 대상의 행동을 관찰할 때 반응을 보인다는 사실을 확인했습니다. 이는 다른 사람의 행동을 무의식적으로 흉내 낸다는 것을 의미하며, 보는 것만으로도 다른 사람의 경험을 공유할 수 있다는 것을 의미합니다.

이런 발견은 뇌과학의 여러 발견 중에서도 가장 중요한 것으로 꼽힙니다. 인간의 뇌에도 거울 뉴런이 있을 것으로 추정하여 연구를 계속한 결과, 인간의 거울 뉴런은 원숭이보다 훨씬 광범위한 것으로 나타났습니다. 인간의 거울 뉴런은 운동 영역뿐만 아니라 감정, 감각, 심지어 의지(의도)의 영역에도 있는 것으로 보입니다. 거울 뉴런이 있어서 다른 사람의 마음속에 어떤 변화가 일어나고 있는지 즉시 알아낼 수 있는 것입니다. 다른 사람이 느끼거나 행동하고 있는 것을 읽어 내는 이 능력은 모방을 바탕으로 합니다.

거울 뉴런은 또한 표정 읽기에도 중요한 역할을 하는 것으로 알려져 있습니다. 전극 실험[31]을 통해 다른 사람과 대화하며 표정을 지을 때 어떤 근육을 사용하는지 관찰했습니다. 우리는 웃을 때는 광대뼈 주변 근육을 사용하고, 찡그릴 때는 눈썹 근육을 움직입니다. 결과는 놀라웠습니다. 다른 사람의 표정을 볼 때 자신도 모르게 똑같은 근육을 움직인다는 것이 밝혀졌기 때문이지요. 대화 상대가 웃어 보이면 우리 역시 광대뼈 주변이 움직이게 되고, 상대방이 화를 내거나 찡그린 표정을 지으면 우리의 눈썹이 순간적으로 반응합니다. 표정을 본 시간은 겨우 0.03초의 아주 짧은 순간에 불과하지만 무엇을 봤는지 알 수 없는 찰나임에도 상대방의 표정을 따라 하고 있는 것이지요.

표정을 그대로 따라 하는 것은 단지 표정만 따라 하는 것이 아니라, 그 감정도 같이 느끼는 것입니다. 우리 인간은 남의 감정에 공감하도록 프로그램되어 있습니다. 우리가 공감하려고 하는 것이, 누가 시키고 어떤 의도에 따라 하는 것이 아니라, 우리 뇌 속에 다른 사람의 내면세계, 다른 사람의 표정에 대해 자동적으로 따라 하고 공감하라는 프로그램이 되어 있는 사회적 동물이 바로 인간입니다.

이 과정은 모의 비행을 할 때와 유사합니다. 실제로 하늘을 날고 있지는 않지만 화면을 보면서 자신이 직접 비행기를 모는 것 같은 체험을 합니다. 그저 눈으로 보는 것뿐인데 비행기가 요동칠 때 두려움과 긴장감까지 함께 느끼게 됩니다. 한 연구[32]에서 유리잔을 들어 냄새를 맡으며 역겨워하는 장면을 실험 참가자들에게 보여 주자, 참가자들은 실제로 냄새를 맡은 것이 아님에도 구토 반응을 보였고, 기능성 자기 공명 영상(fMRI)으로 실험 참가자들의 뇌를 촬영한 결과 대뇌의 같은 부분이 활성화되었습니다. 반면 뇌졸중으로 이 부분이 손상된 사람은 역겨워하는 장면을 보아도 아무런 반응이 없었습니다.

사춘기 아들이 또래 관계에 그토록 민감한 것은 역설적으로 나 자신을 이해해 달라는 절박한 표현이기도 합니다. 친구에게서 나를 발견하게 되고, 공감하고, 친구와 함께하는 시간 속에서 행복감을 느끼는 것입니다. 그렇기 때문에 사춘기 아들이 친구들과 함께 다양한 활동을 경험할 수 있도록 시간과 공간을 마련하는 것이 이 시기 엄마의 가장 중요한 역할이라고 할 수 있지요.

사춘기 아들은 텔레비전을 통해 축구 경기를 보는 것만으로도, 직접 경기장에서 내가 뛰는 것처럼 그 경기에 빠지고 흥분된 경험을 합니다. 또 아들과 함께 프로 축구 경기를 직접 보러 간다면, 경기장에서 보내는 90분은 아이의 미래에 큰 자산이 될 수 있습니다. 보는 것만으로도 생생하게 느껴지는 타인의 흥분, 보는 것만으로도 생생하게 느껴지는 타인의 기분, 타인의 얼굴이나 몸짓에서 떠오르는 감정을 읽는 그 순간부터 시작되는 공감의 과정, 이 모든 것이 바로 우리 뇌에서 일어나는 것입니다.

너와 나 사이의 장벽을 없애 주는 '감정이입 세포' 그것이 바로 거울 뉴런입니다. 내 뇌 속에서 거울처럼 반영되는 다른 사람의 경험과 감정, 그리고 그 보상으로 상대도 나를 거울처럼 비춰 주기를, 이해하는 만큼 이해받기를, 공감하는 만큼 공감받기를, 타인과의 교감을 갈망하는 모든 과정에서 거울 뉴런이 필요한 것이지요.

사춘기 아들과 엄마의 정서적 독립

아이를 키운다는 것, 이보다 더 위대한 일이 있을까 싶습니다. 아이를 키우는 일은 완전히 다른 시야를 갖게 합니다. 17살이 된 아들을 키우는 그룹 자우림의 보컬 김윤아는 아이를 키운다는 것이 가져다주는 막중한 책임감에 대해 한 예능 프로그램에서 이런 표현을 한 적이 있지요.

"부모가 되기로 결정했으면 이 아이를 강제로 세상에 소환했으니까 행복한 어른이 될 수 있는 길이 뭘까 같이 고민해 나가야 하는 것 같다."

나 때문에 세상에 태어나게 된 이 소중한 아이가 행복하게 성장해서 어른으로 독립할 수 있도록 고민하는 것이 부모의 역할이라는 뜻이겠지요. '나'라는 세계에 '아이'라는 또 하나의 세계가 펼쳐지고, 결국엔 나 자신보다 더 소중한 그 세계를 언젠가는 떠나보내야 하는 운명이 바로 부모라고 할 수 있습니다. 이 세상 어떤 것으로도 대체할 수 없는, 엄청난 내공을 쌓아 가는 과정이 아이를 키운다는 것이기도 하겠지요. 그리고 그 정점에 이르는 시기가 바로 아이의 사춘기입니다.

저는 종종 벤 폴즈(Ben Folds)라는 가수의 노래 'Still fighting it'을 듣습니다. 제목에서부터 이미 느껴지듯이, 같은 남자로서 아들이 커 가며 겪게 될 어려움을 생각하며 무사히 헤쳐 나갈 수 있기를 바라는 아빠의 마음이 담긴 가사로 유명하지요. 특히 저에게 인상적인 부분은 'You're so much like me. I'm sorry.'라는 부분입니다. 나와 너무나 많이 닮아 있는 아들이기에 살아가는 과정에서 어떤 부분이 힘들 것이라는 걸 예감하면서도, 그래서 미안하다는 말로 끝내는 부모의 마음이 잘 담긴 가사라고 생각합니다.

마찬가지로 이처럼 소중한 내 아이가 너무도 미워지는 순간이 찾아오는 이유 역시 나와 닮아 있는 아이의 행동이, 내가 탐탁지 않아 하는 나 자신의 모습을 반영하고 있기 때문이지요. 분명히 내 생각보다 더욱 잘할 수 있을 것 같은 아이인데, 아이가 성에 차지 않고 자꾸만 거슬리는 모습이 눈에 띈다면, 잠시 나의 감정 상태를 살펴볼 필요도 있습니다. 나와 똑 닮은 아이의 행동이 내 마음의 어떤 부분을 건드린 것은 아닌지, 나의 취약한 부분을 투사해서 바라보고 있는 것은 아닌지 점검하기 위해 잠시 멈추어 생각해 보는 것이지요.

아이가 다 자란 것 같은 사춘기에 오히려 내가 오래도록 마음속에 꾹꾹 눌러 왔던, 부모로서 미처 의식하지 못하고 있던 기질이 건드려질 수 있기 때문입니다. 특히나 딸로만 살았던 엄마는 사춘기 아들에 대한 복잡다단한 감정들로 인해, 매일매일 다양한 갈등과 위기를 맞게 됩니다. 매일매일이 갈등과 위기의 연속이다 보니 흔히 손쉬운 해결책으로 '하지 마라.'라는 지적과 통제를 하기 쉽습니다. 그리고 결과는 모두가 예상할 수 있듯이 엄마와 아들의 감정 폭발로 이어지는 경우가 허다합니다.

바로 이 지점에서 엄마와 아들의 정서적 독립이 사회성 발달에 중요한 역할을 하게 됩니다. 왜냐하면 흔히 생각하는 것과 달리 사회성이 좋다는 것은 '친구를 쉽게 사귀는 능력'이 아니라, '갈등이 생겼을 때에도 갈등을 원만하게 해결하고 친구 관계를 잘 유지하는 능력'이기 때문입니다.

그런데 아들의 가장 친한 친구인 엄마가 자신에게 지적과 통제를 하면서 문제를 해결하는 방법을 제대로 가르쳐 주지 않는다면,

아들의 문제 해결 능력은 뒤떨어지게 되는 것이지요.

'내가 보기에 그 친구는 별로 질이 좋아 보이지 않던데 나쁜 친구들을 사귀는 건 아니겠지?' '친구들이랑 어울려 다니면서 엉뚱한 짓만 하고 몰래 피시방에서 게임만 하는 건 아닐까?'처럼 또래와 어울려 노는 아들을 바라보는 엄마의 눈길이 걱정과 의심으로만 가득 차 있다면, 과연 아들은 엄마에게 밖에서 있었던 일들을 이야기할 수가 있을까요?

사춘기 아들과 엄마의 정서적 독립은 사회성을 위해서도 반드시 필요합니다. 그러한 변화를 받아들이지 못하고, 여전히 아이의 감정과 시간을 통제하려고 하면 아이는 튕겨 나갑니다. 오히려 사춘기를 한창 겪을 나이임에도 불구하고, 엄마의 통제에 별다른 반응이 없다면 아이의 심리적 발달이 가로막혀 있는 것은 아닌지 점검해 볼 필요가 있을 정도이지요.

사춘기 아들에게 지적을 했는데 고분고분하게 엄마 말을 모두 듣는 아들이 있다면, 그 아이는 국경 수비대가 1명도 없는 나라와 같다고 할 수 있습니다. 엄마가 경계를 허물고 침략군처럼 자신의 고유한 감정과 의사 결정 영역까지 쳐들어왔는데 나가라는 말도 하지 못하고 맞서 싸우지도 못한다는 뜻이기 때문이지요. 그리고 이렇게 자신의 고유한 심리적 영토를 확보하지 못한 채 커 버린 아이는 역설적이게도, 다른 사람에게 상처를 주는 사람이 되어 버릴 가능성이 커집니다. 엄마와 자기 사이의 경계를 지키지 못함으로써 친구들과의 관계에서도 반드시 지켜야 하는 사회적이고 정서적인 간격을 지키지 못해 상처를 주는 무례한 사람이 될 수 있는 것이지요. 자기 경계를 지키지 못하면 자기 보호도 못하지만 동시에 타인의 경계를 침범하는 상대적인 가해자가 됩니다.

따라서 엄마는 무엇보다 아들의 행동에 대해 섣부른 판단을 하지 않아야 합니다. 나쁜 친구들을 만나서 영향을 받는 것은 아닌지, 게임 조절을 못해서 폐인처럼 되는 것은 아닌지, 이상한 동영상을 보고 엉뚱한 행동을 배워 오는 것은 아닌지 등등은 모두 '섣부른 판단'입니다. 넘겨짚는 것이지요. 넘겨짚는 것보다 먼저 해야 할 일은 그 상황을 객관적으로 보면서 관찰자가 되는 것입니다. '이 아이가 왜 화가 났지? 무슨 일이 있었나? 무슨 생각을 하는 걸까? 지금 어떤 감정이지?'라고 말이지요.

판단을 멈추고 불필요한 해석을 줄이면 부정적인 감정이 피어오르는 것을 줄일 수 있습니다. 그러면 자연스럽게 아직 발생하지도 않은 일에 대한 엄마의 불안이 줄어들게 됩니다. 그제야 비로소 아이가 어떤 감정을 느끼는지 이해하게 되고, 그 상황을 받아들이는 게 더 수월해시면서 아이와 목소리를 높이며 김징직으로 부딪히지 않아도 되는, 편안한 관계가 유지될 수 있습니다.

엄마의 리추얼에 있던 아이가 이제 사춘기가 되면서 완전히 다른 모습으로 바뀌었다는 것을 받아들여야 합니다. 엄마 입장에서는 걱정돼서 그렇다고 하지만, 사실 아이와의 관계를 생각하면 쓸데없는 걱정에 더 가깝다고 할 수 있습니다.

모든 사람은 각자 자신이 원하는 대로 살아가고 싶어 합니다. 당장은 순해 보이는 아이라고 할지라도 결국엔 그렇게 하고 싶어 하지요. 가만히 생각해 보면 제 뜻대로 몸을 움직이는 그 순간부터 모든 아이는 고집을 피우며 제 뜻대로 하려고 합니다. 이는 결국 내가 원하는 대로 독립적이고 개별적인 존재가 되고 싶다는 주장이기도 하지요. 독립적이고 개별적인 존재라는 말은, 사람은 자기가 처한 상황과 관계의 변화에 따라 주체적으로 끊임없이 적응해 가는 존재라는 의미이지요. 모든 존재는 그 자체로 독립적이고 온전한 심리적 메커니즘을 갖습니다. 아들의 행동이 마음에 들지 않아도, 아들에게는 그 나름의 이유와 구실이 분명히 있다는 것을 이해해야 합니다. 그리고 아들의 세계 역시 나름의 논리와 정당성이 있다는 것을 무시하면, 기다리는 것은 오직 아들의 반항이 전부일 것입니다.

더 이상은 내 뜻대로 움직여 주지 않는, 무심한 아들에 대해 엄마가 갖게 되는 야속한 감정은 아들이 해결해 줘야 할 과제가 아닙니다. 그럴 수도 없고, 그럴 필요도 없습니다. 그것은 엄마 자신이 해결해야 할 엄마의 숙제입니다. 아들의 경계 바깥에서 벌어지는 엄마 영역 안의 엄마 과제입니다. 아들 때문에 힘든 것이 아니라, 엄마가 아직 아이와 정서적 독립을 제대로 하지 않아서, 그래서 아들의 마음과 엄마의 마음이 여전히 뒤섞여 있어서 힘든 것입니다. 그런 심리적 경계를 분명히 자각하고 아들의 몫으로 돌려줘야 엄마의 감정도 아들의 감정도 더욱 빠르게 변화된 상황에 적응할 수 있습니다.

모든 인간은 상황에 따라 움직이고 적응하는 독립적이고 개별적인 존재라고 할 수 있습니다. 그 사실을 믿으면 함께 울고 웃으며 감정을 나누면서도 서로의 경계를 인정하며 서로가 서로에게 살아갈 힘과 근원이 됩니다. 서로의 심리적 경계가 분명해야 갈등을 해결하는 실마리도 발견할 수 있고, 다시 회복할 수 있는 심리적 자원도 모아 둘 수 있게 되는 것입니다. 눈에 보이지는 않지만 존재들이 지닌 경계를 인식해야 모두가 각각 위엄 있는 개별적 존재로 살아갈 수 있기 때문이지요.

2. 친구와 교감하는 아들 방식 이해하기

아들이 민감하게 반응하는 것들, '그까짓 게임이 뭐라고'

"중학교 1학년 아들이 하나 있는데, 너무나도 순한 아들이라고 생각하고 살았습니다. 주변 엄마들 보면 중학교 입학하면 첫해는 시험이고 뭐고 아무것도 없이 자유학기제라서 마냥 놀고 싶어 하는 걸 말리느라 아이와 트러블이 생긴다고 하던데, 다행히 우리 아이는 학원도 잘 다니고 엄마가 하라고 하는 건 별말 없이 하는 아이입니다. 그런데 여름방학에 문제가 터졌어요. 원래 저랑 늘 공부하던 시간이었는데 한참을 안절부절못하더니 숙제를 하다 말고, 갑자기 지금은 진짜 시간에 맞춰서 게임을 해야 한다고 거실에 있는 컴퓨터로 가더라고요? 그래서 공부하기로 약속한 시간이니 숙제를 먼저 끝내고 난 뒤에 게임을 하게 해 주겠다고 하는데도, 막무가내로 저한테 화를 내고 몸싸움을 걸더라고요. 정말 황당하면서도 왈칵 눈물이 나올 것 같은 상황이라 고개를 돌려 버리고 베란다 쪽으로 자리를 피했습니다. 저한테 화를 낸 것도 충격이었지만, 몸으로 밀쳐 내는 그 감촉이 아직도 잊히지 않아요. 일단 그러려니 하고 그날은 아무 말 없이 지나갔어요. 이후엔 또 잠잠했습니다. 그런데 제가 더욱 상처받은 일은 한 달 후에 다시 일어났습니다. 갑자기 자기 오늘 7시부터는 건들지 말라고 하더니 게임을 하기 시작하는데 눈빛이 내가 알던 아이의 눈빛이 아닌 것 같아서 확 소름이 끼쳤습니다. 그렇다고 게임 중독에 빠진 아이처럼 게임을 하는 시간이 긴 건 아닌데 어떻게 해야 할지 몰라 도움을 청합니다."

눈빛이 변해 버린 아들, 정말 게임 때문일까요? 게임 중독인 걸까요? 올바른 답을 얻기 위해서는 올바른 질문을 해야 합니다. 질문이 잘못되면 제대로 된 답을 얻어 내는 것은 불가능에 가까워지지요. 이 사례에서 알아야 할 것은 단순합니다.

'왜 이 아이는 특정 시간에 반드시 게임을 해야만 했을까?'입니다. 그러면 엄마의 질문은 '왜 그 시간에 반드시 게임을 해야 한다고 얘기했어?'라고 묻는 것부터 시작해야 합니다. 하지만 대부분의 경우, 엄마는 '지금은 공부하기로 약속한 시간이니 약속을 지켜야 해.'라는 당위를 내세우고, 아이는 '공부를 안 하겠다는 게 아니라 지금은 이 게임을 반드시 해야 해.'라는 당위를 내세우기 때문에 충돌하게 되지요. 당위와 당위가 맞부딪히면 중간 지점을 찾아내는 것이 굉장히 힘들어집니다. 엄마의 당위도 중요하지만, 사춘기 아들에게 당위를 내세우게 되면 자존심 싸움으로 번져 나가기 쉽기 때문에 아들이 납득할 만한 이유를 제시하는 것이 무엇보다 중요합니다.

그래서 사춘기에 접어든 아들을 키우는 부모의 양육 방식에도 변화가 필요합니다. 사춘기 이전의 아들에게는 '무엇을 해 줘야 하는' 방식이 더 많았다면, 사춘기의 아들에게는 '무엇을 하지 않는' 방식으로 변화가 필요합니다. 따라서 한 걸음 뒤로 물러서서 아이가 진짜 이야기하고자 하는 것이 무엇인지 곱씹어 보는 양육이 필요한 것이지요.

이 케이스에서는 아이가 평소에 말도 잘 듣는 편이고, 중독에 준하는 수준의 게임 시간을 보내지 않던 아이였기 때문에 기본적으로 아이의 요구를 수용하는 것이 좋습니다. 그런데 막상 이런 상황을 겪게 되면 대부분의 엄마들은 아이의 이야기를 듣기보다는 '그 까짓 게임이 뭐가 그렇게 중요해?' 혹은 '숙제하기로 약속한 시간인데, 이렇게 갑자기 미루면 나중에 안 좋은 습관이 될 수 있으니 확실하게 잡아야 하지 않을까?'와 같은 생각을 하게 됩니다.

하지만 이런 생각은 두 가지 면에서 곱씹어 봐야 합니다. 우선 게임이 중요한 상황을 애당초 엄마 입장에서는 이해할 수가 없다는 것입니다. 그렇다고 해서 아들에게 게임이 중요하지 않은 것으로 되지는 않는다는 사실이지요. 이러한 입장 차이를 좁히는 것이 중요합니다.

또한 약속을 지켜야 한다는 일관성은 아들에게 설득력을 갖기 힘들 수 있습니다. 왜냐하면 케이스의 아이는 성실하게 자기 할 일을 잘해 오는 아이였기 때문에 일관성에 문제가 있다고 볼 수 없는 상황이고, 오히려 엄마의 불안, 정확하게는 아직 발생하지도 않은 문제를 미리 짐작해서 현재에 끌어오는 엄마의 '예기불안(Anticipatory Anxiety)'이 상황을 해결하기는커녕 더욱 악화시키기 때문입니다. 아들이 평소에 보였던 좋은 점을 그 순간만큼은 깡그리 무시하고 아직 일어나지도 않은 일에 대해 걱정하면서 아이를 통제하려는 잘못된 행동이 나올 수 있는 것이지요.

　게임에 대해 미디어에 보도된 내용들이 지나치게 부풀려져 있는 면도 있고, 실제로 엄마들은 게임을 깊이 해 본 경험이 적기 때문에 막연한 불안을 갖고 있는 것이 사실입니다. 그래서 게임과 관련해서 문제가 생기면 대부분의 부모들이 문제의 원인을 모두 게임 탓으로 돌리는 경우가 많습니다. 그런데 상담을 해 보면, 게임은 겉으로 보인 증상에 불과한 경우가 훨씬 더 많습니다. 실제 원인은 다른 곳에 있다는 뜻이지요.

　교과서적인 이야기이지만, 사춘기에 접어든 아이에게는 자율성을 존중한다는 것이 정말이지 다양한 방면으로 필요합니다. 그런 맥락에서 아이와 가까워지고 싶다면, 아이 자신과 아이의 행동, 아이가 좋아하는 대상에 대해 섣부른 판단을 금지하고 비난하는 것을 멈추어야 합니다. 아이의 자율성을 존중한다는 것은 아이의 선택에 대해서 일단 이야기를 들어 보고 판단해야 한다는 것이지요.

Born Smart,
스마트폰이 당연한 시대에 사는 아이들

무엇보다 먼저 엄마가 알아 두어야 하는 점은 요즘 아이들에게 게임은 단순한 게임이 아니라 '사회적 관계'를 의미한다는 점입니다. 즉, 게임을 하지 못하게 막는다는 것은 친구들과의 소통을 가로막는 것으로 이해된다는 뜻이지요. 저 역시 80년대에 태어나 인터넷과 스마트폰의 영향이 미치던 시기에 사춘기를 보낸 세대는 아닙니다. 그런데 2007년 아이폰이 등장한 이후의 아이들은 우리와 상황이 완전히 달라졌다는 것을 이해해야 합니다. 말 그대로 태어나 보니 스마트폰으로 모든 걸 하는 게 당연하게 된 세계에 살게 된 'Born Smart 세대'인 것이지요. 그래서 이전 세대와 소통하는 방식은 물론 공감하는 미디어도 다릅니다. 심지어 카카오톡을 어른 세대만큼 사용하지도 않습니다. 페이스북 메신저(페메)를 사용하거나 다른 방법을 찾아 소통하고 있습니다.

상담 중에 제가 가장 놀란 케이스는 아무도 안 보는 유튜브 영상의 댓글 창을 이용해서 친구들끼리 대화하는 아이들이 많다는 것이었습니다. 말 그대로 조회 수 낮은 유튜브 영상의 댓글 창을 활용해서 자기들만의 비밀 대화를 하는 것인데, 이유를 물어보니 아이들의 심리가 이해되었습니다. '여기서 얘기하면 카톡이나 페메랑 달리 엄마가 폰 검사를 해도 안 걸릴 테니까요.'

저 역시 사춘기 아이들과 처음 마주해서 이야기를 나누게 되면 언제나 아이의 관심사가 무엇인지 묻고 공감할 수 있는 내용으로 상담을 시작합니다. 특히 대부분의 아이들은 웹툰이나 게임, 유튜브에 관심을 갖고 있기 때문에 그중에서 공감할 수 있는 화젯거리를 주로 선택하는 편이지요. 그런데 중요한 건 여기서 한 발짝 더 나아가는 것입니다. 이 또래 아이들의 마음을 열게 하는 건 '이 선생님이 진짜 내가 좋아하는 것에 관심이 있고, 이 선생님도 좋아하는구나.'라는 메시지입니다. 그래서 요즘 아이들이 자주 하는 게임을 하고 웹툰을 보려고 노력하는 편이지요. '이 선생님은 말이 좀 통하겠네.'라는 눈빛은 상담의 질을 결정할 정도로 중요합니다. 거창하게 이야기하면, 세계관을 공유하는 것이 중요하다는 것이지요. 마치 마블 유니버스의 영화를 아는 사람과 그렇지 않은 사람에 따라 친밀감이 확 달라지는 것처럼 말이지요.

그런 면에서 앞의 케이스에서 아이가 반드시 특정 시간에 게임을 해야 한다는 말을 한 것만으로도, 저는 그 아이가 하는 게임의 종류부터 무엇 때문에 그렇게 공격적인 행동을 하고 화를 냈는지 알 수 있었습니다. 다름 아닌 '롤, 리그 오브 레전드(LOL, League of Legend)'라는 게임의 승급전 때문에 아이가 날카롭게 반응한 것이지요.

리그 오브 레전드라는 게임은 5명이 팀을 이루어 대전을 하는 게임으로, 전투에서 이길 때마다 계급이 올라가게 되고 이를 '티어를 올린다.'고 표현합니다. 그리고 티어를 올리기 위해 '정해진 시간에 반드시 참가'를 해서 게임을 하는 공식적인 행사가 '승급전'이라는 것이지요. 이 게임을 한 번도 접해 보지 못한 사람들에게는 이런 설명을 해도, '그게 그래서 뭐가 중요하다는 거야?'라는 생각이들 수 있습니다. 하지만 사람은 누구나 관심을 갖고 깊게 빠지는 것들이 있게 마련이지요.

예를 들어 전 세계적으로 많은 팬을 갖고 있는 마블 영화의 아이언맨이나 스파이더맨, 블랙팬서와 같은 슈퍼히어로 영화가 개봉하면, 개봉일에 보기 위해 수많은 사람들이 예매 전쟁을 벌이는 것과 마찬가지입니다. 〈어벤져스:엔드게임〉은 누적 관객 수가 한국에서만 무려 1,300만 명을 넘어섰고, 〈타이타닉〉과 함께 전 세계에서 1억 명 이상의 관객을 불러 모은 역대 최대 관객 영화 세 편 안에 꼽히는 작품입니다. SF 영화를 좋아하지 않는다고 해서 어벤져스 시리즈의 팬이 있다는 사실을 무시할 수는 없는 노릇이지요. 마찬가지입니다.

리그 오브 레전드 게임은 2023년 항저우 아시안게임의 E-스포츠 정식 종목으로 채택되어 우리나라가 금메달을 획득하기도 했고, 선수들 중 페이커 선수는 50억 원 이상의 연봉을 받으며 전 세계적으로 가장 큰 영향력을 가진 선수로, 손흥민 선수 못지않은 찬사를 받고 있습니다. 그만큼 사춘기 남자아이들에게 리그 오브 레전드 게임은 굉장한 영향력을 갖습니다.

따라서 팀을 이루어 경기를 하는 게임의 특성상 자기 혼자 승급전에 나가지 않는다는 것은 다른 아이들에게 놀림을 받을 정도로 소외감을 느끼게 만드는 요인이라는 점을 간과해서는 안됩니다. '그까짓 게임 한번 못 하거나 지는 게 어때서?'라고 생각할 수 있지만 5:5라는 팀 게임의 특성상 내 잘못으로 팀이 패배하게 된다면 참기 어려울 정도로 스트레스를 받기도 하는 것이, 사춘기 남자아이들의 사회성에서 리그 오브 레전드 게임이 얼마나 중요한 의미를 갖는지 보여 주는 것입니다. 게임이 아닌 실생활에 적용해 보자면, 학교에서 모둠활동 과제를 하는데 밤새워 가면서 자료 조사와 발표를 준비했음에도 불구하고 나로 인해 낮은 학점을 받아 장학금을 놓치는 상황이랑 비슷하다고 할 수 있습니다.

그런 맥락에서 숙제를 나중에 미루고서라도 반드시 해야 했던 그 게임 참여는 친구들과의 사회적 관계를 지키기 위한 것이고, 또래 관계가 무엇보다 중요한 사춘기 아이에게 어떠한 방법을 쓰더라도 절대 물러설 수 없는 중요한 일이라고 이해할 수 있습니다. 그런데 엄마가 못 하게 막는, 아이에게는 상상도 하기 싫은 상황이 펼쳐지면서, 그토록 순하던 아들이 갑자기 얼굴을 붉히며 반항하는 상황이 만들어진 것입니다.

따라서 아이가 게임 중독이라는 판단 이전에, 아이가 불필요한 것에 신경을 쏟는다는 생각 이전에, 아이의 욕구에 우선 귀 기울여 주세요. 아이의 격한 반응을 보게 된 순간 전문가를 검색하기 전, 엄마가 할 일은 아이에게 먼저 묻는 것입니다. 지금 눈앞에 있는 문제는 전문가들만 알 수 있는 특별한 정신 질환이나 유전 질환 문제가 아니고, 내 아이의 마음에 관한 문제입니다. 아이와 눈을 맞추고 주의 깊게 살피면 풀어 나갈 수 있는 문제입니다.

"그렇게 그 게임이 중요했으면 엄마한테 말하지 그랬어."라고 엄마가 먼저 다가가야 합니다. 그래야 그간 놓치고 잃어버렸던 내 아들을 다시 찾을 수 있습니다. 사춘기 일상의 울타리에서 언제든 생길 수 있는 일입니다. 게임을 잠시 좋아한다고 해서 그 상황이 지속될 것이라는 생각, 그래서 아들의 미래를 망쳐 버릴지도 모른다는 생각이 덮쳐 와 두려울 수 있는 존재가 엄마라는 것도 이해합니다. 하지만 단순히 아이의 현재 상황만을 보고, 이 아이가 중독으로 향하는 중인지, 또래 관계를 적당하게 맺고 끊으며 조절을 해 나갈지는 전문가도 엄마도 알 수 없습니다.

중요한 건 엄마가 마음을 열고, 아이 곁에서 아이에게 더 묻고 더 이야기해야 한다는 사실입니다. 어느 상황인지 분명해질 때까지 두려워하지 말고 차분하게 물어봐야 알 수 있습니다. 엄마가 찬찬히 물어봐 주지 않으면 실제로는 친구 관계에 대한 문제인데, 자꾸만 게임 문제로 몰아가는 엄마의 모습에 아이는 더더욱 서운한 마음으로 입을 열고 싶지 않다는 생각을 하며 혼란스러워할 수 있습니다. 엄마는 나를 이해해 줄 것이라 믿고, 엄마와 싸우고 싶지 않은 아들의 마음을 믿어 주세요. 이해받고 싶은 아들의 마음이 누군가와 만나는 그 순간에 있어야 할 사람은 전문가가 아니라 엄마일 테니까요.

사소한 반응이
학폭으로 이어지는 순간들

남자의 둔감함은 때로 상대방의 격한 감정적 폭풍을 불러일으키기도 합니다. 특히나 공격성과 자기 영역의 개념이 강해지는 사춘기 남자아이들에게 '욱하는 성향'은 빈번하게 나타나는 행동적 특징이라고도 할 수 있는데, 문제는 최근 학교 폭력에 대한 민감도가 높아진 사회 분위기로 인해 예상치 못한 상황에 휘말려 들어갈 수 있다는 점입니다.

측두엽 안쪽 깊숙이 자리한 편도체는 공포나 불안, 공격성을 나타나게끔 하는 스위치라고 할 수 있습니다. 특히 테스토스테론과 같은 남성 호르몬이 증가하는 사춘기에는 스위치가 더욱 민감하게 눌리게 되기 때문에, 사소한 반응에도 남자아이들 사이에서는 거친 욕설이나 행동이 난무하는 아수라장이 펼쳐지기 쉽습니다. 이 시기의 발달적 특성을 감안하여 아들이 왜 그런 행동을 했을지 이해할 필요가 있습니다.

공포나 불안은 보통 부정적인 감정으로 치부되기 쉽습니다. 하지만 뇌과학의 눈으로 보면 두 감정은 모두 우리가 생존하고 자신을 방어하기 위해서 반드시 필요한 생존 본능이자 능력이라고 할 수 있습니다. 인간뿐만 아니라 쥐와 고양이, 비둘기 등 다양한 동물들도 가지고 있는 뇌의 가장 원시적인 영역인 편도체 고유의 능력이지요. 예를 들어 생쥐의 편도체를 자극하면 격렬한 영역 싸움을 시작하고, 낯선 대상이 오면 온몸의 털을 곤추세워서 경계하는 모습을 보입니다. 이렇게 경계함으로써 안전한 자기 영역을 지키려는 본능의 스위치가 눌리는 것입니다.

마찬가지로 청소년기에는 편도체가 테스토스테론의 자극을 받으면서 사람에 대한 예민도, 위계와 서열, 힘에 대한 우위나 좌절감이 늘어나게 됩니다. 또래들 사이에서 본인이 강한 사람이 되고 싶은 욕구가 커지고, 반대로 나보다 강한 상대에게는 무의식적으로 수그러드는 모습을 보이기도 하지요. 이 시기에 적절한 개입이 들어가지 않으면 폭력성이 강화되기도 합니다. 신체적이거나 언어적인 폭력 성향이 10대 초중반 무렵 급증하는 이유입니다. 저 역시 초등학교 5학년 무렵부터 부쩍 험한 말을 하는 친구들을 주변에서 자주 보았던 기억이 있습니다. 이에 질세라 저도 비속어를 쓰면서 친구들에게 눌리지 않으려고 했던 적이 있고요. 물론 편도체의 기능만으로 모든 것을 설명하는 것은 불가능하지만, 평균적으로 10대 초중반이 된 남자아이들이 이러한 모습을 보이는 것은 생물학적 변화에 올라탄 영향 때문임을 부정할 수 없습니다.

따라서 테스토스테론 샤워를 흠뻑 맞은 아들에게 '너 왜 갑자기 그렇게 거칠게 구는 거야? 한 번만 더 엄마 앞에서 그러면 혼날 줄 알아.'라는 표현을 하는 건, 마치 달리기를 막 끝내고 헐떡이는 아이에게 '네 심장은 왜 그렇게 쿵쾅거리면서 빨리 뛰는 거야? 한 번만 더 엄마 앞에서 땀 흘리고 숨을 가쁘게 쉬면 혼날 줄 알아.'와 같은 기묘한 말이 되는 셈이라고 할 수 있습니다. 이들에게 불가능한 요구처럼 들리는 것이지요.

심지어 사춘기 아들이 이런 과정을 겪는 것은 나름의 필연적인 이유도 존재합니다. 바로 어른이 되어 가는 과정에서 나와 가족을 지키기 위한 예행연습이라는 측면에서 그러합니다. 성인이 된다는 것은 스스로 자신과 가족을 보호할 힘을 갖는 것을 의미합니다. 이를 위해 힘을 갖는 것, 나의 영역을 확실하게 구분함으로써 울타리를 짓는 과정을 시뮬레이션해 보는 것이지요.

아들의 뇌 속 편도체가 자극을 받으며 힘과 권력, 경계에 대해 배우게 됩니다. 여기서 중요한 것은 실질적인 위협인지 판단하는 과정, 그리고 그 위협에 반응하는 수준을 결정하는 것은 전두엽이 담당한다는 점이지요. 전두엽 기능이 안정적으로 완성되면 실질적인 위협인지 여부를 적절하게 판단하게 되고, 사회적으로 허용 가능한 범위에서 타협을 하거나 멈추는 법을 터득하게 됩니다.

따라서 엄마 역시 이 시기에 들어선 아들이 '남자가 되어 가는 과정'이라고 받아들이고, 전두엽 발달에 필요한 다양한 개입을 고민하는 것이 아들에게 실질적으로 도움이 된다는 점을 이해해야 합니다.

편도체의 스위치가 눌렸음에도 불구하고 학폭에 휘말리는 상황 등을 걱정하는 마음에 제대로 감정을 쏟아 내지 못하고 참으라고만 가르치는 것은 정서적으로 더욱 부정적인 문제를 야기할 수 있습니다. 폭력을 정당화하라는 것이 아니라, 그렇게 정서적 스트레스를 받은 경우에는 건강하게 해소할 수 있는 창구를 열어 주는 것이 보다 근본적인 해결책이라는 뜻입니다. 그렇지 않으면 원시적인 편도체를 갖고 있는 한, 아이는 필연적으로 가족이나 친구에게 혹은 자기 자신에게 화풀이를 함으로써 감정적 상처를 해소하려고 들기 때문입니다.

인간을 비롯한 동물의 본성에는 고통 전가를 일으키는 무언가가 존재합니다. 미국 스탠퍼드 대학 로버트 새폴스키(Robert M. Sapolsky) 교수의 연구[33])에 따르면, 전기충격 장치가 있는 상자에 쥐를 넣고 약하지만 반복적인 충격을 가한 후 사후 해부를 했더니, 쥐에게 위궤양이 발생하고 부신의 크기가 비대해진 것을 확인할 수 있었습니다. 두 가지 증상 모두 쥐가 스트레스 과부하 상태였음을 시사하지요. 또한 고혈압이 생기고 테스토스테론 수치가 낮아질 가능성도 높다는 것을 뜻하는 결과입니다.

그런데 같은 조건에 전기충격을 가하는 과정에서, 바닥에 나무 막대기를 넣어 주었더니 의외의 결과가 나왔습니다. 같은 정도의 전기충격을 가했지만, 나무 막대기를 씹으며 더 오랜 기간 쥐가 고통을 견딜 수 있었던 것이지요. 해부를 해 보았더니 부신의 크기 역시 작은 상태로 유지되었고 위궤양도 훨씬 덜했던 것입니다. 결과적으로 쥐는 막대기를 씹음으로써 스트레스를 해소한 것이라고 할 수 있지요. 막대기를 씹는 행위는 쥐를 곤경에서 벗어나게 하지는 못했으나 적어도 기분 좋게 해 준 것은 분명합니다.

비슷한 조건에서의 마지막 실험은 쥐 두 마리를 우리에 함께 넣는 상황을 만드는 것이었습니다. 둘에게 전기충격을 가하면 스트레스로 포악해진 쥐들은 서로 싸우기 시작합니다. 그런데 해부의 결과는 놀라웠습니다. 위궤양의 흔적이 없었으며, 부신의 크기도 완벽히 정상이었던 것이지요. 이와 관련해서 새폴스키 교수는 이렇게 이야기합니다. "쥐들은 자기가 위궤양을 앓지 않는 대신 다른 개체에게 위궤양을 유발했다." 즉, 생물들이 스스로를 보호하기 위해 다른 대상에게 고통을 떠넘긴다는 사실, 윤리적으로 선하지는 않을지라도 분명 본능적인 행동이라는 점을 실험적으로 보여 준 것이지요.

마찬가지로 사춘기에 접어든 아들의 뇌에서 일어나는 호르몬 변화를 무시한 채 참고 억제하라는 이야기만 반복하게 되면, 스트레스 해소가 제대로 되지 않게 되고 단기 기억을 만들어 내는 해마(hippocampus) 세포가 파괴되는 결과를 초래할 수 있다는 점을 기억해야 합니다.

사춘기 전두엽 발달을 위한 방법들

사춘기 전두엽 발달을 위해 필요한 방법은 거창하지 않습니다. 연구[34]에 따르면 오메가-3 지방산이 포함된 영양제를 정기적으로 섭취하는 것만으로도 충분히 도움이 됩니다. 오메가-3 지방산이 결핍되면 뇌세포의 크기가 감소되는 데에 영향을 주게 되고, 신경 가지치기를 저해함으로써 인지 기능의 효율성을 떨어트려 전두엽 발달에 문제가 발생할 수 있습니다.

또한 수면 시간이 굉장히 중요한데, 잠을 자는 동안 뇌세포인 뉴런 사이의 연결망이 다듬어지게 되고, 낮 동안에 있었던 사건들을 안정적으로 기억하기 위한 활동이 이루어지기 때문입니다. 그러므로 8시간 전후의 수면 시간을 확보하는 것은 전두엽 발달에 도움을 주어 작업 기억력이나 주의력과 같은 뇌의 기능을 올리는 데 직접적인 영향을 주는, 사소해 보일 수 있지만 매우 중요한 일입니다.

3. 자존감이 높아야
사회성이 좋아진다

운동 능력에 따라 오르내리는 아들의 자존감

지난여름, 고등학교 동창생 4명이 등산을 갔을 때 일입니다. 산 정상에 올라가니 마침 막걸리를 파는 곳이 있어 얼큰하게 한 사발 들이켜고는 왁자지껄 떠들며 산 중턱을 내려가던 중이었습니다. 갑자기 친구 녀석 한 놈이 훌쩍 점프해서 나뭇가지에 손을 닿아 보이고는 의기양양한 표정으로 뒤를 돌아본 것이지요. 찰나의 순간이었지만 메시지는 분명했습니다. '나는 여전히 이렇게 높이 점프할 수 있다.' 누구도 직접 말을 하진 않았지만 너 나 할 것 없이 우리는 연이어 점프해서 나뭇가지에 손을 뻗기 시작했습니다. 저 역시 예외는 아니었지요.

술 한잔 마시고, 위험하게 산 중턱에서 점프를 하다니, 심지어 나뭇가지에 손이 닿는다고 해서 무엇하나 얻을 것 없는 상황이건만 저와 동창생들은 왜 이런 행동을 하게 되었을까요?

40대에 들어섰지만, 남자들의 세계에서 신체 능력을 과시하고 픈 마음은 여전했기 때문입니다. 남자들의 이런 행동을 여자들이 직관적으로 이해하기란 쉽지 않습니다. 그럼에도 사춘기 남자아이의 마음을 여전히 가슴에 품은 남자 어른들의 치기 어린 행동이 본능적으로 꿈틀대기에 참기 힘든 법이지요.

　마찬가지로 사춘기 아들의 운동 발달, 신체 능력의 발달은 아이의 자존감에 큰 영향을 줍니다. 이것은 엄마들이 상상하는 이상이라고 해도 과언이 아니지요. 발달심리학의 관점으로 보아도 운동 능력과 자존감은 깊은 관련을 맺고 있습니다. 특히나 운동 능력의 발달은 유아기와 청소년기에 걸쳐 커다란 정서적 영향을 갖기 때문에 주의 깊게 살피는 것이 중요합니다. 예컨대 기질적으로 불안이 높은 2살배기 아이라고 하더라도, 자기가 안전하지 않다는 생각이 들 때 엄마에게 바로 달려갈 수 있다는 것을 아는 것만으로도 심리적인 안정감이 생길 수 있습니다. 또한 걷기 시작한 아기는 숨겨진 물건들을 전보다 더 잘 찾고 발견하면서 호기심을 충족시키는 법을 배우며 자신감을 키워 나가게 되지요.

　남자아이와 여자아이는 사춘기가 되기 전까지는 신체 능력에 거의 차이를 보이지 않지만, 사춘기를 지나며 남자아이의 대근육 발달은 폭발적으로 증가하게 됩니다. 사춘기 남자아이들의 대근육 활동 검사 점수는 지속적으로 증가하는 반면, 사춘기 여자아이들의 대근육 활동 검사 점수는 정체되거나 오히려 감소하는 것으로 나타났습니다.

　이 시기 남자아이들은 여자아이들에 비해 근육량이 확연히 늘어나고 지방의 비율이 줄어들게 됩니다. 특히 대근육이 발달하고 근육량이 늘어나면서, 자기의 몸을 얼마나 잘 통제할 수 있는지, 그래서 운동을 얼마나 정교하게 잘할 수 있는지는 사춘기 아들의 세계 최대의 관심사가 됩니다. 반에서 공부를 제일 잘하는 아이라고 하더라도 친구들에게 무시당하거나 놀림의 대상이 될 수 있는 반면, 운동을 제일 잘하는 아이는 남자들의 세계에서 절대 무시, 놀림의 대상이 될 수 없는 존재로 여겨집니다. 때문에 사춘기 아들이 또래로부터 쉽게 인정받고 무리에 참여할 수 있도록 다양한 체육 활동을 준비해 주는 것은, 아이의 사회적 관계를 높이는 데 가장 효과적인 방법 가운데 하나라고 할 수 있습니다. 앞서 이야기했듯이 자신의 능력(competence)이 곧 자기효능감으로 이어지는 시기가 바로 사춘기이기 때문이지요.

자존감은 자신의 능력에 대한 느낌, 자신에 대한 만족감을 의미합니다. 운동 능력이 적절히 계발된 아이는 자신에 대한 존중을 갖게 되고, 넘어서는 안 되는 신체적 범위와 선을 이해할 수 있습니다. 따라서 개인의 근력을 키울 수 있는 달리기처럼 개인 운동부터 서서히 시작해서 아이의 자신감이 붙게 되면 또래 친구들과 어울려 건강하게 놀 수 있도록 팀 스포츠에 참여하게 하는 것도 좋은 접근이라고 할 수 있습니다. 그 과정에서 엄마의 역할은 아이가 겪게 되는 자연스러운 심리적 불안감을 떨쳐 버리고 스스로를 믿을 수 있도록 격려하는 것이지요.

이렇게 도와주세요

1. 실수에서도 배울 수 있다는 점을 가르쳐 주세요

대부분의 아이들은 팀 스포츠를 하면서 실수할까, 자신의 플레이가 팀에 실망을 줄까, 중요한 게임에서 팀이 패배하는 실수를 할까 두려워합니다. 아들이 실수할 것이라는 사실을 이해하고 실수에서 배울 수 있도록 이끌어서, 아이의 정서적 회복력을 사랑과 격려로 지켜 주세요.

2. 비교하는 마음은 단호하게 꾸짖어 주세요

팀플레이를 하다 보면 다른 아이들과 비교하는 마음이 반복되면서 위축되는 과정을 필연적으로 겪게 됩니다. 이런 모습을 보이면 오히려 단호하게 비교를 멈추고, 오직 자신이 잘할 수 있는 것에만 집중하도록 초점을 돌리는 것이 효과적입니다.

3. 과정에 집중하고, 결과에 집착하지 않도록 잡아 주세요

과정은 운동의 성과를 뜻하며, 지금 아이가 노력하는 순간에 해당합니다. 프로 선수가 되기 위해서 전문적인 운동을 하는 것이 당연히 아니기 때문에, 또래 아이들과 원만한 관계를 맺기 위해서는 승패와 같은 결과에 집착하지 않도록 격려해야 합니다.

4. 롤 모델을 함께 찾아 주세요

아이가 관심을 갖고 좋아하는 스포츠가 생기면 선수로서뿐만 아니라 인격적으로도 존경할 수 있는 운동선수를 함께 찾아 주세요. 롤 모델이 되는 성인 남자가 사춘기 아들의 세계에 질서를 부여할 수 있는 존재로서 지대한 영향을 줄 수 있다는 것을 기억해 주세요.

기질 대신
성격이 보이기 시작하는 사춘기

최근 MBTI(Myers-Briggs Type Indicator)가 유행하면서 많은 사람들이 자신의 성격유형을 알아보고, 다양한 사회적 상황에 적용하는 콘텐츠가 늘어나고 있습니다. 'ISTP 직장 상사에게 피해야 할 말' 'T와 F의 연애는 어떻게 성공할까?'와 같이 다양한 사회적 상황에 성격을 대입해서 생각해 보는 내용이 대표적이지요. 이처럼 성격은 어떤 사람이 특정한 상황에 놓였을 때 일관되게 행동하는 방식을 알려 주는 중요한 심리적 요소라고 할 수 있습니다. 좀 더 쉽게 말하자면 성격은 한 사람이 환경에 적응하는 방식을 뜻하는 말이기도 합니다. 그래서 '성격이 좋은 사람'이라는 말은 어느 환경에 가도 잘 적응한다는 말이기도 하고, '성격이 별난 사람'은 적응하는 데 오래 걸린다는 말로 바꾸어 봐도 이해할 수 있지요.

한 사람이 환경에 적응하는 방식을 이야기해 주는 또 하나의 심리적 요인이 있습니다. 그것은 바로 기질(Temperament)입니다. 기질은 환경에서 오는 다양한 자극에 대해 자동적으로 일어나는 정서적 반응을 의미합니다. 자동적으로 일어나는 반응이기 때문에 본능적이고 유전자의 영향을 많이 받게 되지요. 따라서 사람이 태어나서 대략 10여 년 동안은 타고난 기질에 따라 움직인다고 볼 수 있습니다. 기질적으로 예민한 아이는 같은 소리를 듣더라도 시끄럽다고 칭얼대며 귀를 막는다거나, 조금이라도 별로인 냄새가 나는 반찬이 있으면 독립투사처럼 끝까지 입을 열지 않고 강하게 저항하는 모습을 보이는 것이지요. 즉, 환경에 대한 불안과 긴장이 높고, 이 세상은 기본적으로 위협적인 것들이 있다고 느끼기 때문에 방어적으로 행동하게 됩니다.

그렇다고 해서 기질이 계속 예민하고 까탈스럽게 유지되는 것은 아닙니다. 부모와 애착이 안정적으로 이루어지고, 친절하고 유쾌한 친구들이 점차 늘어나면서 세상이 위험하다는 생각이 줄어들게 되면 예민한 기질의 아이도 점차 안정감 있게 행동을 하게 되고, 낯선 사람이나 사물을 대하는 데 여유를 갖게 되는 '심리적 완충지대'를 만들게 됩니다. 이 완충지대가 안정적으로 유지되면서 일정한 패턴을 갖게 되는데, 이것을 우리는 '성격'이라고 부르지요. 즉, 안정적으로 환경에 적응하게 되면서 기질이 유발하는 자동적 반응을 조절할 수 있는 능력을 갖게 되는 것입니다.

따라서 성격은 환경에 적응하는 과정에 따라 달라지기도 합니다. 예컨대 잦은 이직으로 불안정한 생활을 반복하는 사람은 순한 기질을 가지고 있더라도 불안정한 성격 패턴을 보일 수 있습니다. 그러다 이후 생활이 안정되면서 다시금 차분한 성격으로 회복하는 경우가 있습니다. 반대로 같은 직장에 오래 다니더라도 승진을 하면서 조직 내 지위가 달라지면 그에 따른 사회적 압력도 달라지기 때문에 성격이 변하는 경우 역시 다반사이지요. 그래서 직장생활이나 결혼생활 등 환경이 달라지며 사람들의 MBTI 성격유형 역시 달라지는 것은 자연스러운 적응 과정을 반영하는 것이라고 할 수 있습니다. 그런데 이 성격이, 환경과 상호작용을 통해 본격적으로 만들어지는 시기가 바로 사춘기이기 때문에, 아들의 무난한 사회성을 키워 주기 위해서 엄마는 아들의 성격을 바로잡을 수 있는 사춘기를 놓쳐서는 안 됩니다.

뇌과학의 관점에서 적응력과 관련해 가장 중요한 부분 두 가지를 꼽는다면 단연 편도체와 전전두엽(Pre-frontal lobe)이라고 할 수 있습니다. 편도체는 자신을 둘러싼 환경이 안전한지 위험한지 느끼게 하고 긴장이나 공포, 불안을 유발하는 중추로서 기질과 깊은 관련이 있습니다. 전전두엽은 전체적으로 상황을 파악하고 판단하는 고위 인지 지능의 중추로서, 편도체에서 온 신호를 해석하고, 행동으로 이어 가거나 멈추는 통제센터 역할을 합니다. 그 사람의 성격을 드러내는 데에 중요한 역할을 하지요.

편도체의 경우 유아기부터 활발하게 활동하기 때문에 아기 때부터 기질적인 요인을 강하게 드러냅니다. 연구[35])에 의하면 남자보다 여자의 편도체 활동성이 더 크기 때문에 기질적으로 여자가 환경에 더욱 민첩하고 빠르게 대응하고 불안을 느끼는 횟수도 많다고 알려져 있지요. 이런 특성으로 불안 장애와 같은 심리적 증상도 남자보다는 여자에게 더 자주 발생하게 됩니다. 게다가 심장, 내장, 근육과 연결된 신호들이 편도체를 거쳐 뇌의 여러 부위에 연결되기 때문에, 불안이 높아지게 되면 소화도 잘되지 않고 심장이 빠르게 뛰면서 손에 땀이 차는 등의 신체 변화가 동반되기도 하지요. 한편 전전두엽은 사춘기에 들어서는 10대 초반에 본격적으로 발달하게 되며, 성격이 형성되는 데 큰 역할을 합니다.

엄마 입장에서만 아들의 행동을 조율하는 양육 방식은 자칫 아들의 성격이 만들어지는 과정에서 예기치 못한 문제를 만들어 낼 수 있습니다. 특정한 행동과 동기 부여, 가치 판단의 기준에 대해서 엄마는 아들에게 크나큰 영향을 주기 때문입니다. 엄마의 반응에 따라 아이는 용기를 내어 자신의 성향을 키워 가거나, 혼나면서 주눅 들기도 하지요. 뿐만 아니라 아이들이 부모를 어떤 사람으로 인식하는지에 따라 자신들의 정체성을 결정짓곤 하기 때문에, 부모의 성격과 행동, 관심사는 간접적인 영향을 끼치기도 합니다.

아이 성격에 영향을 주는 것들

앞서 이야기했듯이 성격은 사회적 관계를 맺을 수 있는 능력, 적응 능력이라고 할 수 있습니다. 따라서 우리는 아이의 성격에 관해, 아이의 주변 세계와의 연관을 고려할 때에만 비로소 종합적으로 이해할 수 있게 됩니다. 오스트리아의 심리학자 알프레드 아들러(Alfred Adler)는 '대인 관계가 인생의 과제'라고 표현했습니다. 요컨대 성격이란 다른 사람과의 관계에서 드러나는 '마음의 일정한 표현 형식'이며, 그것이 곧 '사회적인 발달'이라는 것이지요. 그리고 이러한 성격은 사회에 적응하기 위해 각각의 목표를 갖게 됩니다. 인간의 모든 행동은 목표에 따라 설정됩니다. 어떤 상황에 놓였을 때 어떻게 행동하고, 어떤 태도를 취해야 하는지에 따라 그 사람의 성격이 드러나기 때문입니다. 성격은 그런 방식으로 우리가 주변 환경, 주위 사람, 삶의 목표를 어떻게 인식하는지 알려 줍니다.

이러한 인식 방법이 그 사람의 라이프 스타일이고, 이 라이프 스타일이 밖으로 드러난 것이 성격이라고 할 수 있지요.

그래서 주위 사람들을 나를 도와줄 친구로 여기는 사람이 있는가 하면, 나에게 위협을 가할지 모른다며 끊임없이 불신하는 사람도 있는 것입니다. 불신하는 사람들은 타인과 적극적으로 관계 맺으려 하지 않고, 자연스레 소극적인 성격이 몸에 밸 것이지요. 따라서 라이프 스타일이 먼저 있고, 뒤이어 자기나 주위 사람이 어떤 사람인지 인식하고, 그에 따라 성격이라는 형태로 라이프 스타일을 밖으로 드러낸다고 볼 수 있습니다. 이러한 라이프 스타일의 모델을 보여 주는 일차 대상은 당연하게도 부모입니다. 아이에게 보여지는 라이프 스타일, 엄마가 다른 사람을 대하는 방식이 아이에게 고스란히 전달됩니다.

부모라면 자기 아이가 어떤 어른으로 자랐으면 하는 무의식적인 이미지를 갖게 됩니다. 그러한 부모의 무의식적 이미지는 딸인지 아들인지에 따라 다르게 투사되기도 하지요. 부모의 무의식적 이미지가 자녀에 대한 기대 심리로 이어지면서 아이의 자아상에 영향을 끼치게 됩니다. 사춘기 청소년의 경우 부모의 애정과 인정을 얻지 못하게 되면 흔히 문제의 원인이 자기 자신에게 있는 것이 분명하다고 오해하게 됩니다. 특히 엄마가 아들에 대해 갖는 이미지를 어떻게 조정해 가느냐에 따라, 아이 역시 자신의 이미지인 자아상이 달라지게 되지요. 이것은 너무나 자연스러운 발달 과정입니다.

아이가 세상에 태어나 최초로 동일시하는 대상은 다름 아닌 부모입니다. 다른 누구보다 부모로부터 신체적 특징이나 신념, 가치

관을 공유하고 배우게 되지요. 때문에 부모의 성격과 관심사, 그리고 직업과 재능은 아이 발달에 큰 영향을 미치게 됩니다. 더욱이 친척들이나 주변 이웃들이 아이를 바라보면서, 흔히 부모 중 하나와 아이가 똑같이 생겼다거나 똑같이 행동한다는 말을 하기 때문에 자신과 부모가 근본적으로 동일한 뿌리에서 나왔다는 것을 무의식적으로 감지하게 됩니다. 그 결과 아이들은 자기와 부모가 고유한 범주에 속한다고 생각하게 됩니다.

이러한 무의식적인 추론은 굉장히 중요한데 사람은 누구나 자신과 동일한 범주에 묶이는 사람과 스스로를 동일시하고, 또 가치판단 과정에서 범주화란 큰 영향을 주기 때문입니다. 예를 들어 올림픽에서 국가대표 선수가 금메달을 땄을 때 자부심을 느끼는 사람들은, 이러한 범주화를 통해 대한민국이라는 범주와 자신을 동일시하는 것처럼 말이지요. 범주화에서 나오는 이런 믿음은 즐거운 자부심을 만들어 내며 자신감을 좀 더 가질 수 있게 해 줍니다. 물론 부모 가운데 하나가 우울증이나 감정 조절의 어려움 등 바람직하지 못한 면을 지속적으로 보이고 있다면 아이는 자부심보다는 수치심을 느끼기 쉽겠지요. 따라서 아이가 갖는 자아상을 결정하는 데 가장 큰 영향을 주는 사람이 부모라는 사실은 거듭 강조해도 지나치지 않습니다.

한 가지 남은 이슈는 사춘기 아이들의 욕구가 정서적 독립이나 자아의 분리에 초점을 두고 있기 때문에, 아이의 성격 형성 과정에서 부모가 아이의 감정에 '질서'를 부여해 주는 것이 무엇보다 중요하다는 점입니다.

아들의 감정에 '질서'를 부여해 주세요

남자들은 사회적 관계의 깊이나 질에 대해 신경 쓰기보다는 상대에 비해 힘이 센지 약한지, 주도권을 자신이 가져오는지 마는지에 더 많은 신경을 씁니다. 특히 사춘기 아들은 상상이든 실제이든 자기의 힘이나 능력이 도전받으면 위협을 느끼지요. 반면에 사춘기 여자아이들은 타인과의 관계가 나빠질 때 불안을 많이 느끼게 됩니다. 그 과정에서 사춘기 아이라면 누구나 긴장감을 느끼거나 불안감과 정면으로 맞닥뜨릴 때가 있으며, 갑자기 고개를 들고 엄습해 오는 불쾌한 느낌의 원인이 무엇인지 알아내려고 애쓸 것이 분명합니다. 그리고 대부분 부정적인 요소 몇 가지 가운데 하나를 고르게 되지요.

일부 사춘기 아이들은 자기가 친구들보다 못생기고 키가 작고 뚱뚱하며, 자신이 좋아하는 과목의 성적도 나쁘고, 체육도 잘하지 못하며, 친구들에게 따돌림을 당하고, 부모에게 심하게 야단을 맞고, 무신경한 아버지나 우울한 어머니가 있고, 자신은 어떤 집단이나 환경에 어울리지 않는다고 생각하기도 합니다. 사춘기 아이들이라면 대부분 그중 하나 이상을 자신이 겪는 불행의 원인으로 여깁니다. 그러고는 대개 자신의 불만족스러운 부분을 부모 탓으로 돌리기도 하지요. 자신이 왜 불안한지 다른 이유를 찾을 수 없기 때문입니다.

이처럼 혼란스러운 자기 모습에 힘들어하는 순간은 사춘기를 지나는 많은 아이들이 겪게 되는 시간이기도 합니다. 이때 아들의 감정에 '질서'를 부여해 주는 것이 엄마의 역할입니다. 남자아이들은 자신이 느끼는 감정을 분명하게 정돈된 형태로 자각하기 힘들어 하며, 감정에 대해 세세한 관심을 쏟는 것이 어렵습니다. 그 이전에 감정이라는 것 자체가 모호한 형체를 갖고 있기에 선명한 말과 단어로 대번에 솟아오르는 것이 아니기 때문이지요.

마음에는 형체가 없습니다. 사랑한다는 마음, 소중하다는 감정은 눈에 보이지 않습니다. 따라서 행동으로, 정제된 언어라는 형식을 갖추어 표현하는 것이 그래서 중요합니다. 그런데 애석하게도 우리 아들은 그러한 표현을 하는 게 어색한 남자이기에 도움이 필요합니다. 특히나 한국 특유의 사회적 분위기가 남자다움이라는 심리적 압력을 더하고 있기도 하고요.

영국 케임브리지 대학교 심리학 교수인 사이먼 배런-코언(Simon Baron-Cohen)은 남자의 의사소통 및 정서에 관한 문헌을 조사하고 분석한 뒤, 남자는 체계에 더 호기심을 느끼고 감정에 대해서는 호기심을 덜 느낀다고 결론[36] 내렸습니다. 또 평균적으로 볼 때 남자는 생명이 없는 사물을 대상으로, 규칙을 분석하는 데 더 많이 끌린다는 결론을 냈습니다. 반면 여자는 몇 개의 단서만 주어진 상태에서도 어떤 사람의 정서적인 상태를 추론하는 실험에서 남자보다 높은 점수를 얻는 모습을 보였지요.

일반적으로 여자는 말과 관련된 기억력이 상대적으로 높고 말을 유창하게 잘합니다. 또 남자는 주로 자기 자신에 대해서 이야기하는 경향이 있는 데에 비해 여자는 다른 사람에 대해 더 많이 이야기하는 모습을 보이고요. 그만큼 타인에 대해 관심이 많다는 뜻입니다. 뿐만 아니라 스트레스를 받는 상황에서, 여자는 남자보다 더 많이 다른 사람의 도움을 구하면서 타인과의 관계를 통해 문제를 해결하려는 모습을 보였습니다. 자기 마음을 적극적으로 드러내고 행동과 말이라는 형식을 갖추어 전달하는 데 익숙한 모습을 보이는 것이라고 할 수 있지요.

따라서 아들과 함께 다양한 상황을 기억하고, 그때 아들이 느낀 감정을 표현할 수 있도록 다양한 형용사로 이루어진 문장을 만들어 주는 것이 중요합니다. 이렇게 노력해도 열에 아홉은 "에이, 몰라. 별거 아닌데 왜 그래. 그냥 넘어가."라는 말이 대번에 나올 것입니다. 저 역시 그렇게 반응하던 아들이었기 때문에 누구보다 잘 알고 있습니다. 하지만 지금은 분명히 변했습니다. 다른 사람의 감정을 읽고 정확한 언어와 행동으로 표현하는 것이 사회적으로 얼마나 중요한 의미를 지니는지 자연스럽게 알게 되었기 때문입니다. 그래서 지금도 상담실에서 만나는 아이들에게 서듭 강조합니다. 네가 생각하고 느낀 것을 있는 그대로 표현하는 연습이 무엇보다 중요하다는 것을 말이지요.

힘들면 힘들다고, 어려우면 어렵다고 표현해야 합니다. 아이가 그것을 계속 참고 있는 것은 아닌지 부모는 신경을 곤추세워야 합니다. 어른의 관점에서 보면 내면의 동요를 드러내지 않고 힘든 일을 참는 것이 성숙한 것이지만, 사춘기 아이는 아직 미완성의 시기를 지나는 중입니다. 성장하고 고민하는 중입니다. 아이에서 소년으로 자라며 갑작스러운 파도에 휘말려 있는데, 분명 힘든데, 그것을 내색하지 않고 참아 내고 있다면 아이 마음에 잔여물이 쌓이고 있는 것은 아닌지 살펴보아야 합니다. 잔잔한 파도가 쌓여 큰 너울로, 쓰나미가 되어 예상치 못한 시기에 밀려올 수 있기 때문입니다.

붙임성 좋은 아이 vs 매끄럽게 화해하는 아이

2명의 사춘기 아이가 있습니다. 시준이는 학기 초마다 구름처럼 많은 친구를 자랑하며 반 아이들 전부랑 친하다고 이야기하는 아이입니다. 엄마가 보기에도 크게 모난 구석이 없는 아이이고, 기질도 순하며 낯선 사람을 보아도 어렵지 않게 다가가서 친해질 줄 아는 아이입니다. 한편 재준이는 종종 친구들과 투닥거려서 엄마 속을 좀 썩이기는 해도, 오래된 친구가 많고 무리에서 리더 역할을 하는 아이입니다. 자기주장이 강한 듯 보이면서도 정말 친한 친구를 위해서라면 고집을 꺾을 줄도 알지요. 두 아이 모두 훌륭하게 자란 아이들이라고 할 수 있습니다. 그런데 저에게 '사회성'이 더 좋은 아이가 누구인지 묻는다면 저는 망설임 없이 재준이가 더 사회성이 뛰어난 아이라고 이야기할 수 있습니다.

사람 사이를 이어 주는 선이 있다면 무엇으로 만들어져 있을까요? 많은 경우 사랑과 관심이라는 강력한 끈이 핵심적이지만 가족과 몇몇 제한된 친구 외에 사랑으로 연결된 관계는 드물다고 할 수 있습니다. 우리가 대부분의 시간을 보내는 곳은 직장이나 학교와 같은 사회 집단이고, 심지어 때로는 가족보다 더 많은 시간을 보내기도 합니다. 그리고 이곳에서 대부분의 인간 관계는 '신뢰'로 형성됩니다. 따라서 사회성이 좋은 사람은 다른 사람에게 신뢰를 받는 사람이라고 할 수 있지요.

그런데 우리는 통속적으로 사회성 좋은 사람을 떠올리면 '붙임성이 좋은 사람'을 머릿속에 그리는 경향이 있습니다. 물론 친밀감을 쉽게 쌓고 낯선 사람에게도 어렵지 않게 다가갈 수 있는 것은 좋은 능력이라고 할 수 있습니다. 하지만 사회성이 정말 좋은지를 판가름하는 열쇠는 관계의 시작을 여는 것도 중요하지만 관계를 지속할 수 있는 힘, 즉 '갈등을 해결하는 능력'에 있습니다. 그리고 갈등 해결을 무난하게 하면서 집단을 안정적으로 유지하는 사람이 신뢰받는 리더인 것이지요. 그래서 사회성이 좋은 아이는 친구와 한 번도 다투어 본 적이 없는 아이가 아니라, 다투더라도 적절하게 사과하고 화해하면서 문제를 해결할 수 있는 아이라고 할 수 있습니다.

신뢰는 다양한 깃징들로 둘러싸여 있는 습관적인 호혜성(互惠性, 즉 서로 혜택을 누리도록 문제를 해결하려는 성질)입니다. 두 사람이 많은 이야기를 나누고 도움을 주고받으며 서로에게 진정으로 기댈 수 있다는 사실을 천천히 깨닫기 시작할 때, 두 사람 사이의 신뢰는 점점 커지게 됩니다. 얼마 뒤에는 상대방과 협력할 뿐만 아니라 상대방을 위해 희생도 마다하지 않는 모습까지 보이게 되지요. 그래서 여러 호르몬의 영향과 생물학적인 발달의 결과로 서로 부딪히는 일이 많아질 수밖에 없는 사춘기 남자아이들의 경우 '친구와 잘 다투는 법'을 배우는 것이 매우 중요합니다.

모든 사춘기 아들들이 문제 행동을 보이는 것은 아닙니다. 전 세계에서 걸쳐 이루어진 장기 추적 연구[37]를 보면 전체 연구 대상 가운데 3분의 1은 청소년기 스트레스로 인한 문제 행동을 보였고, 어른이 되어서도 사회 적응에 어려움을 보였습니다. 또 다른 3분의 1은 청소년기에 큰 스트레스를 받았지만, 문제를 크게 드러내 보이진 않았습니다. 나머지 3분의 1은 청소년기에 스트레스와 어려움을 적극적으로 표현했지만, 문제를 해결하는 과정에서 얻어진 경험이 쌓이며 공감 능력과 의사소통 능력이 모두 향상되는 모습을 보였습니다. 위기를 통해 배우고, 문제를 해결하는 경험을 하는 것이 아이의 발달에 매우 중요하고, 이는 아이의 삶에 무엇과도 바꿀 수 없는 커다란 자산이 됩니다.

이렇게 도와주세요

아들의 행동 하나하나에 엄마의 손길이 필요한 시기는 오직 초등 저학년 시기까지라는 점을 기억해 주세요. 고학년을 넘어 본격적으로 사춘기에 접어드는 시기가 되면 오히려 엄마의 개입이 아들에게 독이 될 수 있습니다. 양육에 있어서 때론 무엇을 하느냐보다 무엇을 하지 않느냐가 더 중요할 때가 있습니다. 바로 이 시기가 그렇습니다.

사춘기 아들의 친구 관계에 대해서는 일종의 신성불가침 영역이라고 생각하고 일단은 지켜봐 주세요. 상담 과정에서 만난 많은 어머니들이 '아이가 싸움에 휘말릴까 봐.' '같은 반 단체 카톡방에서 좋지 않은 평판을 얻을까 봐.'와 같은 다양한 이유로 문제의 소지를 초반에 잘라 버리는 접근을 선호했습니다. 물론 걱정되는 마음과 함께 작은 말다툼 하나에도 학폭위로 이어지는 것은 아닌지 불안한 마음을 모르는 바 아닙니다.

하지만 작은 갈등 하나도 해결해 본 적이 없는 아이는 성인이 된 이후 더욱 큰 취약성을 안기 쉽습니다. 특히 최근 연구[38]를 보면 코로나로 인해 비대면 상태로 수업을 받거나 입 모양을 완전히 가린 채 장기간 마스크를 쓰고 지낸 환경적 요인으로 인해, 다른 사람의 표정과 감정을 읽는 데 취약한 세대라는 점을 감안하면 갈등 해결 능력은 더욱 중요한 사회적 능력이라고 할 수 있습니다.

그러므로 아이가 갈등 상황에 놓이는 것에 대해 생각의 전환이 필요합니다. 사회성 발달에 도움이 되는 기회가 찾아왔다고 믿으시죠. 그리고 먼저 개입하지 말고 아이의 대응을 지켜봐 주세요. 그리고 아이를 믿어 주세요. 대부분의 아이는 문제를 해결할 능력을 갖고 있다는 것을 믿어 주세요. 엄마의 단단한 믿음이 아들에게는 평생 동안 남을 심리적 자산이 됩니다.

> 아이에서 소년으로 변하는 순간, 그동안 아들을 대하던 방식과 작별해야 할 시간은 아들에게도 엄마에게도 중요한 순간입니다. 이제 기억 속에 남아 있던 착하고 어린 아들은 리추얼로 남겨 두고, 새롭게 자아를 찾아 떠나는 아들의 여행을 기다려 주어야 할 시기가 온 것인지도 모릅니다. 아이에서 소년으로, 소년에서 어른으로 자라날 아들에게 안겨 준 특별한 기억은 평생 동안 아들에게 큰 힘이 될 것입니다.
> 아이는 '저절로' 어른이 되는 것이 아니라, 엄마 품을 떠나기 전까지 쌓인 '추억'으로 어른이 되는 것일 테니까요.

'어머니와 아들의 초상화' 아우구스트 리델(독일, 1799-1883)

4장
아들의 사생활

성과 관련된 심리학 이론에서 결코 빠질 수 없는 인물은 역시 지그문트 프로이트입니다. 프로이트 이전에는 발상 자체가 금기시 되었던 유아기의 성적 본능이자 충동인 리비도 개념부터 시작해서 사람의 심리적 발달 단계마다 그에 걸맞은 성적인 발달이 이루어진다는 심리성적 발달(Psychosexual Development)이라는 개념을 통해 다양한 심리 현상을 설명한 심리학자입니다.

구강기, 항문기, 남근기, 잠복기, 생식기라는 5개의 단계를 거치는 동안 어느 한 단계에서 성적 만족이 지나치게 부족하거나 과도하게 되면 아동은 그 단계에 붙들려 고착(Fixation)되고 다음 단계로의 성숙을 이루지 못해서 신경증적인 정신 질환이 나타날 수 있다는 프로이트의 설명에 많은 학자들이 수십 년에 걸쳐 논쟁을 벌여 왔다는 사실만으로도 그의 영향력은 막강한데, 인간의 성(Sex)이 인생 전반에 걸쳐 큰 영향을 미친다는 그의 통찰은 이제 막 성에 눈을 뜨기 시작한 사춘기 아이의 행동을 이해하는 데 있어 중요한 단서를 제공하기도 합니다.

성적 충동이나 성적 관계는 성인이 되어서 일상생활뿐 아니라 결혼이라는 사회적 관계를 맺는 데 있어 강력한 영향을 줍니다. 일반적으로 부모들은 자녀의 성에 대해 이야기하는 것을 힘들어하는 모습을 보이는데, 이는 명백히 잘못된 인식을 반영하는 행동이라고 할 수 있지요. 왜냐하면 성적 충동은 가장 내밀한 욕구인 동시에 사회적 관계를 만들어 가고 공동체를 만들어 가는 사회적 능력이라고 할 수 있는데, 성에 대한 부모의 부정적인 혹은 소극적인 태도가 자칫하면 '사회적 능력으로서의 성'을 위축시킬 수 있기 때문입니다.

혼인율의 저하와 관련된 뉴스에서 등장하는 '초식남(연애나 결혼에 적극적이지 않거나 관심이 없는 남자라는 신조어)'이라는 표현에서 드러나듯이 성적 충동은 개인의 욕망으로만 국한되는 것이 아니라 사회의 일원으로 성장하는 과정에서 적응을 돕는 사회적 능력이라는 점을 감안하면, 사춘기 자녀의 성적 충동을 회피하거나 무시하는 일은 생각지 못한 결과를 초래할 수 있습니다. 그런 점에서 자녀의 성에 대해 회피하거나 소극적인 관점을 갖는 부모라면 역설적으로 자신이 성에 대해 어떠한 태도를 갖고 있는지 되짚어 보는 것이 필요할 수 있습니다.

파도처럼 밀려 들어오는 충동을 다스리는 법을 배워야 할 사춘기 시기를 건강하게 보내지 못한다면, 프로이트가 이야기했듯이 아들의 심리성적 발달 단계가 앞으로 나아가지 못하고 '고착'되어 버릴 수 있기 때문에 이 시기 부모의 태도는 아들을 향해 무조건적인 수용을 할 준비를 해야 합니다.

1. 사춘기 아들의 성(性)

> 성적 충동과 아들의 속마음,
> 프로이트 심리학 너머의 이야기

　사내들은 자라며 어느 시기가 되면, 여인의 아름다움이 자신의 가슴을 너무나 설레게 한다는 사실을 깨닫게 됩니다. 그때부터 사내들은 철없이 헤매기 시작합니다. 그 헤매는 마음이 정확하게 무엇인지 알 수 없지만, 도무지 스스로는 어쩔 수 없는 불덩이가 올라온다고 할까요? 들뜬 것 같은 약간의 미열을 동반한 몽롱한 상태와도 흡사한 충동에 감정이 일렁이게 됩니다. 저 역시 예외는 아니어서 굉장히 강렬한 형태로 아이에서 사내로 변하게 되었다는 것을 깨닫게 된 기억이 선명하게 남아 있습니다.

　중학교 2학년 9월의 어느 날이었습니다. 꿈속에서 어떤 아이와 입을 맞추었는데 그 여자아이가 같은 반에 있는 것을 확인하고 너무나 깜짝 놀랐더랬지요. 평소에 저는 꿈을 자주 꾸지 않는 타입이었고, 그저 눈을 감았다 뜨면 아침이구나 싶은 제가 꿈을 꾸었다는 사실만으로도 놀라웠는데 그 아이가 실제로 존재하는 아이였다니 더욱 놀라웠습니다. 그 아이는 1학기부터 같은 반이었건만 저는 전혀 의식하지 못했는데, 전날 밤 꿈에 그 아이와 입술을 마주했던 게 떠오르면서 그날은 도저히 수업에 집중할 수가 없었습니다.

　그날 이후 학교 갈 때마다 그 아이만 쳐다보게 되고, 말을 걸고, 그 아이가 다니는 학원을 물어보며 끝나는 시간을 기다리는, 그렇고 그런 사춘기 열병을 앓기 시작한 것은 다름 아닌 한 번의 꿈 때문이었습니다. 미처 의식하지 못했던 같은 반 여자아이와 꿈속에서 입을 맞추었던 것이 그처럼 강렬하게 마음에 불을 지피는 일이 되리라고는 전혀 상상하지 못했던 일입니다.

지금 돌이켜 생각해 봐도 기이할 정도로 강한 감정이지요. 그런 열정이 있었기 때문일까요. 그 아이에게 로맨틱하게 보이고 싶은 마음에, 학원이 끝나길 기다리며 3시간 넘게 무작정 기다리던 겨울 저녁의 풍경도 이젠 추억이 되었습니다. 물론 그때는 스마트폰은 물론이고 심지어 삐삐도 없던 시기였기 때문에 누군가를 기약 없이 기다린다는 것에 대한 동경이 있기도 했을 것입니다. 그렇게 피어오른 열꽃은 대상을 바꿔 가면서, 어느 날은 학원에서 처음 본 아이에게 호감이 가다가, 어느 날은 아파트 1층에서 만난 고등학생 누나까지, 중학교 2학년에서 3학년으로 넘어가던 그 시기는 꿈과 함께 강렬한 성적 호기심을 불러일으킨 시기로, 세게 기억됩니다. 꿈을 통해 성적 욕망을 이야기했던 프로이트의 말처럼, 꿈이 저의 사춘기 시작을 알리는 신호탄을 쏘아 올린 셈이지요.

사춘기 아들의 마음에 이성에 대한 호기심이 반짝이는 순간, 들불처럼 일어나는 열망은 그 무엇보다도 강렬합니다. 그 열망의 핵심에는 역시나 이성적(rational)이지만 여전히 '동물'로서의 본능이 자리 잡고 있지요. 남성 호르몬인 테스토스테론이 시상하부에 있는 성적 흥분과 관련된 뉴런 덩어리를 여자에 비해 더 크게 발달하게 만드는 것으로 알려져 있습니다. 때문에 여자가 남자의 누드를 볼 때보다 남자가 여자의 누드를 보고 더욱 빠르게 흥분하는 결과가 나오는 것이지요.

　　이 시기에는 또래 친구들이 무엇보다 중요합니다. 대부분의 남자아이들은 이성에 대한 호기심을 충족하는 방식을 친구를 통해 알게 되기 때문입니다. 심지어 성에 대한 호기심을 표면적으로 드러내고 이야기하는 것이 어려운 우리나라의 분위기를 감안하면, 더더욱 아이들은 친구들과 은밀한 대화를 나누며 성적 모험을 탐닉하기 쉽습니다. 그렇다면 이 시기에 접어든 아들에게 무엇을 해 줄 수 있을까요?

　　앞서 이야기했듯이, '무엇을 하느냐'도 중요하지만 '무엇을 하지 않느냐' 역시 아이를 키우는 과정에서 매우 중요합니다. 따라서 이 시기에 직접 엄마가 아들의 성에 개입하는 시도는 풍부한 대화나 교감이 전제된다고 하더라도 매우 어렵고 난해한 일이므로, 사실상 직접 대화를 하는 것은 일차적으로 피하고, 아빠나 동성 전문가의 도움을 받는 것이 권장됩니다. 특히 남자로만 살아왔던 사람이 여자의 성을 구체적으로 알 수 없듯이, 엄마 역시 아들이 느끼는 강한 성 충동을 아는 것은 불가능에 가깝기 때문입니다.

　　대신 아이가 어울리고 있는 아이들의 성향을 파악하고, 이성교제에 대한 내용 역시 틈틈이 대수롭지 않게 물어보는 정도의 대화만 되어도, 청소년 아들내미를 키우는 엄마로서는 최고라고 할 수 있습니다. 아들은 분명히 엄마에게 "내가 알아서 할게."라는 말을 할 테지요. 물론 서운하게 느껴질 수 있습니다. 하지만 아들의 그런 표현 자체가 사춘기 아이의 모습이라는 것을 받아들이는 것이 중요합니다. 날 선 말투, 삐딱한 태도와 무심한 말이 거슬리지만, 그 시기 발달의 모습입니다. 이 글을 읽고 있는 부모 역시 정도의 차이만 있을 뿐 그런 시기를 분명히 지났으니까요.

10대의 성에 대해

아직도 한국 사회는 10대의 성에 대해 열려 있지 않지만, 2022년 시작한 종합편성채널 MBN의 〈고딩엄빠〉 프로그램에서 10대에 부모가 된 아이들을 다루면서부터 10대의 성에 대한 사회적 관심이 증가하는 추세입니다.

2022년 발표된 여성가족부 〈위기청소년 지원기관 이용자 생활실태조사〉의 통계에 의하면, 상담복지센터를 방문한 12세에서 18세 사이의 청소년 970명을 대상으로 '성관계 경험 유무와 첫 성관계 경험 연령'을 산출해 보았더니, 12.2%가 성관계를 해 본 적이 있는 것으로 답변했고, 중학교 2학년 전후로 첫 성관계 경험이 2배 뛰어오르는 결과가 나왔습니다. 물론 상담복지센터를 방문한 아이들을 대상으로 진행된 설문이었기 때문에 고민을 안고 있는 아이들이 더 많이 찾아왔을 것을 감안해서 본다고 하더라도, 성관계 경험 유무에 대하여 12%라는 비율은 어른으로서, 부모로서 아이들에게 적절한 시기에 맞춰 성교육을 해야 한다는 점을 시사하고 있습니다. 특히 중학교 2학년 이후로 경험 비율이 정확히 2배 증가한다는 것을 감안하면, 피임이나 임신에 대한 유의점을 분명하게 강조하고, 자신의 몸을 정확하게 알 수 있도록 빠르게 개입할 필요가 있습니다.

문제는 부모 역시 성교육을 제대로 받은 적이 없다는 것에서 기인합니다. 어찌 보면 당연한 결과일지도 모릅니다. 저 역시 학창 시절에 받았던 성교육을 생각해 보면 정자와 난자가 만나는 조악한 영상을 하나 본 것이 전부이기 때문이지요. 대부분의 부모 세대 역시 성에 대해 잘 모르는 상태에서 성폭력이나 몰카 범죄와 같은 기사들이 연이어 쏟아지는 걸 보며 막연한 불안감이 커지게 됩니다. 그래서 성에 호기심을 갖거나 성교육을 하는 것에 대해 조심스러워하거나 부담스러워합니다. 더군다나 성(sex)이라고 하면 많은 사람들이 19금 영화나 포르노에 나오는 행위를 먼저 떠올립니다. 그래서 이런 내용을 아이들에게 어떻게 전달해야 할까 걱정부터 앞서는 것이지요. 가장 안타까운 것은 그렇게 미루다 나중에 문제가 터졌을 때 전문가의 도움을 찾는 경우입니다. 그러므로 본인이 감당하기 힘들다고 느끼게 되면 중학교 입학할 때쯤에는 성교육 전문가의 도움을 받을 수 있도록 지도해 주는 것이 큰 도움이 됩니다.

엄마가 몰랐던 인터넷 속 영상들

"퇴근하는 길에 전화가 옵니다. 중학교 1학년이 된 둘째 아들의 전화입니다. 대충 이 녀석이 왜 전화를 했는지 짐작이 갑니다. 이유를 알고 있으니 더욱 받기가 망설여지더군요. 열 번도 넘게 울리는데 끊기지 않습니다. '미안 아들. 진동으로 해 놨는데 몰랐네. 학교 갔다 왔어?'라고 하면서 늦게 받았다는 거짓말도 자연스럽네요. 아들이 얘기합니다. '네, 다녀왔어요. 근데요, 엄마 집에 언제 와요?' 저는 다시 생각이 많아집니다. 30분 뒤? 아니면 1시간 뒤? 차라리 집 앞에 다 왔다고 할까? 순간 머리가 복잡해집니다. '지금 출발하니까 30분 안에 갈 거야.' 아들이 이야기합니다. '네, 엄마. 근데 오늘 저녁밥엔 생선 먹고 싶어요.' 시장에 다녀오라는 얘기입니다. 시장 가는 데 20분, 물건 사고 계산하는 데 10분. 다시 집에 가는 데 30분. 이놈이 시간을 벌기 위해 하는 말일 터. '아들이 먹고 싶다는데 사 가야지. 알았어.' 전화를 끊자마자 한숨이 절로 나옵니다. 저는 이렇게 생긴 1시간 동안 아들이 뭘 하는지 알거든요. 바로 '야동(야한 동영상)'을 보려고 한다는 것을요. 첫째가 무난한 사춘기를 보내서 둘째도 그러려니 했던 게 지민의 착각이었나 봅니다. 'N번 방 사건' 이후로 한참 불법 영상에 대한 뉴스가 쏟아져 나올 때, 아들이 툭 하고 내뱉은 '요즘 저런 영상은 다 보는 거 아니야?'라는 말이 마음에 콕 박혀서 그날 밤 아들이 잠들자마자 컴퓨터를 샅샅이 훑었고, 감춰진 폴더 속 야동 파일을 발견한 저는 어찌할지 몰라 파일을 모두 지워 버렸습니다. 심지어 성인 사이트 접속 기록도 인터넷에서 발견하고 나니 당장 뭔가 해야겠더라고요. 아무래도 같은 남자인 남편이 말하는 게 좋을 것 같아서 자초지종을 얘기하고 부탁을 했는데, 남편은 영 내키지 않는 표정으로 일관했습니다. 방에서 아들과 남편이 이야기하는 걸 엿듣고 있었는데 '아니, 누가 야동이랑 실제랑 구분 못 하냐고요. 하루이틀도 아니고.' 뭐? 하루이틀도 아니고? 순간 욱한 저는 방문을 쾅 열어젖히고 '너 도대체 야동을 언제부터 본 거야?'라고 흥분해서 따졌습니다. 그날 이후로는 아들과 전쟁 중입니다. 스마트폰 안심 서비스도 설치했건만 아들은 안심 서비스 해제시키는 법을 검색 한 번으로 무력화시키더군요. 어떻게 해야 할까요? 도와주세요."

사춘기는 한자로 '思春期', 생각할 '사', 봄 '춘', 기간 '기'입니다. '봄을 생각하는 기간'이란 뜻이지요. '춘화'라는 말 들어 보았나요? 그 뜻에서 알 수 있듯이 '춘'은 성적인 의미를 함유하고 있습니다. 그러므로 사춘기는 성에 눈을 뜨는 시기라는 의미가 되며, 마찬가지로 사춘기를 뜻하는 영어 단어 'puberty' 역시 '성인'이라는 의미를 가진 라틴어 'pubertas'에서 유래했습니다. 사춘기는 청년기를 시작하는 단계로, 생식능력을 획득할 수 있도록 일련의 생물학적 변화가 일어난다는 의미를 동양과 서양 모두 담고 있는 것이지요.

반복해서 테스토스테론 샤워를 언급했지만, 만 9세부터 15세까지 남성 호르몬 수치가 무려 20배가 증가한다는 점을 생각하면, 야동에 목을 매며 엄마의 퇴근 시간을 확인하려고 하는 아들의 모습이 이해 못 할 바는 아닙니다. 테스토스테론이 맥주라고 생각하면, 9세 남자아이는 매일 한 컵(180㎖)을 마시는 데 반해 15세가 되면 하루 동안에 무려 7리터에 달하는 양의 맥주를 들이켜는 셈이지요.

여기에 더해 아이들이 음란물에 접근할 수 있는 경로가 더욱 쉬워졌다는 점이 문제입니다. 3년간의 코로나 시대를 거치며 진행된 비대면 수업으로 인해 스마트 기기 사용이 확대되면서 부모 역시 아이들의 스마트 기기 접근 제한을 풀어야 했고, 이로 인해 역설적이게도 아이들의 음란물 접근이 쉬워지고 있기 때문이지요. 실제로 여성가족부의 〈2020년 청소년 매체 이용, 유해환경 실태조사〉에 따르면 2020년 초등학생의 음란물 경험 비율은 33.8%로 2018년의 19.6%에 비해 급격히 증가한 것으로 나타났습니다. 그렇다면 아들의 자위행위에 대해, 음란물 시청에 대해 어떻게 대처해야 할까요?

무엇보다 중요한 것은 아이의 성에 대한 엄마와 아빠의 '태도'입니다. 우리나라에는 다양한 분야에서 신뢰받는 전문가들이 있습니다. 반려견 전문가인 강형욱 훈련사나 육아에 있어 으뜸인 오은영 박사가 대표적이지요. 저 역시 이들 전문가의 팬이자 시청자로서 프로그램을 보며 느낀 게 있습니다. 바로 전문가의 개입을 통해 반려견의 주인이나 아이의 부모가 보이는 태도에 변화를 준다는 점이 있습니다. 물론 다양한 솔루션이 제공되지만, 가장 핵심이 되는 것은 전문가의 개입을 받아들이는 과정에서 부모나 견주의 태도가 완전히 달라진다는 점입니다.

마찬가지로 아이의 성에 대한 부모의 태도가 중요합니다. '모든 인간은 성적인 존재'라는 것을 인정하는 것에서부터 시작합니다. 성적 존재라는 것은 결국 누구나 '성적 욕망'을 가지고 있다는 뜻이지요. 그런데 부모가 성에 대해 불편하다고 느끼면 그 태도가 아이에게 고스란히 전달됩니다. 아이도 성을 불편하고 숨기고 싶은 것으로 인식하게 되지요. 아들 역시 성적 존재라는 것을 인정하고,

편안하게 이야기를 풀어 가는 마음가짐과 태도를 갖는 것이 가장 중요합니다. 그렇다고 해서 '몽정 파티' 같은 것을 권유하는 것은 아닙니다. 아이의 마음이 준비되지 않은 상태에서 일방적으로 열리는 몽정 파티는 아들에게 부끄럽고 치욕스러운 경험이 될 수 있습니다. 관계 형성을 위한 태도가 중요하다는 점만 기억해 주세요.

다음 단계는 경계를 긋는 연습을 하는 것입니다. 특히 중요한 것은 신체적 경계뿐만 아니라 심리적 경계를 포함합니다. 예컨대 아이의 사생활을 캐묻거나 자위행위를 하는 것이 예상되는 시간에 습격하듯이 방문을 여는 등의 행동은 신체적 경계와 심리적 경계 모두를 허물어 버리는 행동입니다. 경계가 무너지면 관계가 무너집니다. 아이가 자위행위를 시작했다고 인지한 그 순간부터는 일단 아이의 경계를 지켜 주고 존중해 주어야 합니다.

경계를 확보한 다음에는 잘못된 성 관념이나 잘못된 행위를 바로잡는 대화가 필요합니다. 결론적으로 모든 음란물은 기본적으로 자녀가 시청하지 못하게 하는 것이 맞습니다. 음란물 자체가 불법이기도 하고, 무엇보다 그 안에서 묘사되는 성은 사랑 없이, 비정상적이고 자극적인 설정들(근친상간, 불법 촬영, 성범죄 등)만 적나라하게 묘사되기 때문에 그렇습니다.

실제로 행정안전부에서 2012년 발표한 〈청소년 성인물 이용 실태조사〉에 따르면, 음란물을 보고 변태적인 장면을 자연스럽게 여기게 되었다는 반응이 16.5%, 성추행 충동을 느꼈다는 답변이 5%로 나타났습니다. 물론 아이들은 나름의 분별력으로 실제와 가상을 혼동하지 않으려 하지만, 성관계라는 한 번도 접해 보지 못한

미지의 세계에 대해서는 판단의 근거가 없기 때문에 음란물 시청은 절대적으로 막는 것이 필요합니다. 그리고 음란물을 시청한 아이를 겁주거나 체벌하는 일은 절대 피해야 합니다. 음란물을 본 아이를 발견했을 때 부모와 아이 모두 당황합니다. 들킨 것만으로도 부끄러운데 이걸 겁주거나 체벌하게 되면 죄책감만 각인됩니다. 당황스럽지만 침착하게 상황 파악부터 해야 합니다. 어떻게 보게 되었는지, 누구를 통해 정보를 얻게 되었는지, 현실과 영상이 어떻게 다른지, 책임을 지는 것의 의미를 이야기해야 합니다.

마지막으로 아이의 자위행위에 대해서는 철저하게 에티켓을 알려 줄 필요가 있습니다. 자위행위 자체는 누구나 할 수 있는 자연스러운 행위지만, 누군가에게는 여전히 부끄럽고 불편한 주제이기도 합니다. 생각해 보면 '이팔청춘'이라는 표현에 많은 것이 담겨 있습니다. 춘향이와 이도령이 사랑을 나누었던 나이가 이팔청춘, 16살이었으니까요. 20세기 중반만 하더라도 굳이 자위행위에 집중할 필요 없이 상자 배우자가 될 사람과 성관계를 하는 것으로 성욕을 해결하는 것이 자연스러운 분위기였습니다. 당장 할아버지, 할머니 연배의 결혼 연령만 생각해 봐도 그렇고요. 노인들은 당시를 회상하며 "애가 애를 키웠었지."라는 말을 하는데, 그만큼 사춘기는 성적 능력을 갖게 되는 시기이기에 자위행위 역시 자연스러운 발달 과정으로 받아들이는 게 좋습니다.

하지만 음란물을 보면서 하는 자위행위는 아이에게 독이 되기 때문에, 자위행위를 하는 것과 음란물을 보면서 하는 행위 사이의 차이를 설명해 주는 것이 필요합니다. 음란물을 보면서 자위행위를 자주 하게 되면 점진적으로 쾌감을 감소시키고 성욕 감퇴와 발기부전으로 진행되어, 정작 성인이 되어서는 건강한 성생활이 어려워지는 성기능 장애를 유발할 수 있습니다. 게다가 음란물을 보며 자위행위를 하게 되면 사정에 이르는 시간이 단축되는 결과를 보이기도 하므로, 이후 성인이 된 시기에 큰 영향을 줄 수 있다는 점을 아이에게 주지시켜 줄 필요가 있습니다. 그러므로 자위행위를 하는 것은 자연스러운 일이라고 알려 주고, 음란물을 보지 않은 채 몸의 감각에 집중해서 자기 방에서 할 수 있도록 가이드라인을 주는 것이 더 바람직합니다. 성기에 과도한 자극을 주거나 압박하는 것을 피하는 법 등을 아버지가 알려 주면서 기본적인 청결과 뒷정리를 가르쳐 주는 것이 좋습니다.

영국 옥스퍼드 대학의 저널[39]에 따르면, 남자의 경우 주기적인 자위행위를 통해 전립선암 위험도를 줄일 수 있는 것으로 알려져 있습니다. 사춘기에서 폐경에 이르기까지 정해진 개수의 난자를 갖는 여자와 달리, 남자의 경우 정기적으로 정자를 배출하면서 신선한 정자를 계속 만드는 것이 전립선 건강에 도움이 되기 때문입니다. 자위행위는 불필요한 성적 긴장감을 해소하고 관리하는 자연스러운 행위라는 점을 아이에게 전달하고, 자신의 성적 욕구를 부끄러워하지 않도록 심리적 경계를 지켜 주어야 합니다.

위에서 언급한 방법들이 지나치게 이상적으로 느껴질 수 있습니다. 실제로 아이들은 자위행위를 화제에 올리는 것 자체를 극심하게 꺼릴 수 있는 것 역시 사실입니다. 하지만 친구가 보낸 카톡 링크를 한 번만 클릭해도 음란물이나 성인 사이트에 노출될 수 있는 시대에 사는 아들에게는 적절하게 지도해 줄 선생님이 필요합니다. 부모가 할 수 있다면 가장 좋고, 부담스럽게 느껴진다면 전문가의 도움을 받아도 좋습니다. 중요한 것은 아이의 성장에 맞춰 이루어지는 성적 발달을 정면으로 마주해야 한다는 사실입니다.

많은 부모가 사춘기 아들과의 갈등을 피하려 하고, 아이를 자극하지 않는 것이 최선이라고 생각합니다. 그 결과 아이의 잘못된 행동이나 생활 방식을 지적조차 하지 못한 채 방치하기도 하지요. 아이의 독립성을 존중하고, 정서적 독립을 하게 하라는 메시지를 '아이에게 절대 개입하지 않는 것'이라고 오해하면 안 됩니다.

아이의 사춘기는 오히려 부모가 자녀와 '잘 싸워야 하는 시기'입니다. 단, 찍어 누르는 방식은 금물입니다. 부부 싸움에서도 승자와 패자가 있는 것이 아니듯이, 아이와 부모의 싸움에서도 승자와 패자가 존재해서는 안 됩니다. '어떻게 해결할 수 있을까?' '정말 도움이 되는 방식이 뭘까?'를 얻어 내기 위해 싸워야 합니다.

아이와 잘 싸우면 평소에 말하지 못했던 것이나 불만을 듣게 됩니다. 아이가 자기 문제를 털고 나면 그제야 해결의 실마리가 보입니다. 사사건건 부딪히는 것도 바람직하지 않지만, 아이가 실제로 문제에 빠졌다고 생각될 때 개입하지 않는 것도 바람직하지 않습니다. 특히나 성에 대한 개념을 잡는 시기에 아이가 잘못된 인식을 가질 우려가 있을 때에는, 아이와 싸워서라도 내면의 문제를 수면 위로 끌어내야 합니다. 아이와 잘 싸우고 문제를 대면해야 합니다. 아이를 이기기 위해서가 아니라, 아이를 어떻게 도와주어야 하는지 알기 위해 싸운다는 사실을 기억해 주세요.

2. 게임 중독은 정말 중독일까?

잠까지 줄여 가며 게임에 집착하는 아들, 게임 중독일까?

2019년 세계보건기구 WHO가 게임 중독에 질병코드를 부여하면서 논란의 중심에 서게 되었습니다. '게임 이용 장애'라는 정식 질병코드(6C51)가 도박 중독(6C50)과 같은 분류인 중독성 행위 장애(Disorders due to addictive behaviours)로 등록된 것이지요. 스위스 제네바에서 열린 총회에서 만장일치로 통과되었는데, 게임업계는 강력하게 반발했고 정신 질환 관련 종사자들 사이에서도 논란이 있는 상황입니다.

〈게임 이용 장애 진단 기준〉
- 일상생활이 게임으로 지배될 수준의 과몰입 상태에 있음
- 게임을 못 할 때 금단 증상, 짜증, 불안감, 슬픔이 생김
- 내성이 생겨 점점 게임 시간이 늘어남
- 조절 능력의 소실
- 다른 인간 관계나 기존에 갖고 있는 취미에 대한 흥미가 현저하게 떨어짐
- 부정적 감정, 무기력감, 죄책감, 불안으로부터 도피하기

위해 게임을 함
- 인터넷 게임으로 대인 관계, 직장, 학교생활에서 큰 위기에 처한 적이 있음
- 심리적 문제가 있다는 것을 스스로 알면서도 과도하게 게임을 이용함
- 게임을 얼마나 많이 하는지에 대해 거짓말을 함

위에 나열된 행동 패턴이 최소 12개월 동안 지속되는 경우, 게임 중독을 의심할 수 있습니다. 그런데 이러한 진단 기준에서의 핵심은 '게임에 몰입하는 시간의 많고 적음'이 아니라 '통제 능력의 상실 여부'입니다. 예를 들어 잦은 연말 모임으로 술을 마시는 시간이 단순히 늘어났다거나 한 번에 음주량이 확 늘었다고 해서 알코올 중독이라고 하지 않는 것처럼, 게임 시간이 많다고 하더라도 조절이 되고, 학교생활을 하는 데 있어 지각을 하거나 등교 거부를 하는 일이 발생하지 않는다면 게임 중독이라고 보기 힘든 것이지요.

게임이 중독된다는 것을 지지하는 입장에서는, 과도하게 게임에 몰입하고 시간을 쏟으면 그 결과로서 전두엽 기능이 떨어지고 ADHD 양상을 보이며 사회적 관계가 망가진다고 생각합니다. 즉, 게임 중독이 문제의 원인이고 그에 따라 부차적인 일상생활에서의 문제가 뒤따르기 때문에 게임 중독을 질병으로 볼 수 있다는 이야기입니다.

반면 청소년기 발달 연구자들은 아이가 원래 가지고 있던 ADHD나 우울감, 불안의 결과로 나타난 것이 게임 중독이라고 생

각합니다. 저 역시 이러한 입장을 지지하는 편입니다. 게임 중독을 단일 질환이 아니라 일종의 합병증으로 보는 관점이지요. 그래서 치료의 목표도 게임 중독이 핵심이 아니라 중독을 일으킨 원인이 되는 ADHD의 충동 억제 실패 증상, 불안과 우울 등의 정서적 문제를 중심에 두고 생각하게 됩니다. 건강한 발달을 보이는 청소년이라면 게임을 좋아하고 몰입하는 시기가 일시적으로 나타났다가도, 중독으로 가기 전에 스스로 문제를 해결할 수 있다고 보는 것입니다.

아이들의 게임 사용과 관련해서 엄마가 알아 두어야 하는 것은 막연한 공포를 갖지 않는 것입니다. 상담을 하다 보면, 아이들이야말로 현실의 냉혹함을 누구보다도 잘 알고 있다는 것을 느끼게 됩니다.

자기가 살고 있는 집이 어디에 있고, 부모의 경제적 상황이 어느 정도인지 어렴풋이 알고 있기도 합니다. 같은 학원에 다니는 아이들과 성적에 대한 고민을 이야기하기도 하고, 부모의 경제력에 따라 자기의 미래가 결정된다는 생각을 하는 아이를 만나기도 했고요. 최근에 중학교 2학년 남자아이가 "요즘은 의대 못 가면 평생 가난하게 살다가 제대로 취업도 못할 텐데, 저는 어차피 의대 가지도 못할 거라 공부하기도 싫어요."라는 말을 태연하게 하는 것을 보고 한참을 붙잡고 이야기했던 기억이 납니다.

자신이 처한 상황이나 능력에 대한 열등감과 우울감을 극복할 수 있는 유일한 공간이 게임인 아이들을 만나다 보면, 아이들 마음 한구석에는 결국 '인정에 대한 욕구'가 숨어 있다는 것을 알게 되지요. 그리고 실제로는 하고 싶은 다른 일들이 많은데, 학원에 가서 가만히 앉아 있는 시간이 워낙 많다 보니 참는 게 일이 된 아이들에게 그나마 게임이 친구들과 어울려 노는 출구가 된 것입니다. 방학 때마다 세계 일주를 할 수 있고 직접 축구 선수 메시를 만나 볼 수 있는 게 가능한 아이라면, 컴퓨터로 하는 축구 게임이 얼마나 시시하게 느껴질까요. 실제로 들판을 달리며 깊은 산속 캠핑을 즐길 수 있다면 게임 속 몬스터를 잡는 데 그만큼 집착할까요?

게임은 술이나 담배와 같은 물질 중독과도 다르고, 도박과 같은 행위 중독과도 다릅니다. 물질 중독이나 행위 중독은 도파민의 보상회로를 자극하여 쾌감을 준 다음, 이 쾌감에 익숙해지는 과정이 반복되면서 내성과 금단 증상을 거쳐 중독이 만들어집니다. 게임을 할 때 아이가 '게임을 하면 시험도 망치고 대학교도 못 가고 인생을 망치게 될 거야.'라는 생각을 하면서도 강박적인 집착에 의해 피시방에서 떠나지 못한다면 그것은 중독이라고 할 만하지요.

하지만 그것은 단지 부모의 신입관일 뿐 아이는 질대로 저렇게 생각하지 않습니다. 친구들과 같이 어울리고 싶어서, 게임 속 동료들과 소통하고 싶어서, 내 능력을 자랑하고 싶어서와 같이 훨씬 단순하고 직관적인 이유로 게임을 하는 것입니다.

공부하기 싫어서 게임으로 도피하는 아이에게 허용적인 태도를 보이게 되면, 악순환에 빠져드는 것은 아닐지 우려하는 것은 부모로서 충분히 할 수 있는 걱정입니다. 하지만 부모 스스로 자신의 어린 시절을 돌이켜 볼 때, 단순히 '안 된다.' '어른이 되면 알게 될 것이다.'와 같은 식의 꾸지람이 과거의 자신에게 어떤 감정과 영향을 주었는지 회상해 본다면, 그 전달 방법에 있어 조금 더 신중하게 고민해야 한다는 것에 동의할 수 있을 것입니다. 게임을 하는 것이 시간 낭비라는 가치 판단은 적어도 사춘기 아이 스스로 해야 하는 것이지, 부모를 비롯한 타인이 결정하고 무조건적으로 금지하는 것이 좋은 일은 아닙니다.

그렇다면 우리는 지나친 불안감을 내려놓고, 게임이 아이에게 줄 수 있는 순기능에도 귀 기울이고, 어떻게 게임이란 도구를 건강하게 사용할 수 있을지 고민해 보아야 합니다. 섣불리 금지하는 것만으로 우리 아이들이 행복해지거나 공부를 더 열심히 하게 되는 것은 절대로 아니기 때문입니다. 방학이 되어 게임에 몰두하는 아이에게, "너 중독이야. 병이니까 하지 마."처럼 공감이나 소통 없는 말은 아이에게 명령일 뿐, 반감과 역효과를 불러오기 쉽습니다.

여기서 엄마가 관심을 기울이고 확인해야 할 사항은 아이가 어떤 게임을 하고, 게임 안에서 어떤 역할에 흥미를 느끼고 있는지, 게임 속 캐릭터를 왜 좋아하는지 대화하면서 이해하는 것입니다. 혹시 외롭거나 친구가 없는 것은 아닌지, 불안하거나 우울한 어떤 일을 잊고 싶어서 게임을 하는 건 아닌지, 그 원인에 대한 진지한 배려와 이해가 선행된다면, 이미 우리 일상에 깊숙하게 들어와 버린 이 중요하고도 까다로운 문제에 보다 현명하게 대처할 수 있을 것입니다.

게임 습관 자가 진단

아들이 이미 게임에 흠뻑 빠져서 통제력을 잃고 지나치게 과몰입하는 경우, 한국콘텐츠진흥원 홈페이지(www.kocca.kr)에서 8세 이상(초등학교 1학년)부터 19세(고등학교 3학년)까지 '게임 습관 자가 진단'을 해 볼 수 있습니다. 이 설문을 통해서 게임 습관을 체크하고, 과몰입군·과몰입 위험군·일반사용자군·선용군 등의 결과를 보면서 아이의 중독 상태를 확인할 수 있습니다.

〈게임 습관 간이 자가 진단〉

(그렇다 3점, 보통 2점, 아니다 1점)

1. 게임을 하면서 즐겁게 사는 에너지가 생긴다.
2. 게임을 통해서 내 생활에 쓸 수 있는 새로운 아이디어가 생긴다.
3. 게임을 하면서 기분 전환을 한다.
4. 게임을 통해 집중하는 경험을 한다.
5. 게임을 잘할 때 내가 대단하다는 느낌이 든다.
6. 게임을 하면서 친구들과 잘 어울린다.
7. 게임을 통해서 일상에서 경험하기 힘든 다양한 경험을 하게 된다.
8. 게임을 하면서 무엇인가에 완전히 빠져드는 경험을 한다.
9. 상대방과의 경쟁에서 이기거나 레벨 업을 하면 성취감을

느낀다.

10. 게임을 통해 친구들과 함께 나눌 수 있는 일들이 많다.
11. 기분이 좋지 않을 때 게임을 하면 쉽게 기분이 풀린다.
12. 원하는 만큼의 만족감을 느끼려면 전보다 훨씬 더 오래 게임을 해야 한다.
13. 게임을 못 하거나 갑자기 게임 시간을 줄이게 되면 초조하고 불안해진다.
14. 매번 계획한 시간보다 훨씬 더 오래 또는 자주 게임을 한다.
15. 여러 차례 게임을 줄이거나 끊으려고 했으나 실패했다.
16. 하루 중 대부분의 시간을 게임을 생각하거나 실제로 하는 데에 보낸다.
17. 게임으로 인해 가족이 함께 하는 중요한 일(예: 여행, 집안 행사 등)에 빠지거나 가더라도 제대로 참여하지 못한다.
18. 건강이 나빠짐(예: 어깨 통증이나 시력 약화 등)에도 불구하고 게임을 계속하게 된다.
19. 게임을 못 하거나 갑자기 게임 시간을 줄이게 되면 무기력하고 우울해진다.

27점~57점 과몰입군 / 21~26점 과몰입 위험군 / 12~20점 일반사용자군 / 0~11점 선용군

(위는 한국콘텐츠진흥원의 게임 습관 자가 진단을 편집하여 제시한 것입니다. 보다 정확하고 구체적인 검사는 전문기관에 의뢰해 주세요.)

게임 중독이나 미디어 중독 문제가 오래 지속되면 불안 문제나 자기통제의 어려움을 겪을 확률이 높으므로 반드시 조기에 개입해야 합니다. 아이의 게임 이용과 관련하여 무조건 중독으로 바라보는 시선보다는 정확하게 이용 방식을 파악하고 대처하는 것이 중요합니다. 전문가들은 게임 이용자의 성향에 따라 다음 네 가지 유형으로 분류하고 있습니다.

1) 과몰입군: 게임의 긍정적 결과는 거의 없고, 게임 이용에 문제가 많이 발견되는 고위험 집단입니다. 일상생활에 심각한 지장을 주는 상황에 처해 있을 확률이 매우 높은 그룹입니다. 게임 과몰입 해소 및 생활 적응을 위해 즉각적인 전문 상담 서비스가 필요합니다.

2) 과몰입 위험군: 게임의 긍정적 결과가 있기는 하지만, 동시에 게임 이용에 문제가 많이 발견됩니다. 게임 이용에서 발견되는 문제를 해결하기 위한 전문 상담 서비스가 필요합니다.

3) 일반사용자군: 게임 이용에 특별한 문제도 없고, 게임의 긍정적 결과도 없습니다. 건전한 게임 이용 습관을 기르기 위해서 꾸준히 노력하면 일상생활에 지장을 줄 정도의 문제가 생길 확률이 낮습니다.

4) 선용군: 게임 이용에 특별한 문제가 없고, 게임을 건전하게 사용하고 있습니다.

정말로 중독이 문제가 되는 경우들

대부분의 청소년 아이들은 적당한 범위 안에서 게임 시간을 조절하고 학교생활에 심각한 영향을 받을 정도로 탐닉하지 않습니다. 그런데 실제로 중독이 의심되는 경우에는 즉각적으로 전문가의 도움을 받음으로써 빠르게 일상을 회복할 수 있는 것이 사실입니다. 우선 중독(Addiction)이라는 단어가 일상에서 워낙 자주 사용되다 보니 정신 질환의 맥락에서 진단을 받을 정도의 중독이 어느 정도의 심각성을 가지고 이야기되는 것인지 알아볼 필요가 있습니다.

사전적 의미에서의 중독은 '음식물이나 약물의 독성에 의해 신체 기능이 장애를 일으키는 일' 혹은 '알코올이나 약물 따위를 지나치게 복용해 특정 물질 없이는 일상생활을 영위할 수 없는 병적인 상태' 또는 '어떤 사상이나 사물에 빠져 버려 정상적인 판단이 어려운 상태'로 정의됩니다. 그리고 정신의학의 관점에서 봤을 때 중독이란 '건강 및 사회생활에 지장이 있을 것을 알면서도 계속해서 하고 싶은 욕구가 생기는 집착적 강박'이라고 할 수 있습니다.

특히 중독이라는 표현이 일상적으로 자주 사용되다 보니 오해의 소지가 있기 때문에, 이를 보다 엄밀하게 구분하기 위하여 임상에서는 '남용(Abuse)'과 '의존(Dependence)'이라는 용어를 사용합니다. 남용은 '의학적으로 필요한 사회적 허용 범위를 벗어나 기분이나 감정, 의식 변화를 목적으로 습관적인 물질을 사용하는 것'으로 정의되는 반면, 의존은 '주기적으로 특정 물질이나 행동을 유발하여 신체 변화가 일어나 해당 행위나 물질을 조절하는 것이 어려운 것으로, 신체적 의존과 심리적 의존으로 나타남'을 의미합니다. 이런 맥락에서 게임 중독은 남용보다는 의존에 더욱 가깝다고 할 수 있습니다.

그렇다면 어떤 아이들이 쉽게 게임에 대한 의존성을 갖게 되는 걸까요? 서울대학교 병원에서 연구[40]한 결과, 온라인 게임 중독에 빠진 아이들에게는 몇 가지 공통 요인이 발견되었습니다. 따라서 다음 네 가지 성향이 있는 아이라면 게임 의존성을 더욱 경계할 필요가 있습니다.

① 사회 활동의 기회가 결여되었거나 위축된 아이들이 온라인 게임에 대한 의존성이 높았습니다. 어려서부터 외로움을 많이 타거나 정서적 결핍이 있는 경우가 해당합니다. 부모와의 애착 관계도 영향을 줍니다. 유년기부터 또래 관계가 빈약했거나 따돌림을 당한 경험이 있으면 친구 사귀는 것을 두려워하는 모습을 보입니다. 관계에서 받은 상서가 트라우마로 넘어 새로운 관계를 맺는 데 두려움을 갖게 되고, 학교에서 과제 등을 통해 성취감을 느껴 보지 못하거나 부족하다는 평가를 자주 받기도 하지요. 이런 경우 게임이나 SNS에서 만난 낯선 사람과 소통하면서 인정 욕구를 채우고 싶어 하고, 심리적 의존성을 갖게 됩니다.

② 적응 문제가 있는 경우 의존성을 보일 수 있습니다. 학교생활에 재미를 느끼지 못하고 가정에서도 안정적으로 적응하지 못한 채 방 안에 틀어박힌 아이들을 '은둔형 외톨이'라고 이야기합니다. 소통이 부족하고 정서적으로 황폐한 상황에서 집착적으로 게임에

몰두하는 아이들이라고 할 수 있지요. 이런 경우 병동에 입원을 하여 치료하는 것을 감안해야 할 정도로 심각한 케이스라고 할 수 있습니다.

③ 자존감이 낮은 아이들의 경우에도 의존성을 보일 수 있습니다. 학교에서나 또래 관계에서 제대로 자신을 인정받지 못하고 무시당하는 말을 자주 들은 아이들이 여기에 해당합니다. 자기가 할 줄 아는 것은 게임밖에 없고, 소위 말하는 '현질(현금으로 고가의 게임 아이템을 구입하는 것)'을 통해 게임 속에서 자기 능력을 과시하면서 자존감을 채워 가는 유형입니다. 심한 경우 부모의 지갑에 손을 대기도 하고, 스마트폰 결제를 하지 못하게 막으면 거친 행동과 욕설을 하기도 합니다. 상담 중에 만난 어떤 아이는 무려 2천만 원이 넘는 금액을 부모 스마트폰으로 결제해서 문제가 되기도 했습니다. 자신에 대한 충분한 성찰 없이 낮은 자존감을 보상받기 위해 중독적으로 게임에 탐닉하는 아이였습니다. 이는 낮은 자존감으로 인해 시작된 게임 중독이 청소년기의 정체성 혼란과 맞물려 최악의 결과를 가져온 사례이기도 합니다.

④ 과거 발달력 상에서 정신 건강 문제를 경험했던 아이의 경우 의존성을 갖기 쉽습니다. 예를 들어 우울이나 불안 문제, ADHD와 같은 충동 조절 문제를 가졌던 아이들은 게임 중독에 빠질 확률이 현저하게 높았습니다. 이 시기에 적절하게 치료받지 못하고 지나가면서 게임에 탐닉하게 되고, 그대로 성인이 될 경우 쇼핑 중독이나 도박 중독으로 심화되는 케이스도 있습니다.

게임에 대한 의존성은 특정 시기, 특히 청소년기에는 적응과 발달, 사회성 문제를 함께 일으킬 수 있는 복잡한 문제이지만, 예후는 좋은 편입니다. 직접적으로 뇌 손상을 일으키는 문제는 아니므로 담배나 술과 같은 물질 중독과는 다른 경로를 보입니다. 사실 중독의 문제보다 게임으로 인해 부모와 아이의 갈등으로 벌어지게 되는 이차적 문제가 더 어려운 문제라고 할 수 있습니다.

무엇보다 저는 아이와 함께 부모도 게임을 이해하고 배울 것을 권장합니다. 그래야 아이의 말문이 터집니다. 함께 경험함으로써, 아이를 이해할 수 있는 단초를 마련하는 것이 생각보다 중요합니다. 그래야 게임에 빠지는 이유를 이해할 수 있습니다.

아들이 게임에 빠지는 이유를 알아야 한다

MMORPG. 암호처럼 쓰인 이 말은 아들이 게임에 빠지게 만드는 핵심적인 요인을 모두 갖고 있습니다. 1장에서 설명했던 것과 같이, MMORPG는 '대규모 플레이어 온라인 롤플레잉 게임(Massive Multiplayer Online Role-Playing Game)'의 줄임말입니다. 대표적으로 〈리니지〉, 〈월드 오브 워크래프트〉, 〈메이플 스토리〉, 〈러스트 아크〉와 같은 게임들이 있습니다.

이런 게임들은 집에서 혼자 플레이를 하는 것이 아니라, 여러 사람이 함께 그룹이나 길드를 만들고 역할을 나누어 각자 맡은 역할을 수행하면서 공동의 목표를 이루는 방식으로 진행됩니다. 같은 반 친구들 혹은 같은 게임을 한다는 것을 알게 되면서 빠르게 친해진 친구들과 함께 팀을 이뤄 정해진 시간에 게임에 접속하고, 괴물을 사냥(몹을 잡는)하고, 공격과 수비를 하느라, 시간 가는 줄 모른 채 학원도 빼먹고 부모의 걱정 어린 마음도 기억에서 지워 버립니다.

게임은 테스토스테론으로 절여져 충동성이 높아진 10대의 뇌에 매우 달콤한 자극으로 다가옵니다. 충동적이고 자극적이고 감각적인 변화를 탐닉하는 10대의 뇌는 현란한 화면, 몹을 잡을 때 번쩍이는 화면에 쉽게 빠져들게 되지요. 게다가 사춘기 시기 전두엽 기능이 재편되면서 신경 가지치기 과정에 있는 아이들의 뇌는 행동 억제, 충동 조절에 취약성을 보이게 됩니다. 그래서 일반적인 뇌, 발달이 끝난 성인의 뇌는 아무리 재미있고 자극적인 것이라고 해도 일정 시간이 지나면 다음 날 해야 할 일이나 계획을 지키기 위해 관심이 줄어드는 반면, 청소년기의 뇌는 끊임없이 자극받고 싶어 하는 것이지요.

특히나 위계질서에 민감한 남자아이들에게 MMORPG 게임 내의 단체 활동, 역할 분담은 굉장히 매력적으로 느껴지기 때문에, 중간에 끊고 할 일을 한다는 것은 불가능에 가깝습니다. 따라서 아들이 현재 관심을 보이고 탐닉하는 게임이 무엇인지 이름을 정확하게 알고, 접근 방식을 처음부터 다르게 하는 것이 매우 중요합니다.

이렇게 도와주세요

아이들이 게임에 빠지게 되는 데에는 다양한 원인이 있습니다. 그러나 일반적으로 다음과 같은 특징을 갖는 게임을 하는 것이 확인된다면 반드시 제어해야 합니다.

1. 시작과 끝이 분명하지 않은 게임

시작과 끝이 분명하게 매듭지어지지 않는 게임의 경우, 엄마와 아들의 트러블이 가장 빈번하게 발생합니다. 롤플레잉 게임이나 시뮬레이션 게임이 여기에 해당합니다. 롤플레잉 게임은 아이가 게임 속에서 맡은 역할을 끝내기 위한 '미션'이 주어지는데, 문제는 이러한 미션에 제한 시간이 있는 게 아니라 그것을 달성할 때까지 다양한 활동을 해야 한다는 것입니다. 차라리 한 번의 플레이에 시작과 끝이 명확한 〈비행기 슈팅 게임〉이나 〈스드리드 피이디〉, 〈철권〉과 같은 '대전 게임'의 경우, "이것만 하고 우리 그만하자."라는 엄마의 권고가 쉽게 먹히는 반면, 롤플레잉 게임은 "이것만 하고."의 시간이 워낙 길기 때문에 엄마가 예상한 시간을 훌쩍 넘어서게 되고, 중간에 그만두면 게임의 특성상 지금까지 이루어 놓은 성과물이 모두 사라져 버려서 아이 입장에서는 격하게 반응을 하게 됩니다.

그러므로 아이가 하는 게임의 종류를 확실하게 파악하고, 뭉뚱그려 이야기하는 것보다는 분명하게 아이와 약속을 하는 것이 중요합니다.

2. 그룹을 이루어 단체로 움직여야 하는 MMORPG

앞서 이야기했듯이 MMORPG 게임의 경우 '반드시' 접속을 해야 하는 상황이 빈번하게 있기 때문에 트러블이 생기는 상황이 만들어지기 쉽습니다. 이미 결정된 접속 시간을 지키기 위해서 엄마에게 거짓말을 하고 학원을 빼먹은 채 피시방에 가는 문제를 일으키는 대부분의 경우가 바로 MMORPG 게임을 하는 아이들에게 발생합니다. 개인으로 움직이는 게 아니라, 단체로 게임 내에서 협력을 해야 하기 때문에 강제력도 큰 편이고, 나름의 소속감이 있어서 부모와 전문가가 아무리 노력해도 쉽사리 해결되지 않는 경우가 많습니다.

따라서 조기에 아이들이 MMORPG 게임에 노출되지 않도록 게임의 종류를 살피고 예방하는 것이 현재로서는 최선이라고 판단합니다.

3. 일인칭 슈팅 게임의 경우 하루 1시간 이내로 제한

남자아이들이 가장 자주 하는 게임 중 하나가 '일인칭 슈팅 게임'입니다. 흔히 〈오버워치〉, 〈배틀그라운드〉, 〈발로란트〉, 〈카운터 스트라이크(줄여서 카스)〉 이렇게 네 가지 게임을 자주 합니다. 3~4명의 친구들과 팀을 이뤄 보통 10분 전후의 플레이 시간을 갖는 게임입니다. 이러한 종류의 게임은 상대적으로 빨리 끝나기도 하고, 중독이라는 측면에서는 심각한 영향을 초래하지 않는 경우가 많습니다.

다만, 일인칭 시점에서 화면이 정신없이 움직이기 때문에 우

리 뇌의 특성상 1시간 이상 휴식 없이 지속되는 경우 뇌의 전반적인 피로도에 영향을 줄 수 있습니다. 따라서 이러한 장르의 게임은 분명하게 시간 제한을 두고, 아이에게도 1시간 이상 지속하는 경우 전두엽을 비롯해서 뇌 기능에 부정적인 영향을 끼치기 때문에 제한을 두는 것이라고 명확하게 이유를 알려 주어, 스스로 제어할 수 있도록 돕는 것이 좋습니다.

중요한 것은 결국 가족

아들의 게임 문제에 대처하고자 하면 두 가지 범주로 아이의 행동을 파악해 볼 필요가 있습니다. 중독이라고 할 만큼 게임에 몰두하는 아이와, 일상에서 게임을 절제하면서 좋아하는 아이입니다.

중독 수준의 문제를 보이는 아이는 당연히 전문가의 도움을 받아야 합니다. 밤새도록 잠을 줄여 가면서 등교에 영향을 미칠 정도로 탐닉하는 아이나 등교 거부까지 이어지는 케이스는 정신과적인 응급상황이라고 할 수 있습니다. 이러한 아이는 내면에 있는 우울과 불안, 충동 문제가 더 번져 가지 않도록 초기에 개입을 해야 합니다. 실제로 많은 아이들이 처음엔 중독에서 벗어나는 데 별다른 동기를 보이지 않다가도, 마음을 열기 시작하면 적극적인 의지를 보입니다. 게임이 되었건 상담이 되었건 친구들과의 관계가 되었건 결국은 자신의 존재를 확인받고, 인정받고 싶은 마음이 아이의 변화에 중요한 역할을 하기 때문입니다.

특히 우울감이 깊어서 게임이나 SNS를 탐닉했던 아이들은 소위 말하는 '자동적 사고(에런 벡(Aaron T. Beck)이 제안한 개념으로, 특히 우울증 연구에서 자주 사용되었습니다. 자극에 대해 자발적으로 일어나는 것으로서, 구체적으로 떠오르는 역기능적인 개인의 신념이나 생각을 의미합니다. 자동적 사고는 과거 경험으로부터 만들어진 신념과 가정이 반영되는데, 우울증과 같은 심리적 문제를 가진 사람의 자동적 사고는 흔히 왜곡되어 있거나, 극단적으로 편향되어 있습니다.)'와 '인지 왜곡'에 빠져 있는 경우가 많습니다. 특히 '부정적' 자동적 사고는 사람들이 자신을 좋아하지 않는다고 생각하거나, 한두 번의 사건에 근거하여 유사하지도 않은 다른 사상이나 장면에 부적절하게 적용해서 일반적인 결론을 내리는 것이 습관처럼 되어 버린 것을 의미합니다. 그래서 관련지을 이유가 없는, 전혀 무관한 상황임에도 불구하고 그 결론을 자기 자신에 적용하고, 부정적인 의미는 확대해석하고 긍정적인 의미는 축소해석하며 생각하는 것이 반복됩니다. 이러한 부정적 자동적 사고가 지속되면 우울하거나 불안한 기분이 사그라들지 않은 채, 자신감 없고 소심한 행동, 불면, 식욕부진과 같은 여러 신체적 증상이 유발되기도 합니다. 따라서 이러한 인지적 취약성을 보완하기 위한 치료적 접근을 꾸준하게 해 주어야 합니다. 그리고 가족이라는 울타리 안에서 정서적인 지지를 일관되게 해 주어야 합니다.

아이의 자존감과 자신감을 이루는 데 있어서 핵심은 가족입니다. 아이가 변하겠다는 의지를 가지더라도 주변 환경이 바뀌지 않는다면 다시금 게임 속 가상 세계로 도피할 위험이 있습니다. 가족과 주변 환경의 중요성은 아무리 강조해도 지나치지 않습니다. 부처님도 깨달음을 얻기 위해 오죽했으면 출가를 했을까 하는 이야기를 상담 중에 부모에게 하는 이유는 환경의 영향이 그만큼 크다는 뜻을 전달하고자 함이지요.

실제로 대규모 중독 연구에서 가장 대표적인 사례로 꼽히는 것은 베트남 참전 군인들에 대한 연구[41]입니다. 베트남 전쟁 후반인 1971년 미국 하원의원 로버트 스틸(Robert H. Steele)과 모건 머피(Morgan F. Murphy)는 충격적인 사실을 발표합니다.

베트남 참전 미군 병사의 약 15%가 가장 중독성이 심한 헤로인에 중독되어 있다는 소식이었지요. 베트남전을 끝내고 미국의 범죄율을 해결하겠다고 약속했던 닉슨 대통령과 정부 입장에서는, 전쟁이 끝나게 되면 미국 내에 10만 명 이상의 헤로인 중독자들이 유입되는 셈이기도 했기 때문에 특히나 불안한 소식이었습니다. 닉슨 정부는 '마약 남용 예방 특별조치국'을 설치하고 귀국하는 모든 병사들을 대상으로 마약 검사를 하는 프로젝트를 진행했고, 미국 전역의 정신과 의사와 심리학자들은 이 문제를 해결하기 위해 재활치료 방법을 연구하기 시작했습니다. 치료를 받더라도 재발 확률이 무려 78%에 육박했던 헤로인의 중독성을 감안하면 재활치료의 성공은 큰 기대를 받지 못했습니다.

그런데 막상 뚜껑을 열자 의외의 결과가 나왔습니다. 심리학자 리 로빈슨(Lee Robinson)은 헤로인 중독 재활을 받은 미군 병사가 다시 헤로인에 빠지는 비율을 조사했고, 그 결과는 5%에 불과했습니다. 심지어 3년 이내에 다시 마약에 빠지는 비율은 12%로 통상적인 헤로인 재활 실패율보다 낮은 결과가 나온 것이지요.

　심리학자들은 이런 놀라운 결과의 해석을 '가족의 힘'으로 보았습니다. 미국 본토로부터 수천 킬로미터 떨어진 베트남 전쟁터에서 수년간 가족과 떨어져 지내던 병사들은 환경에 대한 부적응과 극심한 전쟁의 공포 상황에 내몰린 심리 상태를 견디지 못했고, 그로 인해 마약에 쉽게 의존할 수밖에 없었던 것입니다. 그런데 전쟁이 끝나고 집으로 돌아온 병사들은 가족과 친구들이 있는 환경에서 보다 평범한 생활에 몰두하기 시작했고, 그 사실만으로도 헤로인 중독을 극복하는 데 엄청난 영향을 끼친 것이지요.

　이 대규모 연구를 통해 중독에 취약한 사람을 개선시키는 데에 있어 주변 환경이 얼마나 큰 영향을 미치는지 알게 되었습니다. 헤로인 중독에 대한 문제를 해결하는 데 있어서도 가족과 환경의 힘이 이처럼 강력하다는 것을 생각하면, 하물며 게임에 대한 의존성을 해결하는 데에는 가족의 정서적 지지가 더욱 강력한 힘이 된다는 점은 자명해 보입니다.

전두엽 기능 저하와 ADHD

　전 세계적으로 공통적인 정신 질환 진단 기준을 마련한 책이 있습니다. 바로 미국 정신의학회(APA, American Psychiatric Association)에서 사용하는 《정신 질환의 진단 및 통계 편람(DSM, Diagnostic and Statistical Manual of Mental Disorders)》이라는 책입니다. 통계적으로 보았을 때 특정 정신 질환을 가지게 되면 보이는 증상들의 매뉴얼을 담은 책이라고 할 수 있습니다.

그중 '신경 발달 장애(Neurodevelopmental Disorders)'라는 항목이 있습니다. 이 항목 안에는 비교적 익숙하게 알려진 다양한 발달적 문제들인 지적 장애나 자폐 스펙트럼 장애, ADHD, 틱 장애 등이 포함되어 있습니다. 그런데 이러한 신경 발달 장애의 발병 확률을 성별로 나누어 보았더니, 남자아이들이 여자아이들에 비해 무려 3~4배 높게 나타났습니다. 연구 결과 남자 특유의 유전적 요인으로 인해 발병률이 더 높다는 사실이 밝혀졌습니다. 저 역시 상담실에서 만나는 많은 ADHD, 자폐 스펙트럼 아이들 대부분이 남자아이들입니다. 특히 청소년기에 들어서며 더욱 다양한 정신 질환으로 번져 갈 수 있기 때문에, 저 역시 면밀하게 이 아이들을 지켜보고 더더욱 신경 써서 관찰하고 상담하는 편입니다.

청소년기 남자아이들은 다양한 경계를 넘나들며 증상을 보이기도 하고, 부모 역시 다양한 어려움을 호소하기 때문에 심리 검사 결과를 보더라도 아이에 대한 판단을 내리기가 결코 쉽지 않습니다. 상대적으로 정신 건강 문제를 진단하고 파악하는 것이 선명한 성인과 달리, 청소년기 아이들은 전혀 문제가 없던 아이도 이상 행동이나 유튜브 과몰입, 게임 중독, 부모에 대한 극심한 반항 등이 갑작스럽게 튀어나오는 경우가 허다하기 때문이지요. 이처럼 이 시기의 아이들은 일시적 일탈인지 아니면 정신과적 질환의 문제인지 경계를 파악하기가 쉽지 않기에 다양한 정보를 취합해서 접근해야 합니다.

　게다가 정신 건강 문제가 발생하는 시점은 연령마다 다른데, 특히 청소년기에는 품행 장애나 적응 장애, 충동 조절 장애, 온라인 중독, 강박 장애, 조현병 등 다양한 정신과적 문제가 시작되는 시기이기도 합니다.

　온라인 중독이나 충동 조절 장애, ADHD와 같은 충동성, 공격성이 주가 되는 정신 건강 문제의 경우 아동기에는 눈에 띄지 않다가 청소년기가 되면 급격하게 증가하면서 매일매일이 위기로 느껴지는 상황으로 부모를 몰아넣기도 합니다. 사실 임상적인 관점에서 보면, 전두엽의 신경 가지치기가 점차 안정화되고 자기감정 조절이 이루어지는 20대가 되면 이 시기에 있었던 대부분의 문제가 특별한 치료를 받지 않더라도 어느 정도 잠잠해집니다.

　문제는 사춘기부터 20세에 이르기 전 5~6여 년이 전쟁처럼 지나가게 되고, 그 과정에서 자칫 일탈을 하게 되면 크나큰 후폭풍이 몰려오는 것 역시 사실이기 때문에 빠르고 적절한 치료적 개입이 필요한 것입니다. 편도체가 남성 호르몬에 의해 스위치가 눌리면서 예민함, 충동성, 중독의 위험성이 극대화되지요. 그 결과 사춘기 남자아이들이 게임에만 집착하는 중독 문제를 일으키거나 규칙이나 권위자에게 공격적으로 반항을 하게 되는 품행 문제, 충동 조절 문제를 일으키게 됩니다. 따라서 자신의 충동성을 다스리고, 조절할 수 있도록 아이에게 맞는 루틴을 만들어 주는 것이 중요합니다.

　하지만 많은 부모들이 이 시기 아이들이 보이는 문제를 해결하려고 섣부르게 개입하거나 통제하는 모습을 보입니다. 모든 스케줄을 통제하고, 친구를 만나지 못하게 막고, 규칙에 대한 예외를 허락하지 않습니다. 아이가 짜증 내거나 부정적인 표현, 욕설을 했을 때 서로를 향한 비난이 앞섭니다. 이는 아이로 하여금 부모에게서 도망치게 만들고 문제를 숨기게 하여 소통하지 않으려는 태도를 이끌게 되지요. 그래서 문제를 더 키우는 원인이 됩니다. 아들이 이상해진 게 아니라, 잠시 일탈과 정상을 넘나드는, 불안정한 시기라는 것을 염두에 두고 관찰하며 대화해야 합니다.

이렇게 도와주세요

1. 아들의 잘못에 굳이 이유를 묻지 마세요

"너 도대체 왜 그래? 엄마 이러다 죽어." "그게 뭐가 중요해서 지금 그런 거야? 왜 그랬어? 왜 그랬는지 속 시원히 얘기나 늘어 보자."

아이들이 문제를 보일 때 엄마가 가장 먼저 하는 말입니다. 그리고 이러한 엄마의 질문에 대한 답은 아들에게 절대 들을 수 없고, 결국엔 저를 찾아와서도 똑같은 이야기를 묻습니다. "우리 아들이 도대체 왜 이러는 걸까요?"

이 시기 아들의 어려움, 문제는 '왜?'를 통해 나올 수 없습니다. 물론 이유를 찾으면 도움이 될 수 있습니다. 올바른 진단이 적절한 처방과 치료로 이어지듯이 말이지요. 그런데 이렇게 '이유'를 캐물어 가는 과정은 엄마와 아들 사이에서 이루어져야 할 것이 아닙니다. 오히려 문제가 크게 확대되었을 때 전문가들이 고민해야 할 지점이지요.

엄마와 아들의 대화에서 '왜?'가 중심에 놓이게 되면 '이유'에 집착하면서, 개선 방향을 찾기보다는 누군가를 탓하거나 서로를 비난하고 방구석에 틀어박혀 회피하느라 정작 문제를 해결하는 데 전혀 도움이 되지 않을 수 있습니다. 이때 엄마가 해야 할 질문은 "그럼 엄마가 어떻게 도와줄 수 있을까?"입니다. '왜'가 아니라 '어떻게'만이 다음 스텝으로 이어 갈 수 있도록 돕는다는 것을 기억해 주세요.

2. 아들에 대한 비난을 멈추어 주세요

아들을 돕기 위한 시작점은 현 상황에 대한 인정에서부터 비롯됩니다. 시작점이 아들의 잘못에 대한 비난 혹은 자책이 되는 순간 문제 해결은 더욱 멀어집니다. 일단 상황을 파악하고, 아들의 이야기를 듣고, 친구들의 이야기를 있는 그대로 듣는 게 우선입니다. 아들을 중심에 두고 사실과 의견을 구별하고, 다양한 각도에서 문제를 바라보는 것이 필요합니다. 아이가 더 건강하게 지낼 수 있도록 든든한 울타리가 되어 이야기를 들어야 합니다.

3. 정서를 조절할 수 있는 아들만의 면역 시스템을 만들어 주세요

일반적으로 사춘기 아이들은 입시라는 특수한 상황에 놓여 있기 때문에 무엇을 하고 싶다는 표현보다는 참고 하지 말라는 표현에 익숙합니다. 게다가 방과 후 학원을 오가며 정신없이 지내는 과정에서 하루 동안 있었던 일들을 느끼고 정리하는 시간이 턱없이 부족합니다. 다이어리를 쓰거나 일기를 활용하는 것도 좋지만 실질적으로 남자아이들이 이런 방식으로 감정을 정돈하는 것을 좋아하지 않을 확률이 큽니다.

때문에 간편하면서도 매일 할 수 있는 루틴으로, 잠자기 전 20여 분 동안 조용한 음악을 들으며 가만히 멍 때리는 시간을 만드는 것이 효과적입니다. 소위 '멍 때린다'는 것을 할 때 역설적이게도 우리의 뇌는 '알파파(alpha wave)'라는 뇌파를 통해서 감정이나 사고를 객관화하고 정돈하기 때문이지요. 저역시 사회적 역할이나 사람들과의 관계 때문에 힘들어지면, 늦은 밤 소파에 누워 음악을 듣습니다. 음악을 들으며 멍하게 보내는 그 시간이 아이에게는 일종의 면역 시스템처럼 작용할 수 있습니다.

나라는 개인이 유지되기 위해서는 '오롯이 나의 감정으로 느껴지는 것'과 '밖에서 들어와 혼란스럽게 만든 감정'을 구분할 수 있어야 합니다. 마치 하나의 세포가 유지되기 위해 세포의 안과 밖을 구별하고, 막으로 둘러싸인 안쪽의 항상성을 유지할 수 있어야 하는 것처럼, 인간도 자신이 느낀 감정의 안과 밖을 구분할 필요가 있는 것이지요. 세포가 자신의 안과 밖을 구분할 수 있게 해 주는 것이 바로 면역 시스템입니다. 내 안의 항상성을 유지해 주는 세포의 면역 시스템처럼, 음악을 통해 가만히 하루 동안의 일들을 되새기며 '내 감정이 아닌 것'의 침입을 막아 내고 나를 확인하는 것이지요.

| 에필로그 |

한 걸음 뒤에서

　아이는 우리에게 찾아온 귀한 손님입니다. 열 달 동안 엄마 배 속에서 자라났고 많은 시간 아이와 함께 살아가지만, 모든 아이는 결국 부모 품을 떠날 손님입니다. 언제까지나 아들과 딸을 부모 곁에 붙잡아 둘 수는 없는 노릇이지요. 어떤 아이는 대학생이 되어 독립할 것이고, 어떤 아이는 취직 후에, 어떤 아이는 결혼하면서 저마다의 시간에 맞춰 부모 품을 떠날 존재입니다.
　그렇기에 사춘기에 접어든 아이는 오랜 시간 엄마 아빠와 함께 살았지만, 독립을 눈앞에 둔 소중한 손님으로 바라보아야 합니다. 그 지점에서 부모와 아이의 정서적 독립이 이루어지는 것이지요. 아이만 정서적 독립이 필요한 것이 아닙니다. 부모 역시 사춘기 무렵의 아이를 바라보면서 유년기 아이를 바라보던 리추얼에서 독립해야 하는 것이지요.
　인간의 뇌에서 자신의 행동을 저울질하고 상황을 판단하고 결정을 내리는 가장 중요한 부분은 이마 바로 뒤쪽 전두엽에 있습니다. 이 영역은 뇌에서 가장 늦게 발달하는 영역이기도 하지요. 그렇기 때문에 사춘기 아들의 뇌가 완전히 발달하면서 연결을 마치고 스스로 작동할 능력을 갖출 때까지 엄마가 아들의 전두엽이 되어 주어야 합니다.

누구나 거쳐야 한다는 점에서 사춘기는 보편적입니다. 또 폭풍 같은 시간 동안 자신의 진짜 모습을 발견하는 시기라는 점에서 사춘기는 깊은 감정으로 일렁입니다. 사춘기를 맞이한 아들이 겪는 '보편적이고 깊은 감정의 여정'을 함께하는 것만으로도 아이의 기억 속에는 엄마의 존재가 반짝이고 있을 것입니다.

저 역시 사춘기를 지나는 동안 엄마는 친구였고 보호자였습니다. 제가 사춘기에 들어서던 무렵 '서태지와 아이들'의 데뷔 앨범이 나왔고, 제 세대의 많은 이들이 그러했듯이 저의 10대엔 서태지와 아이들의 음악이 함께했습니다. 그리고 음악에 열광하는 제 곁에는 늘 엄마가 있었습니다.

"슬기야, '환상 속의 그대'라는 노래가 너무 좋네. 중간에 노래 부르는 사람이 김종서라면서?"

엄마의 질문에 저는 더욱 신이 나서 끊임없이 이야기를 했고, 차를 타고 가족이 외출을 할 때마다 제가 고른 서태지 CD를 들으며 음악 얘기를 하곤 했습니다. 엄마의 질문과 저의 관심이 만나 공명하면서 감정의 밀도가 더욱 짙어진 것이지요. 군 입대 후 휴가를 나와서 엄마와 이런저런 얘기를 할 때에도, 때마침 컴백을 한 서태지 솔로 음악은 여전히 엄마와 저를 이어 주는 매개체가 되었습니다. 그때 엄마는 저에게 이런 이야기를 했습니다.

"엄마는 네가 음악도 다양하게 듣고 영화도 많이 보는 사람이라서 너무 좋아. 살아가면서 여러 힘든 일이 많지만, 내 생각에 사람을 행복하게 해 주는 건 무엇보다도 세상을 즐기면서 살아갈 수 있는 취미가 많은 것부터 시작하거든."

그 말씀을 듣자, 음악과 함께했던 어머니와의 기억이 제게 얼마나 소중한 자산으로 남아 있게 된 것인지 새삼 느껴지더군요. 동년배에 비해 조금 늦게 아이를 가졌던 어머니는 50살이 다 된 나이에 사춘기에 들어선 아들이 좋아하는 음악을 함께 듣기 위해서 얼마나 많은 노력을 했을까요? 댄스 음악부터 힙합, 메탈과 갱스터 랩까지 이어지는 서태지 앨범의 변화무쌍한 모습에 열광하는 제게 어머니는 지치지도 않고 새 앨범이 나올 때마다 이것저것 질문을 많이 했습니다. 그때 어머니와 나누었던 대화가 어느덧 그때의 어머니와 비슷한 나이에 이른 지금의 저에게 준 영향을 생각하면, 사춘기 시절 엄마와 아들이 나눈 밀도 있는 감정의 공유가 얼마나 강력한 것인지 새삼 놀랍게 느껴집니다.

저의 어머니가 그랬듯이, 여러분의 어머니가 그러했듯이, 아들 곁에서 편견 없이 궁금한 건 물어보고 대화해 주세요. 신난 아들은 침을 튀길 정도로 흥분한 채 설명하며, 엄마와 더 가까워졌다고 느낄 것입니다. 편견 없이 아이의 세상을 마주하고 새로운 경험을 즐겨 보세요.

사춘기에 이른 아이를 둔 부모들은 이제 중년의 황혼기에 접어듭니다. 그런 점에서 보면 더 이상 궁금한 것도, 새로울 것도 크게 없는 나이에 아이와 함께 새로운 경험을 하게 된다는 것은 한편으로는 기대되는 일이기도 합니다.

아이와 함께 나누는 이 보편적이고 깊은 감정의 여정을 통해 경험이 쌓이면, 아이는 부모를 친구처럼, 의지할 수 있는 존재로 느낄 것입니다. 부모 역시 아이를 친구처럼 느끼게 될 것입니다. 일방적으로 가르쳐 주고 돌봐 주어야 할 양육자에서 벗어나, 정서적으로 독립한 아이를 마주하고, 성인이 되어 떠나갈 아이를 생각하며 마음의 준비를 할 수 있을 것입니다.

멋진 어른이 되기 위해 하루하루 성장하는 아들의 모습을 바라보며 한 걸음 뒤에서 믿고 지켜봐 주세요. 아이가 실수하고 엄마 품이 그리워 뒤돌아볼 때, 주저하지 않고 꼬옥 안아 주고 토닥여 주세요. 아들은 그것만으로도 평생 엄마의 기억을 안고 살아갈 수 있습니다.

엄마는 할머니가 되어도, 아들에게는 여전히 엄마일 테니까요.

이슬기

| 부록 |

발달심리학이 그려 낸 마음의 풍경

　발달심리학자 에릭 에릭슨(Eric Erikson)은 심리사회적 발달 이론으로 잘 알려져 있는데, 유아기부터 사춘기까지의 성적인 발달 과정에 집중했던 지그문트 프로이트와 달리, 아이가 태어났을 때부터 노인이 되어 죽음에 이르기까지 전 생애에 걸친 발달 과정을 단계별로 다루고 있는 점에서 특별하다고 할 수 있습니다. 아이가 갖는 기본적인 욕구의 발달과 더불어 아이를 둘러싼 사회적 관계가 아이의 발달에 어떻게 영향을 주는지 체계적으로 연구한 학자라고 할 수 있는 것이지요. 에릭슨의 발달 이론을 살펴보면 사춘기 무렵의 아이들이 갖는 내면의 풍경을 보다 섬세하게 그려 낼 수 있습니다.

　에릭슨은 출생부터 노인에 이르기까지를 8개의 발달 단계로 나누어 인생의 시기마다 반드시 이뤄야 할 과제, 미션이 있다고 이야기합니다. 여기서는 사춘기에 이르는 다섯 단계까지만 다루면서 사춘기 심리에 어떤 영향을 주는지 살펴보겠습니다.

| 기본적 신뢰감 단계

- 출생부터 12개월 사이에 주어지는 미션은 '기본적 신뢰감'입니다. 나 자신과 다른 사람에 대한 기본적인 신뢰감을 쌓는 것이 중요한 시기입니다. 배고프다고 울면 양육자가 젖을 먹이고, 자리가 불편하다고 울면 이불을 정돈해 주는 손길이 중요한 시기라고 할 수 있지요. 그래서 '나는 참 사랑받는 존재이고, 세상도 참 좋은 곳이구나.'라고 느끼는 것이 중요합니다. 이 과정은 엄마와 아이 사이에 애착을 형성하는 것과 비슷하다고 봐도 좋습니다.

- 이 시기를 안정적으로 보낸 아이들은 사춘기가 되어도 공격적인 행동이나 표현을 극단적으로 표출하기보다는 대화를 통해 문제를 해결하고 싶어 합니다. 하지만 이 시기에 기본적인 신뢰감을 쌓지 못한 아이는 끊임없이 세상은 불안하고 무서운 곳, 내 욕구가 바로바로 만족되지 않는 곳이라고 생각하기 쉽고, 적대적인 행동이나 짜증과 분노를 기본적인 정서로 갖게 될 가능성이 높습니다. 아무리 울고 불편감을 호소해도 외부에서 반응이 오지 않고 방치되는 경험이 쌓이면서 세상에 대한 기본적인 신뢰감이 형성되지 않았기 때문이지요.

- 기본적 신뢰감이 취약한 상태로 사춘기에 들어선 아이에게 부모로서 가장 먼저 해야 할 것은 말없이 안아 주고, 아이의 행동을 지적하는 것을 멈추는 일입니다. 아이에게 주어야 할 핵심 메시지는 '넌 공격받고 있는 게 아니고, 엄마는 널 있는 그대로 받아들이고 있어.'라는 것입니다. 즉각적인 짜증이나 분노를 보이는 아이라고 한다면 그 감정을 누르거나 참도록 이야기하기보다는 다른 수단

을 통해서 감정을 쏟아 낼 수 있도록 해결책을 고민하는 것이 더 효과적입니다. 안전하고 정돈된 환경에서 주의 깊게 표적을 노린 후 '탕' 하고 귓가를 강하게 울리는 클레이 사격을 하거나, 격렬하게 몸을 써야 하는 아이스하키 등의 스포츠 활동을 통해서 부정적인 정서를 자연스럽게 배출하는 것이 도움이 됩니다.

| 자율성 단계

- 만 1세부터 3세까지의 시기로, 아이가 '내가 스스로 무언가를 할 수 있다.'는 자신감과 더불어 자기효능감을 발달시키는 단계입니다. 돌이 지나면 대부분의 아이는 스스로 걷기 위해 다양한 노력을 하게 되고, 걷는다는 것은 아이의 활동 반경이 커지고 탐색할 수 있는 능력이 생겼다는 것을 의미합니다. 이때부터 아이는 다양한 사물을 본격적으로 만져 보고 입에 넣어 보면서 적극적으로 탐색하고 호기심을 충족시켜 나가게 됩니다. 특히 남자아이의 경우 근육량이 점차 늘어나면서 부모의 가슴을 쓸어내리게 만드는 위험천만한 행동을 자주 하는 시기이기도 합니다. 기질에 따라 갖게 되는 호기심을 다양한 방식으로 만족시켜 나가면서 이전과 달리 고집을 부리기 시작하고, "내가 할 거야." "싫어, 이거 내 거야."와 같은 의사 표현으로 자기주장이 강해지고 소유욕도 생기게 되지요. 부모 입장에서는 아이를 키우는 게 버거워지는 시기이기도 하지만, 아이에게는 당연히 경험해야 할 발달 과정이고, 자기가 할 수 있는 것과 할 수 없는 것을 받아들이고 자율성을 발달시키는 단계라고 할 수 있습니다.

- 이 시기를 안정적으로 보낸 아이들은 사춘기가 되어도 내면화된 분노를 키워 가기보다는 적극적으로 문제를 해결하려고 합니다. 남자아이의 경우 더욱 다양한 신체 활동에 관심을 갖고 밖에서 보내는 시간이 늘어나게 됩니다. 하지만 이 시기에 자주 부모에게 위험하다며 제지를 당하거나 통제받은 아이는 자율성이 아니라 수치심을 얻게 될 수 있습니다. 왜냐하면 통제가 반복되면서 아이의 마음속에는 '내가 원하는 것을 하면 다른 사람들이 좋아하지 않는구나.' '나는 자주 혼나고 이상한 것을 원하는구나. 부끄럽고 앞으로 뭘 원해야 하는지 모르겠어.'와 같은 부정적인 감정이 지배적으로 자리 잡을 수 있기 때문입니다. 그 결과 사춘기가 되어도 원하는 게 뚜렷하게 보이지 않고 무기력하게 시간을 보내는 일이 늘어날 수 있습니다. 좋아하는 과목도 없고, 돕기 위해 손을 내밀어도 거절은 하지 않지만 눈에 띄는 변화가 보이지 않는 경우도 생겨날 수 있지요.

- 자율성 빌딩에 취약성을 가진 채 사춘기에 들이신 아이들에게는 상대적으로 쉽게 익힐 수 있는 기술을 배우거나 아이가 잘하는 활동에 집중할 수 있도록 일상 스케줄을 잡는 게 효과적입니다. 무기력하고 뭘 해야 인정받을지에 대한 불안으로 가득한 아이인 경우, 많은 시간을 투자하지 않고도 눈에 보이는 선명한 결과를 얻을 수 있는 플라모델 조립이나 개인 유튜브 채널을 만들어서 영상 업로드해 보기 등의 활동이 자신감을 회복하고 자기효능감을 올리는 데 큰 도움이 됩니다. 학업 성적에 대해서도 좀 더 기다려 주고, 아이 스스로 자신감 있는 과목을 떠올릴 수 있도록 기초적인 학습 수

준만 따라갈 수 있게 돕는 것이 필요합니다.

| 자기주도성 단계

- 만 3세에서 6세 사이의 시기로, 내가 원하는 것과 다른 사람이 원하는 것을 조율하고 갈등을 해결하는 방법을 배우는 것이 미션으로 주어집니다. 여기서 말하는 '자기주도성'은 자기주도학습을 한다는 맥락의 의미와 혼동해서는 안 됩니다. 에릭슨이 이야기한 자기주도성은 나의 욕구만 끌고 가는 것이 아니라, 다른 사람과 함께 원하는 것을 이룰 수 있는 능력입니다. 그래서 자기주도성 단계는 사회성을 키우기 위한 기초가 되는 시기라고 할 수 있지요. 주도성이 제대로 발휘되기 위해서는 자율성이 충족되어야 합니다. 내가 원하는 것을 언제든 할 수 있다는 안정감이 전제되어야 친구와 함께 놀거나 갈등하는 상황이 생기더라도 마음의 여유를 갖고 타인의 욕구를 인정할 수 있기 때문이지요.

- 이 시기에 주도성을 발달시키지 못한 아이들은 불필요한 죄의식을 느낄 수 있고, 사춘기가 되어도 고립된 사회적 관계에 머물러 있을 확률이 높아지게 됩니다. 왜냐하면 자기주도성 단계를 제대로 발달시키지 못한 아이들은 부정적인 감정에 압도되기 쉬운 경향을 보이고, 감정적인 혼란을 자주 겪게 되는 사춘기에 들어서면서 안정적으로 감정을 정돈하기 힘들어하기 때문입니다. 그 결과 상황을 정확하게 반영하는 표현을 말로 하기 힘들어하거나 지금 느껴지는 감정을 서술하기보다는 회피하는 데 에너지를 쏟게 됩니다. 특히 사춘기 남자아이들은 부정적인 감정에 압도되는 것에 유독 민

감합니다. 예를 들어 같은 반 친구들과 불편한 상황이나 갈등에 노출되더라도 쉽게 화해하거나 받아들이지 못하는 것이지요. 테스토스테론을 뿜어 대는 사춘기 남자아이의 뇌는 어떤 상황에서든 이분법적으로 생각하기 때문입니다. '싸우거나 혹은 도피하거나'로 표현되는 투쟁-도피 반응을 일차적인 선택지로 떠올리게끔 프로그램되어 있기 때문이지요.

- 주도성 발달에 취약성을 가진 사춘기 아이들을 위해서, 적절한 스트레스 상황에 일부러 아이를 노출시켜 보는 것이 도움이 됩니다. 예를 들어 부모나 동생 혹은 친척, 친한 친구에게 아이 입장에서는 까다로울 수 있는 부탁을 하도록 상황을 만들어 보는 것이지요. 평소엔 하지 않았거나 피하기만 했던 상황에 있는 그대로 노출을 해 보는 것입니다. 그래서 거절을 당하더라도 그 상황을 심리적으로 받아들일 만한 것으로 익숙해지도록 함께 이야기 나누며 조율하는 과정이 필요합니다. 보다 전문적인 심리적 접근으로는 '체계적 눈감화'라는 방법이 있는데, 이것은 아이가 불편한 느낌이 드는 상황을 점수로 만들어서 가장 적은 스트레스를 받는 상황부터 하나씩 시도해 가며 '불편하다고 느꼈던 게 실제로 부딪혀 보니 엄청난 일이 아니라 할 수 있는 것이구나.'라고 자각할 수 있도록 돕는 방법입니다. 그래서 부정적인 감정을 회피하기보다는 있는 그대로 받아들이고, 사회적 갈등을 해결할 수 있는 심리적 여유를 만들기 위한 목적에 도달하는 방법이라고 할 수 있습니다.

| 근면성 단계

- 만 6세부터 12세까지의 시기로, 사회적 맥락 파악 능력이나 학습 기술을 배우며 다른 사람의 능력과 자신의 능력을 비교하며 객관화하는 것이 미션으로 주어집니다. 초등학교에 입학해서 졸업할 때까지의 시기와 일치하는데, 실제로 유치원과 달리 초등학교는 스스로 학용품을 챙겨 가거나, 수업 시간 40분 동안 마구 움직이고 싶은 마음을 억누르고 얌전하게 앉아 있는 능력이 무엇보다 필요한 시기입니다. 근면성 단계는 자기조절력과 더불어 스스로 양치도 하고 세수를 하는 등 타인에게 좋은 인상을 주기 위해 스스로 정돈하는 능력을 요구합니다. 이 능력을 발달심리학에서는 '자조행동(self-help behavior)'이라고 부르는데, 초등학생이 되면 자조행동 능력이 취약한 아이들이 놀림을 받거나 따돌림을 당하기도 하는 이유가 여기에 있습니다. 또래 아이들과 비교하고, 자조행동 능력이 부족한 아이와는 거리를 두게 되기 때문이지요.

- 그 결과 이 시기에 원만하게 발달 단계를 마치지 못한 아이는 열등감에 빠지게 됩니다. 그 상태에서 사춘기에 들어서게 되면 수면에 탐닉하거나 지저분한 방을 치우지도 않은 채 자포자기 상태에 머무르기도 합니다. 만 10세가 넘어가면서부터 아들의 뇌는 점점 더 많은 수면 시간을 요구하게 되기 때문에, 근면성 단계를 넘어서지 못해서 무기력한 모습을 보이는 것인지, 아니면 자연스러운 발달 과정에서 벌어지는 일인지 구분하기가 쉽지 않다는 점에서 면밀한 관찰이 필요합니다. 또한 또래 친구들과의 비교가 본격적으로 시작되는 시기이기도 합니다. 그래서 외모부터 성적, 가정의 경제

상황까지 다양한 부분에 관심을 갖고 비교하고 우월감을 느끼거나 열등감을 느끼게 되지요. 그 과정에서 자존감을 형성하는 세부적인 사항이 아이의 마음에 자리 잡게 됩니다. 그렇기 때문에 이 시기에 접어든 아이를 키우는 부모는 현재 아이가 열중하는 것에 대해 평가하거나 지적하는 것을 조심할 필요가 있습니다.

- 근면성 발달이 취약한 상태에서 사춘기에 들어선 아이에게는 기본적인 위생이나 외모 관리를 할 수 있도록 돕는 것이 가장 중요합니다. 사실 이 단계에서 아들은 보통 엄마의 선택만을 기다리면서 옷은 뭘 입고 나가야 하는지, 머리는 어떻게 빗어 넘겨야 하는지를 맡기게 마련입니다. 그런데 여기서 반드시 기억해야 할 것은 '엄마는 제시를 하는 것에 그치고, 선택은 아들이 스스로 할 수 있도록' 하는 것입니다. 또한 아이가 내재적으로 갖는 심리적 기준점을 가늠하기 위해 대화의 내용을 보다 구체적으로 한정하는 것이 큰 도움이 됩니다. 예를 들어 "이번에 시험 어려웠어?"라고 묻기보다는 "우리 아들 지난 중간고사보다 삼 노 널 사년서 공부한 설 보니까 기말고사는 좀 어떨 것 같아?"라고 풀어서 설명하듯이 이야기하는 것이 도움이 됩니다. 아들의 뇌는 단답에는 단답으로, 보다 구체적인 질문에는 구체적으로 이야기하도록 프로그램되어 있기 때문이지요.

| 자아정체감 단계

- 만 12세부터 20세까지의 시기로, 말 그대로 '내가 누구인지' '내가 무엇을 원하는 사람인지'를 적극적으로 탐색하는 것이 발달

미션으로 주어집니다. 이 시기 아이가 새롭게 마련한 '자아'라는 마음 상자 속에는 다양한 심리적 도구들이 생겨나기 시작합니다. 이전까지 마련한 자율성, 자기주도성, 근면성과 같은 다양한 발달 과제를 바탕으로, 또래 집단과 자신을 동일시하거나 철저하게 자기중심적으로 말하고 행동하는 횟수가 늘어나기도 합니다. 결국 이 시기에 자신의 욕구와 능력에 대한 경계선을 확정 짓기 위해서, 다양한 심리적 상황에 자신을 노출시키기 때문에 아이도 혼란스럽고 엄마도 아이의 변화에 대응하기 쉽지 않게 되지요. 말 그대로 아직 자아가 확립되지 않았기 때문에 경계를 긋기 위해 부모에게도 심리적 장벽을 세우게 되는 시기이기도 합니다. 또한 자신의 욕구를 당위적으로 생각하기 때문에 기존의 규칙을 따르는 것에 생각 이상의 불편감을 느끼게 되면서, 부모 입장에서는 아이가 반항하기 시작한 것으로 보이게 되지요.

　- 사춘기의 기본 정서는 '두려움'입니다. 이 무렵의 아이들은 홀로서기를 하기 위해 본능적으로 서서히 부모에게서 독립을 준비하는데, 이때 부모의 말을 따르게 되면 부모에게 종속된 세계로 들어갈지 모른다는 두려움을 느끼게 되지요. 그래서 엄마 눈에는 말도 안 되는 논리로 비추어질지언정, 자기만의 가치관과 사고방식, 행동 기준을 만들어 가면서 정체감을 형성합니다. 어렸을 때는 엄마 말을 잘 따르던 아이도 이 시기가 되면 부모에게 자기 생각을 관철하려고 합니다. 그러면 부모는 이런 아이의 행동을 반항으로 받아들이고 다소 강하게 대응하고 싶은 욕구를 느낄 수도 있습니다. 하지만 그 경우 일시적인 효과는 있을지 몰라도 아이가 부모의 지

시에 반할 때마다 수위를 높여야 하는 문제가 발생할 수 있습니다. 아이가 홀로서기를 하는 과정에서 나타나는 발달적으로 자연스러운 반항 과정을 부모가 이해하지 못하고 과도한 통제를 하는 경우 아이는 두 가지 반응을 보이게 됩니다. 부모에 대한 분노를 일탈행위를 통해 해소하거나 부모의 권위에 눌려 무기력해지는 것이지요. 사춘기가 중요한 이유는 성인이 되기 위한 준비를 하는 시기이기 때문입니다. 성인이 된다는 것은 혼자 결정하고 판단하고 책임진다는 의미입니다. 당연하게도 아이가 자신의 인생을 살기 위해서는 해야 할 것을 스스로 챙기고 실행하는 능력이 반드시 필요한데, 이 능력은 저절로 생기는 것이 아닙니다. 사춘기 시기의 아이를 바라보는 부모의 유연한 관점 변화를 통해서 어른이 될 심리적 변화를 맞이하게 되는 것이지요.

에릭슨의 이론에 따라 살펴본 심리적 발달은 사춘기 아이가 보이는 행동을 이해하는 네 핵심적인 요인이기도 합니다. 결국 아이가 각 단계마다 이뤄야 할 발달 과제를 해낼 수 있도록 도와주고, 벽에 부딪히더라도 회복할 수 있는 심리적 자원을 제공하는 것이 부모라는 점에서, 각 시기의 특징을 이해하는 것이 중요합니다.

| 미주 |

1) Robert J. Agate, William Grisham, Juli Wade, "Neural, not gonadal, origin of brain sex differences in a gynandromorphic finch", Biological Sciences (2003)

2) Herbert Lansdell, "Sex Differences in Brain and Personality Correlates of the Ability to Identify Popular Word Associations", Behavioral Neuroscience (1989)

3) Arthur P. Arnold, "Genetically triggered sexual differentiation of brain and behavior", Hormones and Behavior (1996)

4) Janel Caine, "The Effects of Music on the Selected Stress Behaviors, Weight, Caloric and Formula Intake, and Length of Hospital Stay of Premature and Low Birth Weight Neonates in a Newborn Intensive Care Unit", Journal of Music Therapy (1991)

5) Barbara Cone-Wesson, Yvonne S. Sininger, Carolina Abdala, "Gender distinctions and lateral asymmetry in the low-level auditory brainstem response of the human neonate", Hearing Research (1998)

6) R. Thompson, S. Gupta, K. Miller, S. Mills, S. Orr, "The effects of vasopressin on human facial responses related to social communication", Psychoneuroendocrinology (2004)

7) Anna Fodor, Beata Barsvari, Mano Aliczki, Zoltan Balogh, Dora Zelena, Steven R. Goldberg, Jozsef Haller, "The effects of vasopressin deficiency on aggression and impulsiveness in male and female rats", Psychoneuroendocrinology (2014)

8) C. A. Cervantes, M. A. Callanan, "Labels and explanations in mother-child emotion talk: age and gender differentiation", Devlopmental Psychologu (1998)

9) Gerianne M. Alexander, "Sex Differences in Early Infancy", Child Development perspectives (2012)

10) Kevin A. Pelphrey, "Visual Scanning of Faces in Autism", Journal of Autism and Developmental Disorders (2002)

11) 데이비드 버스 지음, 이충호 역, 《진화심리학》, 웅진지식하우스 (2012)

12) E. A. Smith, "Why do good hunters have higher reproductive success?", Human Nature (2004)

13) M. H. Hagenauer, J. I. Perryman, T. M. Lee, M. A. Carskadon, "Adolescent Changes in the Homeostatic and Circadian Regulation of Sleep", Developmental Neuroscience (2009)

14) Erin B. McClure, "A meta-analytic review of sex differences in facial expression processing and their development in infants, children, and adolescents", Psycholoical Bulletin (2000)

15) C. F. Geier, R. Terwilliger, T. Teslovich, K. Velanova, B. Luna, "Immaturities in reward processing and its influence on inhibitory control in adolescence", Cereb Cortex (2010)

16) Catherine A. Sanderson, 《Social Psychology》, John Wiley & Sons Inc (2009)

17) A. N. Meltzoff, M. K. Moore, "Imitation of facial and manual gestures by human neonates", Science (1977)

18) Alejandra Georgina Pereda-Juarez, "The Tendency of Teenagers to be Conformists and Follow the Crowd", Journal of Emerging Investigators (2017)
Lisa J. Knoll, "Social Influence on Risk Perception During Adolescence", Psychological Science (2015)

19) Albert Bandura, "Social learning theory of identification processes", Handbook of socialization theory and research (1969)

20) 2022년 정신건강실태조사(소아 청소년), 전국 6세 이상 17세 이하 소아 청소년 6,275명(가구당 1인, 소아 2,893명, 청소년 3,382명)을 대상으로 국립건강센터 주관하에 서울대학교 김붕년 교수와 한국갤럽조사 연구소에서 약 6개월간 실시

21) M. A. Williams, J. B. Mattingley, "Do angry men get noticed?", Current Biology (2006)

22) Boris Schiffer, C. Pawliczek, B. W. Muller, E. R. Gizewski, H. Walter, "Why don't men understand women? Altered neural networks for reading the language of male and female eyes", PLOS ONE (2013)

23) 전홍진, "우울증과 자살 역학연구", Journal of Korean Medical Association (2012)

24) M. A. Williams, J. B. Mattingley, "Do angry men get noticed?", Current Biology (2006)

25) Boris Schiffer, C. Pawliczek, B. W. Muller, E. R. Gizewski, H. Walter, "Why don't men understand women? Altered neural networks for reading the language of male and female eyes", PLOS ONE (2013)

26) Robert R. Provine, "Yawning: The yawn is primal, unstoppable and contagious, revealing the evolutionary and neural basis of empathy and unconscious behavior", American Scientist (2005)

27) Molly S. Helt, "Contagious Yawning in Autistic and Typical Development", Child Development (2010)

28) Fiorenza Giganti, "Contagious and spontaneous yawning in autistic and typically developing children", Current Psychology Letters (2009)

29) Elisabetta Palagi, Grazia Casetta, Andrea Paolo Nolfo, "Yawn contagion promotes motor synchrony in wild lions, Panthera leo", Animal Behavior (2021)

30) Giacomo Rizzolatti, "Premotor cortex and the recognition of motor actions", Brain Research (1996)

31) Christiaan van der Gaag, "Facial expressions: what the mirror neuron system can and cannot tell us", Social neuroscience (2004)

32) Paul Wright, "Disgust and the Insula: fMRI Responses to Pictures of Mutilation and Contamination", Comparative study (2004)

33) Robert M. Sapolsky, "A Primate's Memoir: A Neuroscientist's Unconventional Life Among the Baboons", Scribner (2002)

34) Valerie L. Darcey, "Dietary Long-Chain Omega-3 Fatty Acids Are Related to Impulse Control and Anterior Cingulate Function in Adolescents", Frontier Neuroscience (2019)

35) L. A. Kilpatrick, "Sex-related differences in amygdala functional connectivity during resting conditions", NeurIlmage (2006)

36) Simon Baron-Cohen, "Sex differences in the brain: implications for explaining autism", Science (2005)

37) David R. Shaffer 지음, 송길연 역, 《발달심리학》, Cengage Learning (2009)

38) 고려대학교 최은수 교수 연구팀, "얼굴 표정 인식에서 안면마스크가 미치는 영향", PLOS ONE (2022)

39) Basil H. Aboul-Enein, Joshua Bernstein, Michael W. Ross, "Evidence for Masturbation and Prostate Cancer Risk: Do We Have a Verdict?", Sexual medicine reviews, Oxford Academic (2016)

40) 김붕년 지음, 《10대 놀라운 뇌 불안한 뇌 아픈 뇌》, 코리아닷컴 (2021)

41) 제임스 클리어 지음, 이한이 역, 《아주 작은 습관의 힘》, 비즈니스북스 (2019)

엄마가 절대 알 수 없는 사춘기 아들의 뇌 이야기
뇌과학에서 찾은 아들 소통법
내 아들의 사춘기

이슬기 지음

1판 1쇄 펴낸날 2025년 4월 25일

펴낸곳 녹색지팡이&프레스(주)

펴낸이 강경태

등록번호 제16-3459호

주소 서울시 강남구 테헤란로86길 14 윤천빌딩 6층 (우)06179

전화 (02)3450-4151

팩스 (02)3450-4010

© 이슬기, 2025

이 책의 출판권은 저작권자와 독점 계약한 녹색지팡이&프레스(주)에 있습니다.
저작권법에 의해 보호를 받는 저작물이므로 무단 전재와 무단 복제를 금합니다.

ISBN 979-11-86552-82-7   03590

*이미지 출처: Artvee, Pixabay
*출처가 확인되지 않은 자료는 확인되는 대로 조치를 취하겠습니다.